Michael Panzer

Der Einfluß Max Webers
auf Friedrich Naumann

H. H. Schär
mit allen guten wünschen
für ein erfolgreiches neues Jahr

Stephan Pompe

Neue Würzburger Studien zur Soziologie, Band 3

Michael Panzer

Der Einfluß Max Webers auf Friedrich Naumann

Ein Bild der liberalen Gesellschaft
in der Wilhelminischen
und Nachwilhelminischen Ära

CREATOR-VERLAG · WÜRZBURG

CIP – Kurztitelaufnahme der Deutschen Bibliothek

Der Einfluß Max Webers auf Friedrich Naumann – ein Bild
der liberalen Gesellschaft in der Wilhelminischen und
Nachwilhelminischen Ära; Michael Panzer
Würzburg: Creator-Verlag, 1986
(Neue Würzburger Studien zur Soziologie; Bd. 3)
ISBN 3-89247-003-0 (Ln)
ISBN 3-89247-005-7 (brs)
NE: Panzer, Michael; Der Einfluß von Max Weber auf Friedrich Naumann –
ein Bild in der liberalen Gesellschaft in der Wilhelminischen
und Nachwilhelminischen Ära.

Diese Arbeit wurde unter dem Titel „Max Weber und Friedrich Naumann"
im Jahre 1985 von der Julius-Maximilians-Universität Würzburg
als Dissertation angenommen.

1. Auflage 1986
ISBN 3-89247-003-0 (Ln)
ISBN 3-89247-005-7 (brs)
© 1986 by Creator-Verlags GmbH, Würzburg

Gesamtherstellung: Gürtler-Druck, 8550 Forchheim

Printed in Germany 1986

Diese Arbeit ist meinen Eltern
in tiefer Dankbarkeit gewidmet

Gliederung

Vorwort

Wer beim Anblick des Titels "Max Weber und Friedrich Naumann" denkt, daß es sich bei diesem Werk um eine Studie ohne aktuellen Belang handelt, befindet sich im Irrtum, denn, nicht nur reihen sich die Probleme, die die zwei großen Symbolfiguren des deutschen Liberalismus in ihrer Zeit bewegt haben, grundsätzlich in die Liste der großen Probleme ein, mit denen die Liberalen in der Gegenwart konfrontiert sind. Dem Verfasser dieser Studie ist es außerdem gelungen, eine Reihe von Aspekten des Werkes von Weber und Naumann herauszuarbeiten, deren Bedeutung bei der Auseinandersetzung mit Zeitfragen aus liberaler Sicht sowohl unbestritten als auch oft verkannt ist.

Es wäre für so manchen Liberalen der 80er Jahre unseres Jahrhunderts in der Tat eine große theoretische und praktische Hilfe, wenn er sich immer wieder mit den Konzepten und Strategien zur Verfechtung der Sache der Freiheit auseinandersetzen würde, die uns die Väter des deutschen Liberalismus hinterlassen haben. Die Sache der Freiheit muß zwar heute nicht mehr gegenüber einem Junkerstaat verteidigt werden. Ist aber an Stelle dieses Apparates nicht ein anderer entstanden, der technokratisch perfektionierte bürokratische Industriestaat, der im gleichen, wenn nicht stärkeren Maße die Freiheit des Individuums bedroht? Müssen die Handlungsräume des Individuums heute, trotz der politischen Errungenschaften der modernen Gesellschaft, trotz institutionalisierter Demokratie und trotz politischer und sozialer Mobilität nicht genauso wie früher vor den Interventionen übermächtiger Institutionen geschützt werden? Müssen wir uns heute nicht wie vor hundert Jahren gegen die Intoleranz, die Engstirnigkeit und das Spießertum im politischen Leben wehren? Wer diese Fragen bejaht, muß wissen, daß sie zu den zentralen Fragen gehören, mit denen sich Weber und Naumann befaßt und auf die sie Antworten von bleibender Bedeutung gegeben haben.

Wer heute dem Individuum jenes Mindestmaß an Freiheit sichern will, das die Entfaltung seiner Kreativität erlaubt, wer das Moment der Selbstbestimmung im Leben des einzelnen stärken will, anstatt ihn zur Delegation der Eigenverantwortung an den Staat zu erziehen, dem ist das Werk von Weber und Naumann eine unverzichtbare Grundlage des Wissens und des Handelns.

Bieten die Werke von Weber und Naumann eine reiche Quelle an Erklärungen für Probleme, die auch heute noch unser politisches Leben mitbestimmen, wo sie an Taktiken und Strategien zu ihrer Lösung, die auch in der Gegenwart Gültigkeit beanspruchen können, so haben ihre Aussagen über die Essenz der Demokratie und die Gefahren, die sie bedrohen, im Laufe der Zeit fast schon eine prophetische Bedeutung erlangt. Es sei an dieser Stelle nur an die Vorstellung Naumanns von der Schaffung politischer Gegengewichte zur Machtelite erinnert, die er als Hauptvoraussetzung für eine wirkliche Demokratie betrachtete, oder an die Maßnahmen zum Schutz der Wettbewerbssysteme, zur Einschränkung des Monopols und zur Sicherung der Chancengleichheit in einer Gesellschaft, die er als Maßnahmen zur Sicherung der Demokratie vorschlägt.

Es sei außerdem an die Warnung erinnert, die Weber vor über 70 Jahren aufgrund seiner epochemachenden Erkenntnisse über die Bürokratie und den "Geist das Kapitalismus" an uns adressiert hat: Er sagte unserer Industriegesellschaft eine Kulturentwicklung voraus, an deren Ende Menschen nur noch "Fachmenschen ohne Geist und Genußmenschen ohne Herz" sein würden, wobei sie sich dann auch noch einbildeten, "eine nie vorher erreichte Stufe des Menschentums erstiegen zu haben".

Der Ansatz von Naumann hat sich glücklicherweise als richtig erwiesen. Die Demokratie entwickelte sich im Sinne seiner Vision. Auch die Sicht Webers war richtig. Wir müssen dies leider zugeben und versuchen, bevor es zu spät geworden ist, diese Tendenzen in unserer Kulturentwicklung zu erkennen und rückgängig zu machen.

12

Die Bedeutung des vorliegenden Werkes beruht jedoch nicht nur auf der Tatsache, daß es wichtige Aspekte des Schaffens von Weber und Naumann zusammenfaßt und auf ihre aktuelle Relevanz hin beleuchtet, sondern auch in der Lehre, die wir aus der gleichzeitigen Betrachtung des Werkes beider Väter des deutschen Liberalismus, des Theoretikers und Wissenschaftlers Weber und des pragmatischen Politikers Naumann, ziehen sollten, nämlich, daß eine theorielose Praxis von allen Unzulänglichkeiten des Idealismus befallen sein muß und daß eine Theorie ohne Praxis jeder Relevanz entbehrt. Vor der Begegnung mit Weber konzentrierte sich Naumanns politisches Handeln auf den Bereich des Sozialen. Erst im Zuge seiner Auseinandersetzung mit Webers Gedankengut befaßte er sich mit der für einen Politiker unumgänglichen Frage der Macht und wurde damit auch zum Politiker. Für Weber, den Wissenschaftler und Theoretiker der Macht, war zwar die Bildung von Koalitionen auf theoretischer Ebene ein notwendiges Instrument zum Erwerb und zur Erhaltung der Macht doch ohne die Kompromißfähigkeit von Naumann wäre es jedoch nicht möglich gewesen, seine Koalitionsgedanken in die Praxis umzusetzen.

Dieses Werk wendet sich insofern nicht nur an die Liberalen von heute, sondern an alle, die sich als Demokraten verstehen. Seine Botschaft ist klar: wollen wir die Politik zugunsten des Menschen vernünftiger gestalten, dann müssen wir dafür sorgen, daß Politik und Wissenschaft mehr Impulse voneinander bekommen.

Im September 1986

Dr. Helmut Haussmann, MdB
Generalsekretär der F.D.P.

I.
Einführung

Werk und Person Friedrich Naumanns wie Max Webers wurden aus mehreren Gründen zum Gegenstand dieser Dissertation gemacht.

So ist Webers Einfluß auf seinen Freund Naumann noch nicht Gegenstand einer umfangreichen, sozialwissenschaftlichen, in sich abgeschlossenen Arbeit gewesen. Eine Untersuchung dieses Einflusses ist besonders interessant, als mit Naumann und Weber sehr verschieden wirkende Persönlichkeiten aufeinandertrafen.

Max Weber war der in wissenschaftlichen Kategorien arbeitende Vordenker. Er stellte Friedrich Naumann gerne seine theoretischen und praktischen Erfahrungen zur Verfügung, auch um ihn von seinen Auffassungen zu überzeugen. Er sah in Naumann den Ansprechpartner, der Webers Gedanken und Ziele in Realpolitik umsetzen sollte.

Mit dieser Arbeit wurde ein wesentlich stärkeres persönliches Engagement Webers für den politischen Erfolg Naumanns nachgewiesen, als dies bisher in der Literatur bekannt war. Sowohl Weber als auch seine Familie unterstützten nach Webers eigenem Bekunden bis an die Grenze der finanziellen Leistungsfähigkeit Naumann. Weber sprach auch Bekannte und Freunde an und bat diese seinen Freund finanziell zu unterstützen.[1]

Außerdem gelang in der vorliegenden Arbeit der Nachweis, daß Weber Naumann vorschlug, mit Teilen der Nationalliberalen wie auch Teilen der Sozialdemokraten eine gemeinsame Politik zu entwerfen und im Deutschen Reichstag durchzusetzen. Weber bezweckte dadurch eine bedeutende Rolle des Reichstags gegenüber Krone und Staatsbürokratie und somit eine Stärkung des Parlamentarismus im Deutschen Reich.[2]

Naumann kleidete diese Forderung 1908 in die Formel "Von Bassermann bis Bebel"[3], womit Naumanns innenpolitische Vorstellungen erkennbar werden. Der Nachweis solcher Beeinflussung Naumanns durch Weber fehlt in der bisherigen Fachliteratur.

Um das Werk Friedrich Naumanns in Bezug auf die gestellte Thematik beurteilen zu können, ist sowohl die national-soziale - als auch die christlich-soziale Periode Naumanns darzustellen und zu untersuchen. Es gibt jedoch keine Arbeit, die dies in dieser Art und diesem Umfang darstellt. Daher fügte der Verfasser diese Analyse in die Dissertation ein, um den Einfluß Max Webers zu verdeutlichen.

Die Persönlichkeit Naumanns wird aber auch aus aktuellem Anlaß wieder stärker in das Bewußtsein von Wissenschaftlern wie Politikern gerückt. 1985 jährte sich zum 125. Male sein Geburtstag und Naumanns Schüler und erster Bundespräsident der Bundesrepublik Deutschland, Theodor Heuss, hätte am 31. Januar 1984 seinen 100. Geburtstag begangen. Um die Gedanken Webers und Naumanns darstellen zu können, wurde der historische Hintergrund miteinbezogen. Eine nur auf die liberale Ideengeschichte abgestimmte Beschreibung des Wirkens von Max Weber und Friedrich Naumann erschien dem Verfasser als unvollständig.

Der Verfasser dieser vorliegenden Arbeit wandte sozialwissenschaftliche Methoden an, die im Bereich der phänomenologischen Soziologie liegen, wie sie der Soziologe und Philosoph Alfred Vierkandt (1867 - 1953) verstand. Hierbei tritt besonders der vom Soziologen und Philosophen Ferdinand Tönnies (1855 - 1936) vertretene Ansatz der systematischen Soziologie hervor, der "Gruppen und soziale Wesenheite(n)"[4] analysiert. Beide beschäftigen sich mit der Arbeiterschaft und ihren Besonderheiten. Max Weber wie Friedrich Naumann analysierten diese und zogen ihre Folgerungen, um die Integration der Arbeiterschaft in die Gesellschaft zu bewirken.

II.
Die Persönlichkeitsstrukturen und das Wirken von Max Weber und Friedrich Naumann

II.1. Kindheit und Jugend von Max Weber und Friedrich Naumann

Um die vielfältigen Befruchtungen in den Beziehungen zwischen Max Weber und Friedrich Naumann zu erfassen ist es notwendig, diese beiden bedeutsamen liberalen Persönlichkeiten, die deutsche Geschichte und deutsche Politik mit beeinflußten, in ihrem Werdegang und in ihren gegenseitigen Einwirkungen darzustellen. Wie kam es zu diesem für den sozialen Liberalismus[1] in Deutschland so überaus fruchtbaren Verhältnis?

Friedrich Hugo, der Vater Friedrich Naumanns, war Pfarrer der protestantischen Gemeinde Störmthal bei Leipzig, als Friedrich am 25. März 1860 geboren wurde.[2] Sein Vater vertrat "ein festes und kompaktes Luthertum in den kräftigen, dogmatischen Konturen".[3]. Friedrich bewunderte seine Kenntnisse über die Lehre Luthers auch in späteren Jahren, da er selbst nicht über solche dem Vater vergleichbare verfügte.[4]

Stärkeren Einfluß auf den jungen Friedrich übten dessen Mutter Maria Agathe[5], geborene Ahlfeld, und deren Vater, Friedrich Ahlfeld, Pfarrer zu Leipzig[6], aus. Der Großvater wirkte durch die "Geschlossenheit des Glaubens. Die politischen Dinge waren für ihn als überkommene und gottgewollte Ordnung gegeben..., die sozialistische Bewegung eine Menge von 'geisteskrankem Idealismus' und 'allgemeiner Selbstsucht'."[7] Der junge Friedrich Naumann wuchs entsprechend unter einem stark unpolitischen, lutherisch geprägten Einfluß auf, was er allerdings nicht als störend empfand.

Ganz anders hingegen war der Einfluß von Max Webers Elternhaus. Sein Vater, nationalliberaler Abgeordneter des Deutschen Reichstags[8] und ein "Haustyrann"[9], repräsentierte auch später für den jungen, am 21. April 1864 in Erfurt geborenen Max "das philisterhafte, tyrannische Kaiserreich".[10]. Er wandte sich seiner Mutter, geborene Baumgarten, zu, die aus Kaufmanns- und Wissenschaftlerkreisen stammte und ihn gemäß "calvinistischer Tradition"[11] zu einem gegen sich selbst harten und widerstandsfähigen Menschen erziehen wollte.[12]

Verständlich, daß die beiden jungen Menschen durch inhaltlich verschiedene Erziehungen unterschiedliche Berufe anstrebten.

Friedrich Naumann begann ein Theologiestudium, was mehr dem Wunsch seiner Familie entgegenkam als seinen eigenen Vorstellungen. Er bemerkte bald, daß die Kirche ihn nicht so fesseln konnte, wie er es wünschte.[13] Während seiner Erlangener Studienzeit besuchte er die Löhesche Gründung Neuendettelsau, eine als Theologische Hochschule ausgebaute Anstalt.[14] Diese beeindruckte ihn tief und ließ ihn das finden, was er bisher in seinem Studium vergeblich suchte: "die Welt der christlichen Liebestätigkeit".[15] Die soziale wie karitative Haltung verband er später auch mit dem Namen Johann Hinrich Wicherns (1808-1881) und dessen Begründung des "Rauhen Hauses"[16].

Ebenso versuchte sich Friedrich Naumann in Architekturstudien und nahm Malunterricht, alles Tätigkeiten, die nicht der Pfarrerausbildung - zumindest in den Augen seines Vaters - entsprachen.[17] 1883 schloß er sein Studium mit der ersten theologischen Prüfung erfolgreich ab.

Max Webers beruflicher Werdegang war dagegen die klassische Ausbildung zum Hochschullehrer, womit er der Familientradition seiner Mutter treu blieb, wie auch Friedrich Naumann, der sich der Tradition seiner Eltern anfangs verpflichtet fühlte. Er benützte wie Naumann das Studium - er studierte in Heidelberg, Straßburg und Berlin Jura, Volkswirtschaftslehre, Geschichte und Philosophie - um sich vom Elternhaus unabhängig zu machen.[18] Die starke religiöse Motivation in Naumanns Entwicklungsprozeß ist aber bei Weber nicht erkennbar.[19] Sein politisches Interesse an der Zukunft Deutschlands wurde durch wissenschaftliche Forschungen angeregt. Im Jahre 1890 mitbegründete Weber den Evangelisch-sozialen Kongreß und nahm eine erste Verbindung mit Friedrich Naumann auf.[20]

Bekannt wurde Max Weber durch seine Enquete "Die Lage der Landarbeiter in den ostelbischen Gebieten Preußens", die er 1892 veröffentlichte.[21] Seine Folgerung aus dieser Untersuchung war für die Wilhelminische Ära des Deutschen Reiches (1888-1918)[22] umwälzend: Abbau der Vorherrschaft der durch das 'Junkertum' geprägten Großgrundbesitzer und Aufteilung dieser Flächen, um möglichst vielen Deutschen die Gelegenheit zu bieten, eigenverantwortlich auf neugeschaffenen Bauernhöfen zu arbeiten und zu leben. So könne der Slawisierung dieser Gebiete Einhalt geboten werden und das Gebiet wirtschaftlich gesunden.[23] Die Arbeit vom Titel und der Intention her war anders angelegt als das überraschende Resultat, das Max Weber schließlich erzielte. Doch sollte gerade Webers Beschäftigung mit diesem Thema die Verbindung zu Naumann herbeiführen. Weber wollte weitere Daten für seine Studie über die ostelbischen Gebiete Preußens sammeln. Daher bediente er sich 1893 und 1894 des Evangelisch-sozialen Kongresses, um die zusätzlichen Informationen bei den Pfarrern in Posen und Westpreußens zu erhalten[24] und lernte Friedrich Naumann auf dem Kongreß 1893 erstmals persönlich kennen.[25]

II.2. Historische Betrachtung der Wirkungszeit von Max Weber und Friedrich Naumann

Der Wunsch, tätige Nächstenliebe zu üben, veranlaßte den jungen Naumann zu Johannes Wichern (1845-1914)[1] nach Hamburg zu gehen. Dort nahm sich der dreiundzwanzigjährige Friedrich der "hilf- und heimatlosen Großstadtjugend"[2] an. Naumann sah vor allem seine pädagogische Aufgabe, soziale Bindungen in der von Lehrer und Schülern gebildeten Gruppen aufzubauen. Durch diesen Erziehungsstil suchte er den Jugendlichen ein Gefühl der Geborgenheit zu vermitteln.

Das Wichernsche Werk beeindruckte Friedrich Naumann so stark, daß ihn eine durch das Berufsbild eines Pastors vorgezeichnete Zukunft nicht befriedigte.

Naumanns Einstellung zur Politik wurde neben seinem sozialen Engagement im Wichernschen "Rauhen Haus" ebenfalls stark vom Kaiserlichen Hofprediger Adolf Stoecker (1835-1909)[3] geprägt. Naumann distanzierte sich später von Stoeckers politischen Zielen und Mitteln, blieb aber seiner Grundintention, einer Harmonisierung der Arbeiterschaft in die bestehende Gesellschaft, treu. Er arbeitete in der Führung der christlich-sozialen Bewegung, die seit Anfang der neunziger Jahre des 19. Jahrhunderts "starke sozialreformerische Impulse"[4] vermittelte. In den Jahren 1886 - 1890 war Friedrich Naumann Seelsorger in der Gemeinde Langenbog (Sachsen), nachdem die zweite theologische Prüfung im Oktober 1885 zu seiner Zufriedenheit verlief. In dieser Pfarrstelle, die er auf Drängen seines Vaters annahm, bekam er engen Kontakt mit den Industriearbeitern und ihren großen ökonomischen wie sozialen Problemen. Ihm wurde klar, daß diese Nöte den Ansatzpunkt der sozialdemokratischen Argumentation boten. Er beschäftigte sich mit Schriften des sozialdemokratischen Parteivorsitzenden August Bebel (1840-1913), des Gründers des Allgemeinen Deutschen Arbeitervereins Ferdinand Lassalle (1825-1864), von Karl Marx (1818-1883) sowie dessen Freund und kommunistischen Theoretiker Friedrich Engels (1820-1895). Gleichwohl lehnte Naumann die marxistische Theorie ab.[5]

Im Jahre 1890 zog Naumann mit seiner Gattin Magdalene, geborene Zimmermann (1859-1937), mit der er seit dem vorangegangenen Jahr verheiratet war, nach Frankfurt und wirkte als Geistlicher beim Evangelischen Verein für Innere Mission.

Auf dem ersten Evangelisch-Sozialen Kongreß 1890, unter Leitung von Adolf Stoecker, konnte Naumann wegen seines Asthmaleidens nicht referieren.[6] Gleichwohl nahm Max Weber, der am Kongreß teilnahm, in jenem Jahr mit ihm Kontakt auf.

Der junge Max, der 1883 seine Militärzeit in Straßburg begonnen hatte, legte im Mai 1886 sein juristisches Referendarexamen in Göttingen ab, setzte 1887 seine 1884 begonnene Offiziersausbildung fort und bekam während seiner Berliner Referendarzeit mit Volkswirtschaftlern, Sozialpolitikern und Geistlichen Kontakt.

Im Jahre 1888 nahm Weber an einer weiteren Militärübung in Posen teil. Der dortige Landrat Nollan machte Weber mit der preußischen Siedlungspolitik in ostelbischen Gebieten (Weichselniederung, Posen) bekannt. Im folgenden Jahr promovierte er mit der Note magna cum laude über das Thema: "Zur Geschichte der Handelsgesellschaften im Mittelalter". 1890 übernahm er vom Verein für Socialpolitik, dessen Mitglied er seit zwei Jahren war, den Auftrag, eine Landarbeiterenquete über die ostelbischen Gebiete Deutschlands zu erarbeiten und schloß im Jahre 1891 seine Habilitationsschrift über "Die römische Agrargeschichte in ihrer Bedeutung für das Staats- und Privatrecht" ab. Im folgenden Jahr hielt er für seinen erkrankten Doktorvater, Professor Goldschmidt, Lehrveranstaltungen an der Berliner Universität und übernahm die Vertretung eines Rechtsanwalts. Ferner wurde der Inhalt seiner Landarbeiterenquete vom Verein für Socialpolitik veröffentlicht. Über diese referierte er auf der Tagung des Vereins 1893. Dieser beauftragte ihn und den Sozialpolitiker Paul Göhre (1864-1928), eine weitere Enquete über das gleiche Thema zu erstellen.[7]

Da Weber eine Professur für Handelsrecht an der Universität Berlin aufgrund von Intrigen innerhalb der preußischen Kultusministeriums nicht angeboten wurde, wurde er Ordinarius für Nationalökonomie an der Universität Freiburg. Er, der seit 1893 mit Marianne, geborene Schnitger (1870-1954), verheiratet war, hielt seine erste Vorlesung an seiner neuen Wirkungsstätte im Herbst 1894. Auf dem Evangelisch-Sozialen Kongreß des gleichen Jahres trug er mit Paul Göhre die Ergebnisse der zweiten Enquete vor, was zu starken Meinungsverschiedenheiten zwischen den Referenten sowie Friedrich Naumann und dem Professor für Nationalökonomie und Reichstagsabgeordneten Gerhart von Schulze-Gävernitz (1864-1943) einerseits und den Konservativen um Adolf Stoecker andererseits führte.[8]

Das Jahr 1895 stellte für beide Liberale ein wichtiges Datum dar. Max Weber hielt seine Antrittsvorlesung in Freiburg und bereiste England und Schottland. Friedrich Naumann begann die Zeitung "Hilfe" herauszugeben, um das christlich-soziale Gedankengut zu verbreiten sowie dem "Herausgeber eine unabhängige Lebensstellung zu verschaffen".[9]. Welche inhaltliche Richtung dieses Blatt darstellen sollte, wird aus dem Untertitel deutlich, der bis 1902 beibehalten wurde: "Gotteshilfe, Selbsthilfe, Staatshilfe, Bruderhilfe". Finanziell wurde die "Hilfe" neben anderen vom Geschichtswissenschaftler Hans Delbrück (1848-1929), dem Kirchenhistoriker Adolf von Harnack (1851-1930), dem evangelischen Theologen Johannes Weiß (1863-1914) und von Max Weber gestützt.[10]

Friedrich Naumann setzte sich besonders im Jahre der Gründung der "Hilfe" mit dem saarländischen Großindustriellen und freikonservativen Reichstagsabgeordneten Karl Ferdinand Freiherr von Stumm-Halberg (1836-1901) auseinander, Vertrauter des Kaisers Wilhelm II., der ein erklärter Gegner der Sozialdemokratie war. Adolf Stoecker, der Verfechter konservativen Monarchentums, wurde dabei so in diesen Streit einbezogen, daß er 1896 selbst aus der Konservativen Partei austrat. Gleichwohl wird eine weitere Zusammenarbeit mit Naumann für ihn unannehmbar, da in Fragen der Bewertung der Sozialdemokratie wie auch der in den Landarbeiterenqueten aufgeworfenen Problematik große Meinungsverschiedenheiten vorhanden waren.[11]

Friedrich Naumann hatte sich allmählich von der christlich-sozialen Position Adolf Stoeckers entfernt. Er schlug seinen Freunden, die sich in der Arbeit an der "Hilfe" um ihn scharten, im Frühjahr 1896 einen "Verein für nationalen Sozialismus"[12] vor.
Ideenmäßig verband er eine solche Gründung mit dem des Deutschen Nationalvereins 1859, der seinerzeit den Gedanken des Nationalstaats in Deutschland verbreitete. Naumann wollte durch seinen Vorschlag "die soziale Durchdringung des öffentlichen Lebens"[13] erreichen.
Als Zielgruppe einer solchen Vereinigung sah er die "nichtkonservativen Christlich-Sozialen"[14] an, die am 23. - 25.11.1896 nach Erfurt eingeladen wurden. Naumann mitbegründete den bis 1903 existierenden "Nationalsozialen Verein" und setzte die selbst formulierten Leitsätze aufgrund seines starken Einflusses in dieser Versammlung durch. Sowohl der Theologe und Sozialpolitiker Paul Göhre wie der Leipziger Hochschullehrer Caspar René Gregory (1846-1917), der den Namen des Vereins formulierte, wirkten bei der Gründung mit. Naumann sah die Vereinigung als politischen "Verein als Vorbereitung zu einer Partei"[15], nicht schon als eine Partei. Auch Max Weber wohnte der Erfurter Zusammenkunft bei, warnte aber Friedrich Naumann vergeblich vor solch einer Gruppierung, da er die Erfolglosigkeit vorhersah[16], trat aber trotzdem dem Verein bei. Ebenso gründete Naumann im gleichen Jahr der Vereinsbildung die Tageszeitung "Die Zeit - Organ für nationalen Sozialismus auf christlicher Grundlage", die nach einem Jahr ihr Erscheinen einstellen mußte.[17]
Weber nahm 1896 den Ruf an die Heidelberger Universität an.
Während Max Weber 1897 eine Reichstagskandidatur in Saarbrücken ablehnte, gab Naumann seine Pastorenstellung in Frankfurt auf und zog nach Berlin. Naumann kandidierte als National-Sozialer 1898 in Jena und Frankfurt a. M. erfolglos.[18]
Gemeinsam mit Max Weber und dessen Vetter, dem Theologen Otto Baumgarten (1858-1934), unterstützte er finanziell 1898 den Streik der Hamburger Hafenarbeiter.
Im Jahre 1899 begann Webers Nervenleiden, das ihn zwang, im

gleichen Jahr seine Entlassung zu beantragen. Als sein Nachfolger wird der Nationalökonom, Soziologe und Kulturhistoriker Eberhard Gothein (1853 - 1923) angesehen, der 1909 in einer Erinnerungsgabe für Max Weber "Über einige soziologische Grundfragen" schrieb.

Im Jahre 1900 veröffentlichte Naumann "Demokratie und Kaisertum", ein Jahr darauf reiste Weber nach Italien.

Die National-Sozialen vereinigten sich 1903 mit der "Freisinnigen Vereinigung". Ohne Erfolg kandidierte Naumann in Oldenburg für den Reichstag. Jedoch erhielt er von der Universität Heidelberg die Ehrendoktorwürde der theologischen Fakultät verliehen.[19] Mit dem Philosophen und Theologen Ernst Troeltsch (1865 - 1923) besuchte Max Weber 1904 die Vereinigten Staaten von Amerika.

Webers "Die protestantische Ethik und der Geist des Kapitalismus" wurde 1905 veröffentlicht. Er beschäftigte sich mit den revolutionären Vorgängen in Rußland und hoffte auf die Liberalisierung des Zarenreiches. Max Weber untersuchte im darauffolgenden Jahr in zwei Schriften ("Zur Lage der bürgerlichen Demokratie in Rußland", "Rußlands Übergang zum Scheinkonstitutionalismus") die Vorgänge im damaligen Rußland und stellte das dortige Herrschaftssystem dem des Deutschen Reiches gegenüber.

Im Jahre 1907 wurde Friedrich Naumann Reichstagsabgeordneter von Heilbronn. Der Name der "Freisinnigen" wurde drei Jahre später unter ihm in "Fortschrittliche Volkspartei" umgeändert. 1912 verlor er seinen Heilbronner Wahlkreis an die Sozialdemokraten. Obwohl er diese Entwicklung in Betracht zog, lehnte Naumann einen ziemlich sicheren Wahlkreis in München ab, da er dies nicht mit seiner politischen Auffassung in Einklang bringen konnte. Naumann zog 1913 als Abgeordneter für den Wahlkreis Waldeck-Pyrmont wieder in den Reichstag ein. Am 22. Oktober 1918 hielt er seine letzte Rede vor dem Deutschen Reichstag. Max Weber übernahm nach Ausbruch des Ersten Weltkrieges bis 1915 "den Posten eines Disziplinoffiziers bei der Reservelazarettkommission"[20] in Heidelberg.

Friedrich Naumann veröffentlichte im zweiten Kriegsjahr seine Schrift "Mitteleuropa". Im gleichen Jahr begann auch in Deutschland die Diskussion um eine Verschärfung des U-Boot-Krieges, wobei auch Handelsschiffe von nichtkriegsführenden Staaten angegriffen werden sollten, sobald sie in die Kriegsgebiete eindringen würden. Friedrich Naumann wie auch Max Weber sprachen sich gegen solche Pläne aus.[21]

Ende 1918 wurde von Friedrich Naumann, Max Weber, dem Politiker Erich Koch-Weser (1875 - 1944) und dem Wirtschafts- und Sozialwissenschaftler Alfred Weber (1868 - 1958) - Max's Bruder - die Deutsche Demokratische Partei (DDP) gegründet. Friedrich Naumann wurde ihr erster Vorsitzender. 1919 zog er als Berliner Abgeordneter in die Nationalversammlung ein und arbeitete im Verfassungsausschuß mit.

Max Weber übernahm für das Sommersemester 1918 den Lehrstuhl für Nationalökonomie an der Universität Wien und kandidierte für den Frankfurter Reichstagswahlkreis. Die Delegiertenversammlung wählte ihn hingegen nur auf einen aussichtslosen, hinteren Listenplatz.

Im Mai 1919 fährt Weber aufgrund des Auftrags des damaligen Außenministers Ulrich Graf von Brockdorff-Rantzau (1869-1928) nach Versailles, um die Einleitung der deutschen Antwort auf die Kriegsschulddenkschrift anzufertigen.

Friedrich Naumann starb am 24. August 1919 an den Folgen eines Schlaganfalls. Max Weber brachte die Schriften "Wissenschaft als Beruf" und "Politik als Beruf" heraus.

Im Juni des gleichen Jahres las er an der Universität München.[22] Im folgenden Jahr arbeitete Weber an der Herausgabe seines Buches "Wirtschaft und Gesellschaft", erkrankte jedoch an einer Lungenentzündung und verstarb am 14. Juni 1920.

II.3. Analyse der Persönlichkeitsstrukturen von Max Weber und Friedrich Naumann

Eine vergleichende Analyse der Persönlichkeitsstrukturen von Max Weber und Friedrich Naumann macht die starken Unterschiede klar, die schon in der Herkunft und Jugend dieser beiden Liberalen begründet sind.

Friedrich Naumann war der integrierende Politiker, der Pragmatiker und Praktiker. Er versuchte seine eigenen politischen und persönlichen Vorstellungen zu realisieren und war deshalb auch kompromißbereit.

Dieser Bereitschaft verdankte er den Vorwurf, seine Meinung gerne zu wechseln und unstete Politik zu betreiben. Dabei wird übersehen, daß er Idealvorstellungen hatte, die er auch verdeutlichte.[1] Er war in der Sache fest und bestimmt und wollte seine Ideale schrittweise erreichen. In der Art der Verwirklichung seiner Vorstellungen war er dagegen verbindlich und ruhig. Friedrich Naumann dachte auch an die notwendigen Voraussetzungen, von denen die Realisierung seiner soziologischen und politologischen Vorstellungen abhingen.

Er wünschte sich eine Bevölkerung, die den Staat aktiv bejaht und ihn stärker unterstützt als den von Naumann als überkommen angesehenen "Beamtenstaat"[2] wilhelminischer Prägung. Naumann initiierte "eine freie Hochschule für Politik"[3], deren erster Leiter er war und die heute als Otto-Suhr-Institut der Freien Universität Berlin fortbesteht. Die Lehrer sollten sich durch praktische Erfahrungen in Politik, Verwaltung und Medienarbeit auszeichnen.[4] Naumann war ein Pädagoge unter den Politikern.

Im Gegensatz dazu war Max Weber der scharfe, harte, in abstrakten Formen denkende Analytiker, der wissenschaftlich dozierte und politisch arbeitete; er konnte sich nie zwischen dem politisierenden Hochschullehrer und dem theoretisierenden Politiker entscheiden. Für ihn war der Kompromiß immer etwas Unvollkommenes und daher für sein eigenes Handeln nicht akzeptabel. Diesen hochintelligenten Menschen sah der liberale Politiker und Hochschullehrer Theodor Mommsen (1817-1903) als seinen Nachfolger an.[5] Zu Webers Leben gehörten aber auch die Nervenkrisen, mit denen er über zwei Jahrzehnte stark zu kämpfen hatte. Diese psychischen Belastungen lagen in dem Lebensabschnitt, in dem andere Menschen gewöhnlich den Höhepunkt ihrer Schaffenskraft erreichen.

Um das Bild der beiden Persönlichkeiten vollständig darzustellen, muß ihr klares Befürworten einer von nationalistischen und imperialistischen Zügen geprägten Politik vor und während des Ersten Weltkrieges erwähnt werden.

Max Webers Antrittsvorlesung am Lehrstuhl für Nationalökonomie an der Universität Freiburg über das Thema "Nationalstaat und Volkswirtschaftspolitik" im Jahre 1895 unterstrich dies eindrucksvoll. Weber sprach von "der deutschen Rasse und der deutschen Macht"[6], die zu erhalten Aufgabe der deutschen Volkswirtschaftspolitik sein sollte.

Diese auch von Naumann geteilte Meinung[7] kommt ebenfalls 1915 im Buch "Mitteleuropa" zum Ausdruck. Der Krieg ermögliche ein vereintes und starkes aus dem Deutschen Reich und Österreich-Ungarn bestehende Mitteleuropa, was er unterstützte.[8]

An dieser Stelle ist anzumerken, daß beide, Weber wie Naumann, vor dem Ersten Weltkrieg die Möglichkeit des Krieges ausschlossen.[9] Die überraschende Haltung der beiden Liberalen vor und teils während des Ersten Weltkrieges lag aber durchaus in der damaligen politischen Denkweise.

Walther Rathenau (1867-1922), Industrieller, Sozialreformer und Politiker[10], gab sich während der Zeit des Kaiserreichs ebenso als "kapitalistischer Imperialist"[11]. Er sagte, "...daß er keine volkswirtschaftliche Notwendigkeit für neue private Kapitalanlagen in der Kolonie sehe. Ihm komme es darauf an, den Handel und die Absatzmöglichkeiten in Ostafrika zu erweitern".[12]

Dieses imperialistische Denken fand nicht nur in der Politik, sondern auch in der Literatur seinen Niederschlag.[13]

Thomas Mann glaubte, Deutschlands "Wille zur Macht und Er-

dengröße (welcher weniger ein Wille als ein Schicksal und eine Notwendigkeit ist) bleibt dadurch in seiner Rechtmäßigkeit und seinen Aussichten völlig unangefochten".[14] Er verstand daher unter dem deutschen Wesen "Kultur, Seele, Freiheit, Kunst und nicht Zivilisation, Gesellschaft, Stimmrecht, Literatur".[15] Um eine solch deutsche Art zu entwickeln, waren Autoren zumindest zeitweise auch bereit, den Krieg als Mittel zum Zweck eines machtvolleren Deutschlands zu akzeptieren, wie Hermann Löns in seinem vielverkauften "Werwolf" aus dem Jahre 1910: "Besser fremdes Blut am Messer, als ein fremdes Messer im eigenen Blut".[16] Rainer Maria Rilke schrieb: "Endlich ein Gott. Da wir den friedlichen oft nicht mehr ergriffen, ergreift uns plötzlich der Schlachtgott."[17]
Gerhard Hauptmann wertete das Ergebnis des Krieges als "deutschen Völkermai"[18] und Hermann Hesse glaubte, daß der Krieg, in welchem "Blut und Not"[19] herrscht, der Vorbote einer "schöneren Zukunft Morgenrot"[20] sei.

II.4. Die Wirksamkeit Max Webers auf der wissenschaftlichen- und Friedrich Naumanns auf der politischen Ebene

II.4.1. Die Einflußnahme des Weberschen Werkes auf die Wissenschaft

Wenngleich Max Weber sich politisch nie abstinent verhielt, so liegt seine nachhaltige Wirksamkeit auf dem wissenschaftlichen Sektor.
Für die Untersuchung dieser Wirksamkeit zu seinen Lebzeiten bieten sich Partialanalysen auf den Teilbereichen Max Weber als wis-

senschaftlicher Autor und Herausgeber, als Mitarbeiter in wissenschaftlichen Fachgremien sowie als Hochschullehrer an. Die Resonanz auf seine Autorentätigkeit war seinerzeit, verglichen zur heutigen, gering. Die damaligen Reaktionen wurden häufig nachhaltig durch die enge fachspezifische Determinierung der Thematik bestimmt, die in den Arbeiten angesprochen wurden.[1]

Besonders deutlich wurde dies bei seinen "Studien zur Agrar-, Wirtschafts- und Sozialgeschichte der Antike und des Mittelalters" sowie bei seinen "Studien zur Sozial- und Wirtschaftsverfassung des wilhelminischen Deutschlands". Webers trockener Schreibstil half wohl auch zur begrenzten Wirkungsmöglichkeit seiner Schriften.[2]

Seine Enquete über die "Lage der ostelbischen Landarbeiter" erlangte eine positive Resonanz in Wissenschaftlerkreisen und stellte das auslösende Moment für seine Berufung in den Ständigen Ausschuß des Vereins für Socialpolitik (1894) dar.[3]

Seine Arbeiten "Die Börse" und die "Lage der deutschen Industriearbeiter" hatten starke wirtschaftspolitische wie praxisbezogene Bezüge, weniger wissenschaftlich-theoretische.[4]

Besonders starken Widerhall fanden Webers "Schriften zur Religionssoziologie", die sich wie die "Studien zur Kulturbedeutung des Protestantismus" mit dem Verhältnis des Protestantismus zum Kapitalismus beschäftigten. Diese Intention der Weberschen Schriften war nicht neu, da dieses Thema sowohl von Religionshistorikern, Historikern und Volkswirtschaftlern behandelt wurde. Damit war aber die Voraussetzung für eine lebhafte Diskussion um Webers Arbeiten gegeben. Während ihm Theologen beipflichteten, kritisierten Historiker wie Nationalökonomen seine Ausführungen.[5]

Max Webers Unterscheidung zwischen "Kirche" und "Sekte", die er im Rahmen seiner Ausführungen über die "Protestantischen Sekten" traf, wurde von Ernst Troeltsch übernommen.[6]

Durch die "Protestantische Ethik" fand Weber nachhaltigen Widerhall schon zu Lebzeiten und wenige Jahre nach seinem Ableben in den Vereinigten Staaten von Amerika. Bereits Ende der ersten

Dekade des 20. Jahrhunderts wurde die "Ethik" vom Theologen Peter Taylor Forsyth (1848-1921) gelesen.[7]

Ferner ist an den Soziologen Talcott Parsons (geb. 1902) zu erinnern. Er übersetzte die "Protestantische Ethik" 1930 ins Englische. Damit steht sein Name besonders für die erste Phase der amerikanischen Weber-Rezeption.[8]

Verglichen zum Themenkomplex Protestantismus -Kapitalismus erfuhren Webers "Studien zur Wirtschaftsethik der Weltreligionen" ein geringes Echo. Der Religionswissenschaftler Joachim Wach (1898-1955) beurteilte Webers Arbeit als erstes Bemühen, Zweck und Umfang der Religionssoziologie festzulegen.[9]

Webers religionssoziologische Einzelstudien erfuhren nur wenige Reaktionen von kompetenter Stelle. Der Philosoph Alois Dempf (geb. 1891) beurteilte die Webersche Chinastudie als die bisher umfangreichste und würdigte die Untersuchung über Indien als die bis dahin beste. Der Philosoph und Soziologe Paul Barth (1858-1922) befand diese Studien als wichtig für die Soziologie und Ernst Troeltsch sah in diesen Arbeiten Webers den Versuch, dem komplexen Thema Basis-Überbau gerecht zu werden.[10]

Während Webers Arbeit über "Hinduismus und Buddhismus" von Wissenschaftlern aufgegriffen wurde, die sich auch zur Studie über China äußerten, würdigte Gerhart von Schulze-Gävernitz die Schrift vom "Antiken Judentum" als überaus bedeutungsvoll. Der Religionswissenschaftler Hans Meinhold (1861-1937) beurteilte jedoch diese Arbeit als wissenschaftlich bedenklich.[11]

Webers umfangreiches Gesamtwerk beschäftigte nur wenige seiner Zeitgenossen und meist nur auszugsweise.

Zu den wenigen, die sich mit diesem Werk beschäftigten, gehörte der Philosoph Erich Rothacker (1888-1965); der Philosoph und Soziologe Hans Freyer (1887-1969) nannte es "das größte System der neueren deutschen Soziologie" und hob die herausgearbeiteten Zusammenhänge von Form und Inhalt dieser Systematik hervor. Der Kulturphilosoph und Pädagoge Eduard Spranger (1882-1963) urteilte, es sei das Bedeutendste, was die deutsche Soziologie bisher hervorgebracht hat.[12] Der Soziologe Karl Mannheim (1893-

1947) qualifizierte "Wirtschaft und Gesellschaft" als "keine leichte Lektüre, wer sich aber durch sie hindurchgearbeitet hat, wird die Welt mit neuen Augen sehen, Geschichte in einem neuen Sinne verstehen...Max Webers Werk reicht leider nicht bis zur neuesten Gegenwart. Was man von ihm bekommen kann, ist das Rüstzeug zum Verständnis der Gesellschaft..."[13]

Gegenstand der oben beschriebenen Partialbetrachtungen von "Wirtschaft und Gesellschaft" war seine Herrschaftssoziologie. Der Historiker Otto Hintze (1861-1940) beschrieb die drei Idealtypen legitimer Herrschaft als "epochemachend".[14] In diesem Rahmen bildete auch die Webersche "Kategorienlehre" als Basis seiner "verstehenden Soziologie" den Gegenstand solcher Analysen von Eduard Spranger, vom Nationalökonomen und Philosophen Othmar Spann (1878-1950), Hans Freyer, dem Philosophen Max Scheler (1873-1928) und vom Nationalökonomen und Soziologen Franz Oppenheimer (1864-1943). Übereinstimmend wurde Weber eine zu eng begriffliche Bestimmung der Soziologie als Theorie des sozialen Handelns vorgehalten, was jedoch als Fehlinterpretation kritisiert wurde.[15]

Ebenso wie der Bereich Wirtschaftssoziologie, der lebendige Sprachformulierungen vermissen ließ, erfuhr auch der Bereich der Rechtssoziologie zu Lebzeiten Webers wie auch in den darauf folgenden Jahren eine geringe wissenschaftliche Reflexion im Gegensatz zur heutigen Bedeutung Webers als einer der Gründerväter der Rechtssoziologie.[16] Seine "Musiksoziologie" hatte eine vergleichbare Wirkung zu seiner Zeit.[17]

Zusammenfassend kann festgestellt werden, daß seine Vorstellungen von Soziologie im wesentlichen nur von wenigen, wie vom Nationalökonomen Werner Sombart (1863 - 1941) und vom Soziologen und Philosophen Georg Simmel (1858-1918) berücksichtigt wurden. Nach dem Soziologen Dirk Käsler (geb. 1944) spielten diese aber zu ihrer Zeit eine gewisse Außenseiterrolle bei der wissenschaftlichen Fundamentierung der jungen Wissenschaft Soziologie.[18]

Auch seine forschungswissenschaftlichen Arbeiten zur "Methodo-
logie der Sozialwissenschaften" hatte nur eine begrenzte Wirkung.
Er spielte keine zentrale Rolle im sogenannten Werturteilsstreit.[19]
Dirk Käsler begründete diesen geringen Erfolg mit der Art seines
Vortrags.[20]

Max Webers Wirken als Herausgeber bzw. Mitherausgeber von
wissenschaftlichen Fachzeitschriften kann als erfolgreich bewertet
werden. Er gab zusammen mit Werner Sombart und Edgar Jaffé
(1866-1921) das "Archiv für Sozialwissenschaft und Sozialpolitik"
ab 1904 heraus. Die Schrift wurde zur damaligen Zeit zur wichtigsten auf dem Gebiet der Sozialwissenschaften in Deutschland. Max
Weber selbst wirkte 28 Male selbst als Verfasser von Beiträgen mit
und verfaßte häufig die redaktionellen Geleitworte. Er war gemäß
dem Nachruf, der im Archiv anläßlich des Ablebens von Weber
veröffentlicht wurde, die Persönlichkeit, die der Zeitschrift zu ihrer damaligen Ausnahmestellung verhalf.[21] Inwieweit jedoch das
"Archiv" zur Entwicklung der Weberschen Thesen beitrug, ist aufgrund der sich mehrdimensional entwickelten Soziologie schwer
nachweisbar.[22]

Daneben ist seine Mitherausgebertätigkeit beim "Grundriß der
Sozialökonomik" zu nennen, der ein Standardwerk auf diesem
Wissenschaftsbereich darstellt, wobei als weitere Mitherausgeber
die Volkswirtschaftler Karl Bücher (1847-1930) und Eugen von
Philippovich (1858-1917) fungierten.[23]

Wird Webers Wirken als Teilnehmer beim wissenschaftlichen
Streitgespräch analysiert, so fällt seine Mitgliedschaft beim Verein
für Socialpolitik als Untersuchungsobjekt auf. Wenngleich er sich
während seiner gesamten wissenschaftlichen Schaffensperiode an
den Aktivitäten des Vereins beteiligte, so ist seine Wirkung schwer
zu beurteilen.[24]

Nennenswert ist während der ersten Jahre seiner 17jährigen Mitgliedschaft die entscheidende Mitarbeit an den zwei Enqueten des
Vereins über die Landarbeiter in Ostelbien und über die Industriearbeiter. Ferner war er ein kooptiertes Mitglied vom Inneren Ausschuß des Vereins, dem die Führungsaufgaben übertragen waren.

Sein Wirken litt dagegen unter dem schlechten Verhältnis zum langjährigen Vereinsvorsitzenden Gustav Schmoller und den älteren Mitgliedern. Schmoller bezeichnete Weber anläßlich der Wiener Tagung des Vereins 1909 als eine Person, die eines "hochgradig nervösen Kampfhahnes"[25] vergleichbar sei, was auch der Beurteilung vieler älterer Vereinsmitglieder entsprach.

Daß diese Meinung nicht generell vorherrschte, wird durch die im Jahre 1920 vom amtierenden Vereinsvorsitzenden, dem Natio nalökonomen Heinrich Herkner (1863-1932) unter dem Eindruck des Todes von Max Weber abgegebene Beurteilung deutlich. Herkner beurteilte Weber als "Geistesriesen", dessen Ableben "der gefährlichste Schlag"[26] für den Verein sei. Herkner sprach von Webers Mitarbeit im Verein, wobei er "mit seiner geistigen Überlegenheit stets den Lauf der Dinge beherrscht(e)".[27]

Max Weber hatte im Verein den größten Einfluß von Mitgliedern seiner Generation[28], wenngleich berücksichtigt werden muß, daß Webers Generation bis zum Ausscheiden Schmollers nur eine sehr begrenzte Wirkung hatte.[29]

Weber vermißte im Verein die werturteilsfreie, sozialwissenschaftliche Forschung, begrüßte daher die 1909 erfolgte Gründung der "Deutschen Gesellschaft für Soziologie" und zeichnete im Vorstand und gegenüber dem Ausschuß für Organisation und Finanzen des neuen Vereins verantwortlich. Seine Wirkungsmöglichkeit aber war nur kurzfristig, da er 1912 die Gesellschaft verließ. Der Grund lag in der innerverbandlichen Niederlage aufgrund der Werturteilsdiskussion gegen die Gruppe um den Soziologen und Philosophen Rudolf Goldscheid (1870-1931). Weber beklagte, daß das satzungsgemäß verankerte Werturteilsverbot von den meisten Mitgliedern nicht beachtet wurde. Ihm mißfiel die weltanschauliche Ausrichtung sowie die Arroganz vieler Mitglieder.[30]

In der Zeit von 1908 bis 1917 beschäftigte sich Weber mit hochschulpolitischen Fragen und griff sowohl parteipolitische wie religiöse Benachteiligungen bei der Berufungspraxis im Hochschulbereich an. Seine Bemühungen hatten jedoch geringen Erfolg.[31] Max

Webers Wirkung als Hochschullehrer ist bis heute noch kaum erforscht.[32]

Weber beschäftigte sich in seinen universitären Vorträgen mit einem weitgespannten wissenschaftlichen Bereich. Er hielt Vorlesungen über das römische Sachenrecht (Sommersemester 1892), Handels- und Seerecht (Sommersemester 1893), Finanzwissenschaft (Wintersemester 1894/95), aber auch über die Themen "Die allgemeinsten Kategorien der Gesellschaftswissenschaft" (Sommersemester 1919) und "Sozialismus" (Sommersemester 1920).[33]

Zu seinen Hörern gehörten während seiner Wiener und Münchener Hochschullehrerzeit der Soziologe Eduard Baumgarten (geb. 1898), der Kulturhistoriker und Politologe Arnold Bergstraesser (1896-1964), Ernst Fraenkel, der Soziologe Paul Honigsheim (1885-1967), der Soziologe und Philosoph Max Horkheimer (1895-1973), Karl Löwenstein (1891-1973), der Historiker Erich Marcks (1861-1938), der Philosoph Helmut Plessner (geb. 1892), der Literaturhistoriker Walter Rehm (1901-1963) und der Staatsrechtler Carl Schmitt (geb. 1888).[34]

Hingegen kann von einer Weberschen Schule nicht gesprochen werden.[35] Exemplarisch ist hier die Äußerung von Karl Löwenstein zu nennen, der keinen Grund sah, sich als Schüler von Max Weber zu fühlen.[36]

Beleuchtet man die Wirkung Max Webers auf die heutige Soziologie, so ist er als "Klassiker der Soziologie"[37] zu verstehen.

Innerhalb der letzten drei Dekaden wuchs die Bereitschaft, Max Weber und sein Werk zum Gegenstand wissenschaftlicher Untersuchungen zu machen und seine Grundthesen zu analysieren. Im angelsächsischen Sprachraum wurde die Hälfte dieser wissenschaftlichen Forschungsarbeiten veröffentlicht. Ebenso fällt eine beachtliche Anzahl japanischer Untersuchungen der letzten Jahre auf. Ungarische und russische Veröffentlichungen fehlen nicht.[38]

Max Weber wurde gerade auf dem Gebiet der Bürokratieforschung der "wichtigste Vorläufer und Theoretiker"[39] dieses Teils der Soziologie.

Die Bedeutung des Werks Max Webers nahm nach dem Zweiten Weltkrieg zu. Hierzu trugen besonders Talcott Parsons und der vor allem von Us-amerikanische Soziologen vertretene Struktur-Fundamentalismus bei, welcher in den Jahren 1950 bis 1965 auf internationaler Ebene starke Beachtung fand.[40] Gerade Parsons brachte das Werk Webers in die wissenschaftliche Diskussion der Vereinigten Staaten. Er führte Teilaspekte des fragmenthaften Werks Max Webers gedanklich fort, die vorher wenig Beachtung fanden und leitete ein soziologisches System von besonderer Relevanz ab.[41]

Durch Webers neuen Stellenwert nach dem Zweiten Weltkrieg erfuhr auch die Sekundärliteratur zum Thema Max Weber neues Gewicht, wodurch ein wissenschaftliches Umfeld als Voraussetzung zur "Klassikerwerdung" Webers geschaffen wurde.[42]

Aufgrund der Fragmenthaftigkeit dient auch heute das Werk Webers oft Partialanalysen sowohl von Politologen, Wirtschaftswissenschaftlern wie Juristen, wodurch Webers Ansatz der verstehenden Soziologie getrennt von seinem Gesamtwerk als die "Soziologie Max Webers" angesehen wird. Dies führt zu einer voneinander abgeschotteten Betrachtungsweise seiner forschungswissenschaftlichen und inhaltlichen Arbeiten auf den konkreten wissenschaftlichen Einzelbereichen.[43]

II.4.2. Die Ausstrahlung Friedrich Naumanns im politischen Bereich

Bei der Analyse der Wirkungen des Politikers Friedrich Naumann fällt auf, daß er eine parteipolitisch ausgerichtete Meinung ausdrücklich vermied. Er war bereit eigene Gedanken und Vorstellungen zu entwickeln, um sie in die politische Diskussion einzubringen. Wurde er aber als Parteipolitiker gefordert, so stellte er sich vorbehaltlos in den Dienst seiner politischen Gruppierung. Aufgrund dieses Spannungsfeldes soll das staatsmännische wie parteipolitische Wirken Naumanns untersucht werden.

Was den Parteipolitiker angeht, so war Paul Göhre, stärker noch Friedrich Naumann, der Repräsentant jener "jungen" Christlichsozialen, die Adolf Stoeckers Wunsch nach einer engen parteipolitischen Bindung der christlichsozialen Bewegung an die Konservativen widersprachen.[44] Naumann wollte hingegen keine Spaltung der christlichsozialen Bewegung, sondern suchte die Gruppe um Stoecker in die politisch neu ausgerichtete christlichsoziale Bewegung zu integrieren, was aber nicht gelang.[45]

Die von ihm verfaßten Aufsätze in der "Hilfe" und seine in ihr veröffentlichten Antworten auf Angriffe, wie sie von konservativen Zeitungen gegen ihn vorgebracht wurden, machten ihn zu einem Wegbereiter der politischen Gruppierung der "jüngeren" Christlichsozialen, die in den Nationalsozialen Verein einmünden sollte. Besonders ist in diesem Zusammenhang die "Kreuzzeitung" zu nennen. Sie stand dem Werk und der Person Adolf Stoecker nahe.[46] Die Gründung des Nationalsozialen Vereins 1896 konnte jedoch nur stattfinden, falls eine Sinneswandlung der "jüngeren" Christlichsozialen weg vom "christlichen Sozialismus" und hin zum "nationalen Sozialismus" erfolgte.

Diese leitete Naumann durch seine eigene Abwendung vom christlichen Sozialismus ein. Die Arbeiten an einem Programmentwurf für die Evangelischen Arbeitervereine, die er gemeinsam mit Paul Göhre anging, stellten für Naumann einen ersten Schritt auf dem Weg des Umdenkens dar.[47]

Die Weiterentwicklung seiner Überlegungen wurde von ihm im Jahr der Gründung seines Vereins für Teile seiner Anhängerschaft überraschend schnell konkretisiert, so daß jene "jüngeren" Christlichsozialen bis zu einem Jahr benötigten, Naumanns "nationalem Sozialismus" folgen zu können.[48] Auf der Gründungsversammlung wurde der von Naumann unterbreitete Entwurf der "Grundlinien" zukünftiger Vereinspolitik ohne Zögern angenommen, obwohl ein vom Gründungsausschuß erarbeiteter Vorschlag, der diese Grundsätze näher ausformuliert haben wollte, zuvor eingebracht worden war. Auf diese Weise wurde für den Verein neben anderen grundsätzlichen Zielsetzungen die Unterstützung einer machtvollen Außenpolitik, gekoppelt mit einer Politik sozialer Reformen im Inneren und der Trennung von religiösen und politischen Fragen des Deutschen Reiches festgeschrieben.[49]

Das Verhältnis des Vereins zur Sozialdemokratie war stark mit der Person Naumanns verbunden, ein Verhältnis besonderer Art, da der Verein in das Wählerpotential eindringen wollte, das durch die Sozialdemokraten beherrscht wurde.

Der Nationalsoziale Verein übernahm die von Naumann publizistisch vorbereitete Position und beauftragte ihn mit der Aufnahme von Kontakten zu führenden Sozialdemokraten.[50] Naumann begleitete als liberaler Politiker die Wandlung der SPD als einer sich als marxistisch-internationalistischen Partei der Arbeiterklasse berufenden Partei hin zu einer sozialistisch - nationalen Volkspartei. Er kommentierte diese Entwicklung in Schriften wie Reden. Hingegen muß sein Anteil bei diesem Vorgang als bescheiden angesehen werden.[51]

Im Verhältnis zu den Gewerkschaften spielten Naumanns Vorträge vor diesen Arbeitnehmervertretern eine wichtige Rolle für den Verein. Naumann plädierte für parteipolitisch neutrale Arbeitnehmerorganisationen, eine Haltung des Vereins, die auch vom damaligen Bergarbeiterführer und Sozialdemokraten Otto Hué (1868-1922) gestützt wurde.[52]

Bei tagespolitischen Themen, zu denen der Verein dezidierte Stellungnahmen abgab, beteiligte sich Naumann intensiv. Daß dieses Engagement nicht ohne Widerhall blieb, zeigt sein Verhalten zum Hamburger Hafenarbeiterstreik 1896/97.

Naumann trat sowohl publizistisch und in Reden als auch als Unterzeichner eines finanziell erfolgreichen Spendenaufrufs für die Streikkasse zugunsten der Streikenden ein. Durch diese Parteinahme wurde er persönlich und die Mitunterzeichner zum Ziel vehementer Angriffe der örtlichen bürgerlichen Presse.[53]

Die Öffentlichkeitsarbeit der Nationalsozialen wurde stark durch die publizistische Arbeit Friedrich Naumanns als Herausgeber der "Hilfe" getragen, da der Verein keine nennenswerte parlamentarische Repräsentation hatte. Der Journalist Helmut von Gerlach (1866-1935), als einziger nationalsozialer Reichstagsabgeordneter, wurde erst 1903, dem Jahr der Auflösung des Vereins, gewählt. Naumanns Stellung wurde weiterhin gestärkt, da die "Hilfe" als einzige nationalsoziale Zeitung von seiner Gründung bis zu seiner Auflösung den Verein begleitete.[54]

Daneben erreichte Naumann publizistische Wirkung, da er jeweils mehrere Vorträge in einer Stadt in kurzer Folge hielt und dadurch die örtliche Presse veranlaßte, über ihn und seine Reden zu berichten.[55]

Aufgrund seines Wirkens für den Verein als auch seiner menschlich-moralisch klaren Linie brachten die Nationalsozialen ihm großes Vertrauen entgegen. Er wußte durch seine Rhetorik wie durch seine geistige Potenz zu überzeugen. Dadurch erhielt sein Wort besonderes Gewicht, wenngleich durch seinen offenen Führungsstil andere Nationalsoziale ermuntert wurden ihre Meinung zum Ausdruck zu bringen, selbst wenn sie der Naumannschen entgegenstand.[56]

Wie bei der Gründung des Vereins wurde auch sein Ende durch die geistige Führerschaft Naumanns entscheidend geprägt. Er hatte seine Haltung gegenüber dem Liberalismus geändert und fand im linksliberalen Reichstagsabgeordneten der Freisinnigen Vereinigung Theodor Barth (1849-1917) einen Ansprechpartner für die Idee des organisierten Liberalismus.

Die Reichstagswahlen 1903, die für den Verein als auch für Naumann selbst enttäuschend verliefen, gaben für ihn das Signal, nicht mehr im Verein mitzuarbeiten und bewirkte die Auflösung der national-sozialen Parteiorganisation.[57] Gleichfalls war er es, der den Anschluß der Nationalsozialen an die Freisinnigen Barths viereinhalb Monate nach der Wahlniederlage bewirkte.[58]

Friedrich Naumann, der neben v. Gerlach in den aus 15 Personen bestehenden Parteivorstand der Freisinnigen Vereinigung gewählt worden war, hatte anfangs starke Widersacher in seiner neuen politischen Heimat. Diese Auseinandersetzung endete mit seinem Obsiegen und dem Austritt der Gruppe um den freisinnigen

Reichstagsabgeordneten Hermann Pachnicke (1876-1958) aus dem Wahlverein.[59]

Naumanns rhetorische Fähigkeiten brachten auf gemeinsamen Versammlungen mit Barth auch ihm neues Gewicht. Er glaubte gegenüber der Freisinnigen Volkspartei des Publizisten und Abgeordneten Eugen Richters (1838-1906) eine verstärkte Stellung erreichen zu können.

Nach dem Beitritt der Nationalsozialen veränderte sich die Freisinnige Vereinigung weg von der Honoratiorenpartei und hin zu einer Mitgliederpartei, wozu die Vorschläge Naumanns zur Verbesserung der Parteiorganisation und Beitragspflicht der Mitglieder beitrugen.[60]

Gleichwohl hieß Naumanns Lösung: die Einigung der Liberalen und Sozialdemokraten, eine Einigung von "Bassermann bis Bebel"[61]. Um diesem Endziel näherzukommen, propagierte er zunächst ein Zusammengehen linksliberaler Parteien.

Einen ersten Erfolg stellte die Bildung einer linksliberalen Fraktionsgemeinschaft im Jahre 1907 dar. In ihr schlossen sich die Abgeordneten der Freisinnigen Vereinigung, deren außenpolitische Vorstellungen seit 1904 durch Naumann geprägt wurden[62], ferner die besonders im Württembergischen beheimateten "Deutschen Volkspartei" und die Freisinnige Volkspartei, zusammen.

In der neuen Parlamentsgruppierung hatte Naumann nur anfangs einen schweren Stand, da die Abgeordneten der Freisinnigen Volkspartei um den späteren preußischen Handelsminister Otto Fischbeck (1865-1939) zunächst Naumann wegen seiner nationalsozialen Periode skeptisch gegenüberstanden. Aufgrund der gemeinsam in der Fraktionsgemeinschaft geleisteten Arbeit schwand die Skepsis und die Freisinnige Volkspartei gab ihre Vorbehalte gegenüber einer Einigung zu einer linksliberalen Partei auf.

Friedrich Naumann, der für dieses Ziel arbeitete, nahm als Referent zu dem zwischen Vertretern der drei Parteien ausgehandelten Einigungspapier auf der letzten Tagung der Freisinnigen Vereinigung Stellung und rief zur Annahme des Papiers auf.[63] Diese neue linksliberale "Fortschrittliche Volkspartei" wurde 1910 gegründet.

Ein de-facto Zusammengehen wurde anläßlich der Reichstagswahl 1912 zwischen den Nationalliberalen und der Fortschrittlichen Volkspartei erreicht. Die Parteien kamen überein, Gegenkandidaturen in den Wahlkreisen zu vermeiden. Ferner gelang es den Fortschrittlichen mit den Sozialdemokraten für den zweiten Wahlgang eine Stichwahlabrede zu treffen. Zwar war Naumann nicht bei den Verhandlungen direkt beteiligt, doch konnte er sich als einer der maßgeblichen Väter dieser historischen Entwicklung fühlen.[64]

Mit dieser von Naumann vertretenen politischen Richtung wurde er von politischen Freunden wie Gegnern identifiziert. So begrüßte man ihn auf einer Vortragsreise 1904 als "Vorkämpfer des neuen Liberalismus, der die zerplitterten Gruppen des alten zu gemeinsamer Aktion aufrufen will und dabei die Sozialdemokratie als einen Faktor in seine politischen Gesamtrechnung einstellt...".[65]

Seine Einigungsformel wurde von Bassermann wie auch von Bebel abgelehnt. Durch die ständige Wiederholung ihrer Ablehnung wurde aber Naumanns Gedanke wachgehalten.[66]

Bei seiner Arbeit in der Nationalversammlung in Weimar 1919 war er der Sprecher der Deutschen Demokraten im Bereich der Kirchenpolitik.[67]

Die Art seiner Wahl zum Parteivorsitzenden der Deutschen Demokratischen Partei (DDP) im gleichen Jahr entsprach seiner Art Politik zu betreiben. Er hatte keine Vorbereitungen für eine erfolgreiche Kandidatur getroffen, sondern unterstützte zunächst die Nominierung von Otto Fischbeck. Seine eigene Kandidatur wurde vom Ausschuß, der den Wahlparteitag der DDP vorbereitete, nicht empfohlen. Er mißtraute Naumanns taktischen Fähigkeiten und wollte seine angegriffene Gesundheit berücksichtigen. Naumann wurde aus den Kreisen der Parteitagsteilnehmer vorgeschlagen und stark unterstützt, welche die Jugend darstellten, obwohl er der älteste Kandidat war.[68]

Da Naumann nur noch einen Monat seiner Lebenszeit für diese Aufgabe blieb, waren seine Wirkungsmöglichkeiten eng begrenzt. Gleichwohl wird seine Arbeit vergleichbar mit seiner Tätigkeit bei den Nationalsozialen, bei den Freisinnigen des Theodor Barth und der Fortschrittlichen Volkspartei. Naumann forderte zur nachhaltigen Verbesserung eine Parteizentrale in der Reichshauptstadt und die Ordnung der Finanzen als Grundlage erfolgreicher Parteipolitik.[69]

Zu Friedrich Naumann gehörte sein politisches Wirken als Abgeordneter wie auch als Autor und Herausgeber.

Im Jahre 1906, als er den entscheidenden Anstoß zur Gründung des Deutschen Werkbundes gab, gelang ihm mit seiner "Neudeutschen Wirtschaftspolitik" ein buchhändlerischer Erfolg. Er konnte neue, vorher nicht erreichbare Leserkreise gewinnen. Die Tokioter Regierung unterstützte die Übersetzung ins Japanische. Das Echo auf sein Werk war im Inland geteilt. Die Sozialdemokraten wie auch Staatswissenschaftler Gustav Schmoller (1838-1917) gehörten, wenn auch aus unterschiedlichen Gründen, zu den Gegnern seiner Schrift. Nur die Führer der Schwerindustrie traten für die Naumannschen Gedanken ein.[70] Dieser Erfolg wird aber von seinem "Mitteleuropa" übertroffen, das seit Otto von Bismarcks (1815-1898) "Gedanken und Erinnerungen" die höchste Auflage erfuhr und 1915 erschien.[71] Neben der Presse wurde "Mitteleuropa" auch bei den Politikern im In-und Ausland beachtet. Sowohl der Führer der Siebenbürger Sachsen, Rudolf Brandsch (1880-1953), deutsche Nationalisten, Habsburger Tschechen, der Führer der tschechischen Sozialdemokraten Gottlieb Smeral (1880-1941) und der ungarische Politiker Albert Graf von Apponyi (1846-1933) nahmen zu ihm Kontakt auf und warben für ihre Ziele. In Österreich wurden seine Vorträge über "Mitteleuropa" von Mitgliedern des Herrscherhauses sowie der Regierung besucht.[72] Durch die Übersetzung ins Französische und Englische im Sommer 1917 wurde die Verbreitung von "Mitteleuropa" bei den damaligen Kriegsgegnern möglich. Eine nennenswerte Anzahl von Büchern gelangten auch in die USA.[73]

Friedrich Naumann, der neben dem Statistiker und Wirtschaftstheoretiker Hermann Losch (1863-1935), dem Staatswissenschaftler Eugen Freiherr von Philippovich (1858-1917) und dem Nationalökonom Julius Wolf (1862-1937) die Mitteleuropadiskussion führte[74], gründete in der ersten Hälfte des Weltkrieges den "Arbeitsausschuß für Mitteleuropa", um die Beziehungen zwischen dem Deutschen Reich und Österreich-Ungarn auszubauen. Die Gründung ist als Versuch praxisnaher Fortbildung des Mitteleuropagedankens zu werten. Es gelang Naumann Vertreter anderer Parteien wie der Sozialdemokraten, der Konservativen und des Bundes der Landwirte für die Mitarbeit im Ausschuß zu gewinnen. Auch der politische Publizist Ernst Jäckh (1875-1959), Max Weber, der Nationalökonom Heinrich Herkner (1863-1932), der langjährige Reichsbankpräsident Hjalmar Schacht (1877-1970) sowie zeitweise der Industrielle Hugo Stinnes (1870-1924) arbeiteten u. a. mit. Die Ereignisse der zweiten Kriegshälfte verhinderten die vom Ausschuß gewünschte Wirkung.[75]

Trotz der intensiven Arbeit Naumanns für "Mitteleuropa" müssen die Auswirkungen als gering beurteilt werden. In Ungarn wurde die Mitteleuropaidee vom Ministerpräsidenten Stephan Graf Tisza (1861-1918) abgelehnt, Österreich beschäftigte sich nach dem Ableben Kaiser Franz-Josef I. (1830-1916) verstärkt mit innenpolitischen Problemen, und Böhmen und Mähren litt unter den gegensätzlichen Vorstellungen seiner Führer. Auch die Deutschen standen nicht eindeutig hinter "Mitteleuropa", wenngleich Teile des Auswärtigen Amtes die Naumannsche Idee unterstützten.[76]

Als Reaktion auf Naumanns wirtschaftspolitisches Konzept für ein künftiges Mitteleuropa, in dem Deutschland eine Führungsposition einnehmen sollte, entwarfen die Ententemächte ein Alternativkonzept. Es sollte als Antwort auf Naumanns Mitteleuropaidee und seinen "Pangermanismus" gedeutet werden.[77]

Die Wirkung seiner Schrift "Der Kaiser im Volksstaat" (1917) war sehr gering, wenngleich nach Theodor Heuss (1884-1963) gewisse Faktoren dafür sprechen, daß Kaiser Wilhelm II. sie las.[78]

Ferner wollte Naumann das "Deutsche Staatslexikon" herausgeben, um seinem pädagogischen Ziel der Stärkung der politischen Willensbildung der Deutschen näherzukommen. Er gewann national-, linksliberale und sozialdemokratische Politiker, Gewerkschaftler und Wissenschaftler. Auch die Verlegerfrage war beantwortet. Der August 1914 - der Kriegsbeginn - ließ ihn von seinem Vorhaben Abstand nehmen.[79]

Naumann setzte dic Zeitschrift "Hilfe" nicht nur für seine unmittelbar parteipolitischen wie allgemeinpolitischen Ziele ein. Er glaubte mit seiner Zeitung den Soldaten im Krieg zu motivieren, ihn aber gleichzeitig wahrheitsgetreu zu informieren. Daß Naumann dies zumindest zum Teil gelang, belegt die Tatsache eines vergrößerten Leserkreises in der Truppe. Naumann konnte es auch an der gestiegenen Leserpost, die verstärkt von Soldaten geschrieben wurde, feststellen.[80]

Friedrich Naumanns Wirkung als Abgeordneter des Deutschen Reichstags war durch sein Bemühen gekennzeichnet, mit Hilfe seiner rhetorischen Begabung grundlegende Stellungnahmen abzugeben. Die Abgeordnetenkollegen vermißten eine durch Fraktionsabsprachen eingeengte Betrachtungsweise und von Fachtermini bestimmte Reden im Parlament. Dadurch stieß seine Art zu reden bei seinen Zuhörern anfangs teilweise auf Unverständnis.[81] Trotzdem verfehlten aber seine Beiträge nicht das Ziel.

Exemplarisch ist die Reaktion des damaligen Staatssekretärs und späteren Reichskanzlers und preußischen Ministerpräsidenten Theobald von Bethmann-Hollweg (1856-1921) auf eine sozialpolitische Rede Naumanns im zweiten Jahr seiner Abgeordnetentätigkeit im Reichstag: "Es waren Ausführungen, die mir zum übergroßen Teil aus der Seele gesprochen waren..., die ich selber gerne gemacht hätte, wenn ich sie in einer so guten Form hätte bieten können, wie es dem Herrn Abgeordneten Naumann möglich ist."[82]

Von Bethmann-Hollweg hob vor allem hervor, daß Naumann vor der starken Rolle von Gesetzesformulierungen und Bürokratie das Individuum mit seinen Bedürfnissen nicht vergißt.

Während seiner ersten Reichstagszugehörigkeit (1907-1912) gelang es Naumann nicht in die sogenannten "klassischen" Parlamentsausschüsse gewählt zu werden, wie beispielsweise in den für die Außenpolitik zuständigen. Gustav Stresemann legte ihm dies als Schwäche aus, jedoch ist es vielmehr als Resultat seiner persönlichen Rücksichtnahme zu werten.

Hingegen gelang ihm mit zunehmender Abgeordnetentätigkeit ein erfolgreicheres Arbeiten. Naumann konnte zu Repräsentanten aller politischen Gruppen im Parlament ein Vertrauensverhältnis aufbauen.[83]

Obwohl die Wirkungsmöglichkeiten während seiner zweiten Parlamentszugehörigkeit ab 1913 begrenzt waren, da der Reichstag Teile seiner Gesetzgebungskompetenz während des Krieges an den Bundesrat delegierte[84], konnte Naumann sich als außenpolitischer Wortführer seiner Fraktion 1917 qualifizieren und erreichte, daß auf seinen Antrag hin ein "interfraktioneller Ausschuß" des Parlaments gegründet wurde. Er war nötig geworden, da die deutschen Mehrheitssozialdemokraten im April 1917 vor dem Hintergrund der im Sommer 1917 in Stockholm geplanten internationalen Konferenz das Motto "Friede ohne Annexion und Kontributionen auf der Grundlage des Selbstbestimmungsrechts der Völker" akzeptiert hatten.[85] Die Einheit der deutschen Reichstags-Parteien drohte dadurch verloren zu gehen. Naumann hoffte, sie durch sein Vorgehen retten zu können.[86]

Das letzte Kriegsjahr stand für ihn im Zeichen verstärkten Vertrauens, das ihm von der deutschen Heeresführung entgegengebracht wurde.

Sie mißtraute aufkommenden Wünschen deutscher Bevölkerungsteile nach Frieden. Der Streik in Berlin und mehreren deutschen Großstädten vom 28.1. - 3.2.1918, der von den Spartakisten mitinitiiert wurde und an dem sich Hunderttausende beteiligten, verdeutlichte den deutschen Politikern wie Militärs die aufkommende Gefahr der Bildung einer innenpolitischen Kluft. Naumann ging in seiner Rede im Reichstag vom 25. Juni 1918 auf diese Vorgänge ein und unterstrich sein Vertrauen zur militärischen Führung. Überlegungen des Friedens schwächten dagegen nicht die Kampfmoral. Der General und Generalquartiermeister in der Obersten Heeresleitung, Erich Ludendorff (1865-1937), der gegen Ende des Krieges zu einem wichtigen Machtfaktor geworden war, stimmte Naumanns Ansicht zu. Jedoch machte Ludendorff durch seine Ablehnung die Pläne des Staatssekretärs im Auswärtigen Amt, Richard von Kühlmann (1873-1948) zunichte, die eine direkte Kontaktaufnahme der zivilen Politiker der kriegsführenden Parteien vorsahen.[87] Dieses Vertrauen, das ihm durch die deutsche Heeresleitung entgegengebracht wurde, erklärte auch den Wunsch des Militärs, ihn als Übermittler ihres Friedensgesuches an die Kriegsgegner zu gewinnen.[88]

Ludendorffs Nachfolger als Generalquartiermeister der Obersten Heeresleitung, Wilhelm Groener (1867-1939), wollte sich Naumanns Vermittlungsdienste bedienen, um Kontakt zum Sozialdemokraten Friedrich Ebert (1871-1925), dem späteren ersten Reichspräsidenten der Weimarer Republik aufzunehmen. Er war sowohl in den Augen Groeners wie Naumanns allein befähigt, die aufgrund des Übergangs Deutschlands von der Monarchie zur Republik durch die Kieler Matrosenrevolten Ende 1918 gefährdete staatliche Ordnung zu retten.[89] Naumanns Bereitschaft zur Vermittlung ist als sein Bemühen zu werten, die hinter der Revolte stehende Gefahr des Bolschewismus zu bannen.[90] In der jungen Republik wurde Naumann mit hohen Staatsämtern in Verbindung gebracht. Der 1919 berufene Außenminister Ulrich Graf von Brockdorff-Rantzau wollte ihn zu seinem Unterstaatssekretär machen und einige Fraktionen der Nationalversammlung drängten Naumann selbst für das Amt des Reichspräsidenten zu kandidieren, um eine Doppelbesetzung der beiden hohen Staatsämter durch Sozialdemokraten, das des Reichskanzlers durch Philipp Scheidemann (1865-1939) und das des Reichspräsidenten durch Friedrich Ebert, entgegenzuwirken. Naumann lehnte in beiden Fällen ab.[91]

Seine Tätigkeit in der verfassungsgebenden Nationalversammlung war von starkem Engagement geprägt.

Bei der Diskussion um die in der Verfassung zu verankernden Grundrechte fielen Naumanns besonders ethisch betonte Diskussionsbeiträge auf, die bei den Zuhörern einen nachhaltigen Eindruck hinterließen, wenngleich sie keine unmittelbare Umsetzung in die Praxis des Verfassungstextes erfuhren.[92]

Im Bereich des Bodenrechts brachte Naumann seine Vorstellung von der starken sozialen Verpflichtung in den Verfassungsentwurf ein.[93]

Bei der Diskussion um die Stellung der Kirchen gelang es Naumann, daß die Sozialdemokraten die besondere öffentlich-rechtliche Stellung dieser Institutionen anerkannten.[94]

Seine Arbeiten zum Thema Schulpolitik wurden durch das Ausscheiden der DDP aus der Regierungskoalition überschattet, wodurch neben der von Naumann gewünschten christlichen Gemeinschaftsschule die Konfessionsschule und die weltliche Schule ohne kirchliche Bindung im Verfassungsentwurf zugelassen wurde.[95]

Im außenpolitischen Bereich forderte Naumann eine in der Verfassung verankerte Eingliederung von Deutsch-Österreich. Er wollte damit entsprechenden Verhandlungsergebnissen damals anlaufender Konsultationen zwischen deutschen und österreichischen Stellen Rechnung tragen. Zwar stellte der Verfassungsausschuß dieses Ansinnen zurück. Er verabschiedete aber eine Willenserklärung für einen solchen Schritt.[96]

Während das politische Wirken Friedrich Naumanns im publizistischen Bereich als erfolgreich bezeichnet werden kann, litten sowohl die Wirkungsmöglichkeiten als Parteipolitiker wie auch als Staatsmann unter seinem langen Tasten und Suchen nach einer politischen Heimat und einem politischen Standpunkt. Zudem begrenzte der Krieg und sein früher Tod seinen politischen Aktionsradius. Trotzdem gelangen ihm bemerkenswerte Erfolge. Der große Durchbruch des Politikers durch ein Bekleiden hoher Staatsämter, um eigene politische Vorstellungen zu realisieren, gelang ihm nicht. Stellt man die Frage nach Naumann als Begründer einer neuen Bewegung, so ist dies zu verneinen. Das schließt aber nicht aus, daß er als Symbolfigur des Sozialen Liberalismus auch in der Gegenwart als Kronzeuge für die eigene politische Meinung herangezogen wird.[97]

Friedrich Naumanns Werk wirkt auf Politiker verschiedener politischer Richtungen der Bundesrepublik Deutschland. Ihr erster Bundespräsident und früherer persönlicher Mitarbeiter

Naumanns, der Liberale Theodor Heuss, gründete im Jahre 1958 die Friedrich-Naumann-Stiftung. Sie stellt sich die Aufgabe, die Naumannschen Gedanken in einer freiheitlichen Gesellschaft fortzuentwickeln.

Heuss selbst fühlte sich Naumann und seinem Werk sehr stark verbunden. In seiner Antrittsrede vor dem Deutschen Bundestag am 12. September 1949 gedachte er seiner als "des Mannes, ...ohne den ich nicht das wäre, was ich bin, dem ich das Wissen zumal verdanke, das als Erbe in mir geblieben ist, daß die Nation nur leben kann, wenn sie von der Liebe der Massen des Volkes getragen wird, von dem ich gelernt habe, daß die soziale Sicherung mit die Voraussetzung der politischen Sicherung ist".[98]. Heuss' Parteifreund, Parteivorsitzender, Vizekanzler und vierter Präsident der Bundesrepublik Deutschlands, Walter Scheel (geb. 1919) bezog sich in Diskussionen auch bei tagespolitischen Fragen auf Naumann.[99]

Die Wirkung Naumanns auf die neueste Zeitgeschichte beschränkt sich nicht nur auf Politiker der Freien Demokratischen Partei. Der Sozialdemokrat, Bundesminister, Völkerrechtler und Vizepräsident des Deutschen Bundestages Carlo Schmid (1896-1979) und der sozialdemokratische Bundesminister a. D. und Präsident des Evangelischen Kirchentages 1983, Erhard Eppler (geb. 1926), glaubten Naumannsche Gedanken im Godesberger Programm der SPD (1959) wiedergefunden zu haben.[100]

Der erste sozialdemokratische Bundeskanzler der Bundesrepublik Deutschland und amtierende Parteivorsitzende Willy Brandt (geb. 1913) verglich die Bildung der Bonner sozialliberalen Regierungskoalitionen im Jahre 1969 mit einem von ihm befürworteten Zusammengehen von August Bebel und Friedrich Naumann[101] - eine Machtkonstellation, für die Naumann bis zu seinem Tode eintrat. Brandts Nachfolger im Amt des Bundeskanzlers und stellvertretende Parteivorsitzender der SPD, Helmut Schmidt (geb. 1918), stellte Naumann auf die gleiche Stufe mit dem preußischen Staatsreformer Karl Reichsfreiherr vom und zum Stein (1757-1831), dem Philosophen Immanuel Kant (1724-1804), dem Staatsmann Karl

50

August Freiherr von Hardenberg (1750-1822) und Max Weber, Persönlichkeiten, denen die Demokratie nach Schmidts Meinung mehr zu verdanken hat als es ihrer Popularität zu Lebzeiten entsprach.[102]

Der christdemokratische Politiker, zeitweise Oppositionsführer im Deutschen Bundestag und CDU-Bundesvorsitzender, Rainer Barzel (geb. 1924) führte 1968 Friedrich Naumann als Zeugen für seine Ablehnung des Verhältniswahlsystems an.[103] Jene Diskussion um Wahlsysteme hatte in diesem Zeitabschnitt tagespolitischen Stellenwert, da es sich die "Große Koalition" (1966-1969) unter dem christdemokratischen Politiker Kurt-Georg Kiesinger (geb. 1904) anfangs zur Aufgabe machte, das modifizierte Verhältniswahlrecht durch das Mehrheitswahlrecht abzulösen.

Die Aufzählung oben genannter Persönlichkeiten ist nicht erschöpfend. Sie soll zeigen, daß Naumanns Werk auch 60 Jahre nach seinem Tod lebendig geblieben ist. Damit kann Webers erstem Teil seiner Aussage über Naumann teilweise widersprochen werden. Er schrieb: "Die Größe seiner Erscheinung lag nicht in dem, was er wollte, sondern wie er es wollte..."[104]. Hingegen lag seine Größe auch in dem, was er wollte, da sein Werk auch lange nach seinem Ableben wirkt.

III.
Begriff und geistige Wurzeln des Liberalismus und seine Beziehungen zur Demokratie vor der Wirkungszeit Friedrich Naumanns

III.1. Probleme der notwendigen Begriffsklärung "Liberalismus"

Bei der Frage nach dem Bild einer liberalen Gesellschaft ist der Liberalismus als Idee zu untersuchen. Soll das Resultat dieser Analyse möglichst frei von zeitgeschichtlichen Einflüssen dargestellt werden, ergeben sich beträchtliche Schwierigkeiten, auch wenn die Untersuchung über die Mitte des 19. Jahrhunderts nicht hinausgehen soll.

Die Programme konkurrierender Ideen wie des Sozialismus und des Konservatismus waren deutlich dezidierter und teils systematischer abgefaßt als die Vorstellungen des Liberalismus[1].

Der Liberalismus als politische Idee wurde besonders stark durch das Bürgertum getragen, einer Bevölkerungsschicht, die tendenziell eher die Reform bestehender politischer Verhältnisse als kompromißlose Kehrtwendungen akzeptiert. Diese Tendenz ist durch den Umstand zu erklären, daß das Bürgertum bei politischen Umwälzungen seinen eigenen Einfluß, der auch in dem nach seiner Meinung veränderungsbedürftigen System besteht, nicht verlieren möchte. Es befürchtet dies indes bei radikalen Veränderungen.

Der Liberalismus reagierte entsprechend, wenn sich andere Auffassungen änderten. Die Möglichkeit einer klar durchgängigen Idee des Liberalismus, geprägt durch politisches Agieren statt Reagieren, wurde entsprechend eingeengt.[2] Diese Abhängigkeit von der geschichtlichen Entwicklung darf nicht zur Annahme führen, es gäbe mehrere, von Nationalstaaten abhängige Liberalismusbegriffe. "Denn alle regionalen Phasen sind nur ein Teil einer gemein-westlichen Bewegung".[3]

III.2. Die Begründung der liberalen Idee in Großbritannien, Frankreich und der Vereinigten Staaten von Amerika und ihre Auswirkung auf das Selbstverständnis des Liberalismus

Die liberale Idee entstand als Reaktion auf die gesellschaftlichen Verhältnisse des 18. Jahrhunderts und dar nicht mit dem prinzipiellen Streben nach Freiheit verwechselt werden, wie es in der Antike, dem Mittelalter und der Renaissance verstanden wurde.[4] Der Liberalismus basiert begrifflich hingegen auf dem Wort "liberales". Diese spanische Parlamentariergruppe setzte sich im spanischen Parlament (Cortes) von 1812 für die Verwirklichung liberaler Grundsätze in der spanischen Verfassung wie auch in der Tagespolitik ein, um restaurative Bewegungen zu bekämpfen.[5] Die Anfänge des Liberalismus verbinden sich stark mit den Namen Voltaire (bürgerlicher Name Francois Marie Arouet, 1694-1778) und Montesquieu (bürgerlicher Name Charles de Secondat 1689-1755 und ihrem Engagement gegen den Absolutismus.[6] Voltaire und Montesquieu erkannten das Naturrecht aus England als "Grundprinzipien der Staatsphilosophie des Liberalismus"[7] an. Das Naturrecht ist durch den Grundsatz geprägt, "daß der Mensch als solcher natürliche Rechte habe gegenüber allen Vorurteilen, aller Gewalt und Willkür... Das Individuum ist vor dem Staate da und ursprünglich unabhängig von dem Staate. Erst der freiwillige Zusammenschluß führt zu ihm".[8]Jener freiwillige Zusammenschluß als Basis staatlichen Selbstverständnisses ist untrennbar mit dem Werk des englischen Philosophen John Locke (1632-1704) verbunden.

Lockes Überlegungen stellten eine Vorläuferrolle der "Rousseauschen Vertragslehre"[9]dar, obgleich das Wirken und Werk von Jean Jacques Rousseaus (1712-1778) nicht in eindeutiger Harmonie zum Liberalismus und seinen Idealen stand. Rousseau beschleunigte zwar die naturrechtliche Diskussion entscheidend und sorgte für die Fortentwicklung des Aufklärungsprozesses. Demgegenüber half er aber auch, daß aus der Gegnerschaft zur französischen Aristokratie in ihrer Machtfülle offener Aufruhr entstand, der seinerseits liberalen Grundsätzen wie der Würde des Menschen, der Freiheit und Selbstbestimmung zuwiderlief.[10]

Montesquieu wurde durch John Locke bei seinem Gewaltenteilungsmodell beeinflußt. Locke wollte die Judikative (richterliche Gewalt) von der Exekutive (vollziehende Gewalt) trennen.

Montesquieu fügte als dritte Gewalt die Legislative (gesetzgebende Gewalt) hinzu und legte den Grundstein für die konstitutionelle Republik wie auch - Monarchie. Hierdurch war die Frage nach der Beschneidung der monarchischen Macht gestellt. Dazu kam Voltaires Streben nach einer durch wissenschaftliche Forschungen und Freiheit im Glauben geprägte Welt. Hingegen muß eine geringere Wirkkraft Voltaires, verglichen zu der Rousseaus, festgestellt werden.[11]

Voltaire, der sich weniger als Revolutionär verstand, wollte Gerechtigkeit durch Reform am bestehenden System erreichen. Hierzu wollte er sowohl die Wirkung der Aufklärung wie auch die Bildung des Regierenden als Mittel einsetzen. Er wurde ein Wegbereiter des aufgeklärten Absolutismus.[12]

In Frankreich wurden wichtige Grundlagen des Liberalismus geschaffen.Die Umsetzung in die politische Realität erfolgte aber zunächst in den Vereinigten Staaten. Ihre Unabhängigkeitserklärung vom 4. Juli 1776 formulierte der spätere republikanische Präsident Thomas Jefferson (1743-1826), in der Menschenrechte als auch aus ihr abgeleitete politische Widerstandsrechte festgeschrieben wurden. Die Erklärung enthielt starke naturrechtliche Elemente, John Locke wie auch die englische Verfassungswirklichkeit hatten ebenfalls großen Einfluß.[13] Der französische Einfluß war nicht entsprechend vergleichbar. Die Mountesquieuschen Gewaltenteilungsüberlegungen fanden hingegen später Eingang in der Verfassung von 1789.

56

Der Liberalismus auf der Basis naturrechtlicher Diskussion hatte seine besondere wirtschaftspolitische Ausprägung. Der englische Nationalökonom Adam Smith (1723-1790) warb für ein Wirtschaftssystem ohne jegliche Einflußnahme des Staates auf die Allokation der Ressourcen. Durch den Wegfall sämtlicher Erhaltungsmaßnahmen der ökonomischen Strukturen, wie sie vor der Industrierevolution herrschten, wurden die Weichen für eine beschleunigte Einführung industrieller Produktion gestellt. Die Wirtschaftsvorstellungen der Merkantilisten wie der Physiokraten, die die Priorität der Agrarwirtschaft in der Volkswirtschaft propagierten, wurden strikt abgelehnt.[14] Smith, der der Bewegung der Aufklärung zuzurechnen ist, war ein Feind jeden Gedankens, der sich gegen den natürlichen Ablauf der Dinge wendete. Diese Sicht entstammte dem Geist eines Menschen, der das Fach Moralphilosophie lehrte. Aufgrund seiner praxisnahen Einstellung ging er ferner von dem Bemühen des Individuums aus, seine materielle Lage zu verbessern. Er forderte die größtmögliche individuelle Freiheit.

Dadurch hilft das Individuum sich, ohne das Gemeinwohl zu belasten, falls dies durch wirksame Gesetze garantiert wird. Neben dieser Aufgabe wies Smith dem Staat noch weitere zu. Hierzu gehörten die Gestaltung der Verteilungs-, Verkehrs-, Außen- und Bildungspolitik.[15]

Mit den freien Entfaltungsmöglichkeiten für das Individuum wollten die Liberalen den Einzelmenschen aus den politischen, ökonomischen wie geistig-religiösen Grundpositionen, wie sie vor der Bewegung der Aufklärung bestanden, lösen und erhofften sich damit einen nachhaltigen gesellschaftlichen Fortschritt.[16]

Der Liberalismus verstand unter Gleichheit nicht die Gleichheit aller Menschen, sondern die Chancengleichheit im Gesellschaftssystem und wendete sich somit gegen Privilegien wie wettbewerbsbehindernde Maßnahmen. Die Liberalen glaubten aus dieser Grundhaltung heraus das Gros der Bevölkerung bis zur Hälfte des 19. Jahrhunderts zu repräsentieren. Die Tatsache störte die Liberalen nicht, daß die in jener Zeit politisch relativ passiven Bevölke-

rungsschichten, die sich in schlechteren wirtschaftlichen Verhältnissen als das die Liberalen tragende Bürgertum befanden, etwa
80 % der Gesamtbevölkerung ausmachten.[17]

III.3. Die liberale Idee in Deutschland

Im Gegensatz zu den angelsächsischen- und französischen Anfängen spielte das Naturrecht bei der in Deutschland später beginnen-
den Entwicklung der liberalen Idee keine dominante Rolle, wenngleich Immanuel Kant (1724-1804) Positionen englischer und fran-
zösischer Naturrechtler vertrat. Besonders sind seine Überlegungen, bezogen auf den kategorischen Imperativ, hervorzuheben,
den er nicht als Resultat preußischen Pflichterfüllungsdenkens ansah. Für Kant stand er in unmittelbarer Beziehung mit den für ihn
ausschlaggebenden Werten des Lebens, für "die sittliche Autono-
mie und Freiheit"[18], die jedem menschlichen Individuum zuzuge-
stehen ist.
Auch Johann Gottlieb Fichte (1762-1814) übernahm naturrechtliche Überlegungen von John Locke und Jean Jacques Rousseau
und bejahte das Recht eines Volkes, im Bedarfsfalle von sich aus
notwendige Verfassungsänderungen durchzusetzen und befürwortete die Verteidigung der Gedankenfreiheit. Fichte sah daher die
Französische Revolution grundsätzlich als etwas Gutes an, da sie
dem Volk die Gedankenfreiheit und die Abschaffung der Privilegien der Aristokratie versprach. Die Exzesse während der Französischen Revolution verurteilte er jedoch entschieden.[19]
Voltaires Einfluß auf die deutsche Literatur seiner Zeit war unter-
schiedlich. Namhafte Literaten wie Gotthold Ephraim Lessing
(1729-1781), Friedrich von Schiller (1759-1805) und Friedrich
Gottlieb Klopstock (1724-1803) haben ihn aus jeweils unterschiedlichen Gründen abgelehnt. Johann Wolfgang von Goethe (1749-
1832) dagegen würdigte Voltaires politisches Engagement.[20] Die

nicht der klassischen, sondern der populären Literatur zuzurechnenden Schriftsteller empfanden Voltaire als Heros der Aufklärung.[21]

Ebenfalls hatten die Montesquieuschen Gewaltenteilungsüberlegungen in Deutschland keine vergleichbare Durchschlagskraft wie in Frankreich oder den Vereinigten Staaten von Amerika. Die deutschen Liberalen blieben bei ihrer verfassungspolitischen Forderung einer parlamentarischen, gesetzgebenden Gewalt als Antipol zum Monarchen, der ausführenden Gewalt. Der deutsche Liberalismus jener Zeit versäumte es, die Exekutive durch die Regierten kontrollieren zu lassen.[22]

Der deutsche Liberalismus war durch die idealistisch geprägte deutsche Philosophie beeinflußt. Jeder einzelne Mensch sollte die Möglichkeit der Selbstverwirklichung erhalten, und die deutschen Liberalen wollten für die dadurch notwendige Freiheit des Individuums durch die Wahrung der Freiräume in der Gesellschaft und im Staat sorgen. Die Richtung des "älteren Liberalismus" in Deutschland vertrat der preußische Staatsmann und Wissenschaftler Wilhelm von Humboldt (1767-1835).[23] Er wollte zunächst die Rolle des Staates aufgrund prinzipieller Erwägungen beschränken. Die Polizei müsse die Freiheit des Bürgers gegen innere und äußere Gefahren verteidigen. Für seine legislative Sicherheit sorgen gesetzgebende und ausführende Gewalt. Staatliche Einmischung in den Daseinskampf der Individuen würde aber zur Uniformität des Geistes führen, was unbedingt zu vermeiden sei. Durch die dadurch verminderte Entschlußkraft würde die Persönlichkeit des Einzelmenschen unterminiert.[24]

Aus dieser Grundhaltung wird auch Humboldts Einstellung zum staatlichen Engagement im sozialen und wirtschaftlichen Bereich verständlich. Er lehnte ein solches ab und änderte seine Einstellung auch nicht in der Frage der Bewältigung von Naturkatastrophen. Er begründete dies mit der Gefahr, daß die Exekutive in die wirtschaftlichen und sozialen Probleme verwickelt werden würde, was abzulehnen sei.[25] Diese ablehnende Haltung staatlichen Engagements gegenüber betraf anfangs auch den Erziehungsbereich, da

Humboldt durch die Standardisierung von Erziehungsprogrammen eine einseitig ausgerichtete Erziehung befürchtete. Er redete privaten Bildungssystemen das Wort, um dem Bürger ein vielseitiges Erziehungsprogramm anbieten zu können.

Dieses Bildungsangebot stand nur den Bürgern offen, die die finanziellen Mittel aufwenden konnten. Humboldt beschäftigte sich noch nicht mit den Gedanken und Zielen des Schweizer Pädagogen Johann Heinrich Pestalozzi (1746-1827), der die besondere Rolle der Familie bei der Erziehung von Kindern hervorhob. Humboldt propagierte eine soziale Schicht mit hoher Intelligenz ohne den Unterbau durch eine Volksschule.

Er änderte seine Meinung zur Volksschule, als er 1807 das preußische Bildungswesen reorganisierte. Der Staat übernahm die bildungspolitische Verantwortung der privaten Institutionen und Pestalozzis Überlegungen fanden Eingang in die preußische Lehrerausbildung, Überlegungen liberalen Zuschnitts, da sie die "Individualität des Kindes und die Entwicklung seiner Talente und Kräfte in der Weise, die seinem Alter und seiner Geistesart gemäß war"[26]. Humboldt erkannte die geistige Verwandtschaft Pestalozzis mit Rousseau und glaubte eine geistige Verarmung des staatlichen Bildungssystems vermeiden zu können.[27]

In der Hochschulpolitik beging von Humboldt einen vom Frankreich Napoleons I. (1769-1821) abweichenden Weg, da er sich für eine absolute Abstinenz staatlicher Einmischung in die universitäre Lehre einsetzte. Dieser Gedanke der Freiheit der Lehre setzte sich, wenn auch abgeschwächt, in den höheren Schulen durch. Römische wie griechische Klassiker sowie Altgriechisch und Latein bildeten einen festen Bestandteil der Ausbildung. Man berücksichtigte hingegen auch Literatur der Zeitgenossen Humboldts wie Goethe, Schiller und Herder.[28]

Mit der entsprechenden Einstellung beurteilte Humboldt das Verhältnis Staat und Kirche wie auch der Religion als solche. Er lehnte eine staatliche Zuständigkeit für den religiösen Bereich der Gesellschaft ab, ebenfalls das Verlangen der Französischen Revolution, die Macht des Klerus auch im kirchlichen Bereich zu brechen.[29]

So bedeutend Wilhelm von Humboldt als "der erste Theoretiker des Liberalismus in Deutschland"[30] war, so wenig beschäftigte ihn der Bereich Staat und Nation. Er hatte sein Interesse eindeutig auf das Individuum gerichtet, nicht auf die Masse Mensch und stand der Demokratie distanziert gegenüber.[31]

Da Humboldt den Einzelmenschen in das Zentrum seiner Überlegungen stellte, spielten Vokabeln wie Machtdenken und Nationalismus für ihn eine untergeordnete Rolle. Er sah zwar den Krieg als in gewissen Fällen heilsam für die Menschheit an, jedoch befürchtete Humboldt durch den steigenden Mechanisierungsgrad bei der Kriegsführung, es vermindere sich die vorher wichtige Rolle des Bürgers, der für seine Freiheit in den Krieg zieht. Humboldt stand dem Kriegshandwerk reserviert gegenüber und stellte sich dadurch gegen das militärische Selbstverständnis Preußens.[32]

Goethe hatte im Alter eine Humboldt vergleichbare Einstellung. Er verlangte von jedem Individuum ein vernunftbestimmtes, liberales Handeln, bestimmt durch sittliche Verantwortung und den Wunsch nach Versöhnung. Dabei habe ein Liberaler die Mittel der Gewalt zur Erreichung der Ziele abzulehnen. Aus diesem Grund verurteilte Goethe auch die Französische Revolution wegen der Gewaltanwendung[33] - eine verwandte Meinung Humboldts, auch wenn er die Abschaffung der Vorrechte der Aristokratie grundsätzlich bejahte.[34]

Friedrich Schiller unterstützte die liberale Forderung nach persönlicher Freiheit ebenfalls, wenngleich er sich vor allem um die künstlerische Umsetzung bemühte.[35]

Seine ablehnende Haltung zum Nationalismus gab der Liberalismus in Deutschland auf, als dieser in der deutschen Politik zum bedeutenden Faktor herauswuchs.[36]

Johann Gottlieb Fichte verteidigte die Französische Revolution in ihren Zielen. Er, der den Liberalismus mit dem Nationalismus verband, wandte sich aber gegen die französische Vormachtstellung in Deutschland und fand besonders im norddeutschen Bildungsbürgertum Anhänger für diesen Denkansatz. Fichte kämpfte für die persönliche Freiheit, für das Eigentums- und Selbsterhaltungsrecht, trat jedoch auch für eine gewisse Einschränkung des Recht des freien Wirtschaftens ein, was eine klare Abkehr von den Gedanken Adam Smiths darstellte. Seine Abneigung gegen die Bevorteilung der Aristokratie war hingegen geblieben. Fichte, der von einer nationalen Überhöhung der Deutschen ausging, sah die äußere politische Freiheit als Voraussetzung für die persönliche. Er trat für die Abschaffung der stehenden Heere ein und wollte den Bürger in seine solidarische Pflicht nehmen.[37] Er befürwortete die Aufstellungen eines Volksheeres.

Starken Anteil an der Verbreitung des Gedankens an Liberalismus und Nationalismus im deutschen Volk hatte der Mitarbeiter des Freiherrn vom Stein (1757-1831), Ernst Moritz Arndt (1769-1860), mit seiner einfachen und klaren Sprache. Er verschmolz liberale, romantische und nationale Gedanken. Die Freiheit sah er wie Justus Möser (1720-1794) und die Historische Schule, bekämpfte die politische Macht der Aristokratie in Deutschland und idealisierte ebenfalls die Deutschen.[38]

Die Arndtschen Gedanken fanden Eingang in dem deutschen radikalen[39] Liberalismus. Für diesen Liberalismus stehen drei Namen:

Der Publizist Ludwig Börne (1786-1837), der sich für das Freiheitsideal einsetzte, kann trotz seiner geistigen Nähe zur Theorie des Grafen Claude Henri de Saint-Simon (1760-1825) nicht als Sozialist bezeichnet werden. Er setzte sich für eine Verbesserung der Lage der Armen ein und widersprach der Forderung nach leistungsbezogener Entlohnung. Er sah Intelligenz und Fähigkeiten nicht als Verdienst des Individuums, sondern als naturgegeben an.[40]

Der Publizist Heinrich Heine (1797-1856) war vor seinem Wechsel nach Paris ein Verfechter des Postulats Freiheit, die später zugunsten des Primats Gleichheit an Boden verlor. Trotz seiner Verbindungen zum Publizisten Karl Marx (1818-83) waren seine Gedanken nicht kommunistisch geprägt. Dagegen fand er bei Saint-Simon Antworten im Bereich der sozialen Frage und in der Religionsphilosophie. Heine trat für eine leistungsgerechte Entlohnung ein.[41]

Heines Werk inspirierte eine Schriftstellergruppe, für die Ludwig Börne (1786-1837) und Ludwig Wienbarg (1802-1872) sprachen. Sie wurde "Das junge Deutschland" genannt, nach dem gleichnamigen Werk des Theaterleiters Heinrich Laube (1806-1884). Diese Gruppe trat nicht für eine Öffnung Deutschlands nach Westen hin ein, wie Heine dies vorschlug, sondern nach Osten.[42] Sie vertrat sowohl nationale wie liberale Gedanken. Eine für den politischen Liberalismus radikaler Art beherrschende Rolle spielte "Das junge Deutschland" nicht, da diese Gruppe politisch ziemlich inaktiv war.[43]

Daneben existierte in Süddeutschland der gemäßigte Liberalismus. Er besaß nicht die starke Bindung an nationale Tendenzen, da in den süddeutschen Klein- und Mittelstaaten schlechte Voraussetzungen für ein Idealisieren der deutschen Nation bestanden. Der Grund seiner Konzentration im Süden Deutschlands lag in der Aufgeschlossenheit der Regenten. Aus innenpolitischen Gründen ließen sie Verfassungen ausarbeiten und nahmen den Liberalismus in die Pflicht.[44]

Eine Vorreiterrolle spielte die Badische Verfassung des Jahres 1814. Diese seinerzeit liberalste Verfassung hatte Elemente aus der französischen Konstitution des gleichen Jahres übernommen. Hierbei hatte ein durch einen Monarchen repräsentierter Staat zwei Abgeordnetenkammern und das aktive wie passive Wahlrecht richtete sich nach dem jeweiligen Steueraufkommen des einzelnen Bürgers. Liberale Grundsätze wie die Gleichheit vor dem Gesetz und persönliche Freiheit wurden neben der Gewissensfreiheit und der Sicherheit des Eigentums festgeschrieben.[45]

Der Politiker Carl von Rotteck (1775-1840) und Carl Theodor Welcker (1790-1868) waren die geistigen Väter dieses gemäßigten Liberalismus. Rotteck, der "Erzieher zum liberalen Staatsbürgertum vor 1848"[46], stellte die Wahrung von Gerechtigkeit und Freiheit in das Zentrum seines Wirkens. Er nahm den Staat in die Pflicht, das Recht zu hüten und Moralvorstellungen zu achten. Die Rolle des Staates als Machtfaktor war für Rotteck im Vergleich sekundär, so daß er jede staatliche Eroberungspolitik ablehnte.

Grundlage seiner Denkweise war das Recht der Vernunft. Er wollte eine auf gesellschaftsrechtlichen Vereinbarungen basierende Staatsgewalt. Er trat gegen die Erbmonarchie ein und forderte eine frei entscheidungsfähige Volksvertretung als Legislative, öffentliche Gerichtsverhandlungen, die Sicherheit des Eigentums sowie Religions- und Pressefreiheit.[47]

In der Militärpolitik forderte er anstatt eines stehenden Heeres eine Milizarmee. Er wollte keine pazifistische Politik betreiben, sondern beabsichtigte im Bedarfsfall die Freiheit mit der Waffe zu verteidigen.[48]

Zur Thematik des wirtschaftlichen Liberalismus in Deutschland waren deutliche Vorbehalte gegen die Vorstellungen von Adam Smith gegeben. Politiker, die dem politischen Liberalismus das Wort redeten, sprachen sich teilweise gegen seine wirtschaftliche Ausprägung aus, wobei praktische Probleme bei der Einführung liberaler Wirtschaftspolitik gemäß den Smithschen Vorstellungen in Preußen den Grund hierfür darstellten.[49] Dagegen wurden diese Forderungen des wirtschaftlichen Liberalismus von Konservativen tatsächlich durchgesetzt.[50]

Als deutscher Liberaler, der auch auf wirtschaftspolitischem Bereich liberale Positionen mit Nachdruck vertrat, ist der schwäbische Wirtschaftsplaner Friedrich List (1789-1846) zu nennen. List, der während seiner Zeit in Deutschland, die er als radikaler Liberaler begann und intensiv mit von Rotteck sowie Welcker zusammenarbeitete, forderte einen vom engagierten Bürger getragenen Staat. Er, ein Gegner des Beamtentums, focht für einen freihändlerisch gesinnten Zollverband. Er trat nicht für Adam Smiths freihändlerische Thesen ein, da er erkannte, daß zwei Krisen der amerikanischen Volkswirtschaft durch eine zu freizügige Importpolitik ausgelöst worden waren. Er redete nun einer aktiven Rolle des Staates in der Volkswirtschaft und einer aktiven Kolonialpolitik das Wort. List wurde ein Verfechter konservativer Wirtschaftspolitik.[51]

III.4. Das Verhältnis der liberalen Idee in ihren Ursprüngen zur Demokratie

Die Darstellung der liberalen Idee wäre mangelhaft, würde das Spannungsfeld Liberalismus - Demokratie nicht mit dem allgemeinen, gleichen Wahlrecht aufgezeigt. Da die heutige Politik der Staaten der westlichen Hemisphäre besonders stark durch diese beiden Bewegungen sowohl in der Verfassungstheorie wie -wirklichkeit geprägt wurden, soll in diesem Kapitel gesondert auf die Thematik eingegangen werden.

III.4.1. Die Anfänge der liberalen Idee in ihrer Beziehung zur Demokratie in Großbritannien, Frankreich und den Vereinigten Staaten von Amerika

John Locke, als maßgeblicher Repräsentant des englischen Naturrechts, das Grundlage des modernen Liberalismus ist, setzte sich für eine Beteiligung des Volkes bei der Formulierung der Politik eines Staates ein. Er unterstützte jedoch nicht die Demokratie mit dem allgemeinen, gleichen Wahlrecht.
Locke wollte nur die Besitzbürger an der Macht des Staates beteiligen und koppelte konsequenterweise das Wahlrecht an die Finanzkraft des Individuums.[52] Er hob diese Bevölkerungsschicht besonders hervor, da nach Locke die Grundlage eines jeden gesellschaftlichen Zusammenschlusses als Voraussetzung staatlicher Gewalt der Schutz des Eigentums sei. Die besitzende Bürgerschicht habe dadurch auch ein besonderes Interesse und Recht, die Staatsgewalt zu beeinflussen.[53]
Die gesamte staatliche Macht wollte Locke aber auch dieser Schicht überlassen. Die entscheidende Machtposition behielt er dem Regenten als personifizierte Staatsgewalt durch seine große

Macht im exekutiven Bereich vor. Dieses Gesellschaftsbild, das egalitären Tendenzen widersprach, leitete Locke aus seiner wirtschaftspolitischen Grundhaltung ab. Er war entschiedener Merkantilist und wünschte eine autoritäre Staatsmacht als Lenker der wirtschaftlichen Geschicke des Gemeinwesens.[54]

Ebenso wie der Engländer Locke steht der amerikanische Politiker und Verfassungsrechtler Alexander Hamilton (1755-1804) für eine "interventionistische Elitendemokratie"[55]. Er, der am amerikanischen Verfassungskonvent 1787 in Philadelphia als zentralistisch gesinnter "Federalist" teilnahm, vertrat ähnliche Grundpositionen wie Locke. Auch er ging von einer merkantil geprägten Volkswirtschaft aus und warnte vor einer unbeschränkten Beteiligung der ganzen Bevölkerung, da er sie politisch nicht für intelligent hielt. Ferner glaubte er, sie könne sich nicht politischen Volksverführern entziehen und befürchtete Gefahren für das Gemeinwohl. Dieser Gemeinnutz kann nur durch die Verfolgung langfristiger Ziele gesichert werden.[56] Volksverführern sprach er die Fähigkeit ab, eine solche Politik zu betreiben. Exemplarisch für Hamilton war seine Meinung über die Französische Revolution, der er schon bei deren Beginn Vorbehalte entgegenbrachte.[57]

Auch Hamilton wollte das Besitzbürgertum im Wahlsystem bevorzugen. Aber dieser Bevölkerungsschicht wollte er nicht die uneingeschränkte Macht im Staate überlassen. Hamilton trat für die Einführung der Montesquieuschen Gewaltenteilung ein und glaubte damit die Machtergreifung von politischen Despoten zu verhindern. Aus gleichem Grund sprach er sich für eine Teilung der Exekutive im Repräsentantenhaus und Senat aus. Die Judikative stärkte er ferner durch das Recht des Supreme Court. Er billigte ihm das Recht zu, zu überprüfen, ob Gesetzte der Verfassung entsprechen. Diese höchsten Richter ließ er nicht direkt von der Bevölkerung, sondern vom Parlament bestimmen. Durch ihre Ernennung auf Lebenszeit wurde ihre Unabhängigkeit gestärkt. Als entscheidenden Machtfaktor gegen eine ausufernde Legislative deutete Hamilton die starke Stellung des amerikanischen Präsidenten, da er glaubte, durch eine starke Exekutive sei die staatliche Ordnung weitgehend gesichert. So können politische Despoten auch keine anarchieähnlichen Verhältnisse für sich ausnützen. Zu dieser gestärkten Staatsmacht zählt ein klares Über- /Unterordnungsverhältnis Bundesstaat/Einzelstaat auch auf dem Gebiet des Rechts.[58]

Montesquieu wollte ebenso die Staatsmacht nicht dem unmittelbaren Einfluß der Bevölkerung überlassen. Durch sein Gewaltenteilungsmodell begrenzte er den Willen des Volkes auf den gesetzgeberischen Bereich. Der Einfluß des Willens wurde jedoch auch auf diesem Gebiet begrenzt. Für die Gesetzgebung hatte er ein Zweikammersystem vorgesehen, wobei die eine Kammer der Aristokratie vorbehalten sein sollte. Das imperative Mandat lehnte Montesquieu ab und der Monarch als Spitze der Exekutive hatte auch die Aufgabe, die Gesetze in die Realität umzusetzen, die Außenpolitik zu formulieren und ein Einspruchsrecht gegenüber der Legislative[59]. Ferner sprach sich Montesquieu auch für ein Klassenwahlrecht aus.[60]

Dagegen befürwortete Rousseau eine sehr weitreichende Souveränität des Volkes. In seinen Demokratievorstellungen ist diese Volkssouveränität nicht eingrenzbar, auch nicht durch verfassungsmäßige Rechte oder durch "Grundrechte"[61]. Rousseau lehnte Organe repräsentativer Macht und sich daraus ableitender Organisationen wie Parteien oder Standesorganisationen ab und widersprach Montesqieuschen Gewaltenteilungsüberlegungen.

Zwar akzeptierte Rousseau eine Regierung, um die verabschiedeten Gesetze in die Realität umzusetzen. Er billigte ihr jedoch kein Eigengewicht zu. Montesquieu drückte dies durch das Recht des Volkes aus, die Regierung jederzeit abzusetzen.[62] Auf die Gefahren eines absolut herrschenden demokratischen Prinzips wie der möglichen Beeinflussung der Bürger durch Volksverführer oder der Konsequenz des Herrschens der Majorität über die Minorität der Bevölkerung ging Rousseau nicht ein, da in seinen Überlegungen aus der Kraft der Natur die Menschen sich einem Willen unterstellen und entsprechend abstimmen.[63]

III.4.2. Die Begründung der liberalen Idee und ihre Stellung zur Demokratie in Deutschland

Immanuel Kant setzte sich für einen liberalen und republikanischen Staatsaufbau ein, der für die Freiheit des Individuums die Untertänigkeit sowie die Selbständigkeit des Bürgers forderte.[64] Nur derjenige Mann - nicht Frau - konnte nach Kant Träger aller staatsbürgerlichen Rechte und Pflichten sein, der seine Tätigkeit nicht als Lohnempfänger durchführt, da wirtschaftliche Unselbständigkeit nicht zur politischen Selbständigkeit passe.[65] Kants Widerstand gegen das allgemeine und gleiche Wahlrecht paarte sich mit dem Wunsch nach Gewaltenteilung[66], Methoden, um eine klare Abhängigkeit der Staatsgewalt vom jeweiligen Abstimmungsverhalten der gesamten Bevölkerung zu vermeiden

Auch Wilhelm von Humboldt, wie Kant ein Vertreter der "marktwirtschaftlichen Elitendemokratie"[67], kämpfte gegen merkantile Elemente in der Wirtschaftspolitik. Auf dem Gebiet des Wahlrechts widersprach auch Humboldt deutlich egalistischen Tendenzen. Er befürwortete ein passives wie aktives Wahlrecht, das an ökonomische Daten des Bürgers geknüpft ist. Dieses Recht war weiterhin gestaffelt nach der jeweiligen Ebene der Parlamente. Sein Zweikammersystem hatte ebenfalls unterschiedliche Eingangsvoraussetzungen für die Parlamentarier, die ihrerseits ständisch gegliedert sind.[68]

Goethe lehnte die Demokratie in Reaktion auf den Verlauf der Französischen Revolution ab. Er sprach den Bevölkerungsmassen das Können und das Recht ab, durch ihre Stimmen am Gemeinwohl mitzuarbeiten, da ihre Stimmen Ordnung und Harmonie gefährden. Das amerikanische Verfassungsbeispiel konnte mangels Wissen ihn nicht beeinflussen.[69]

Heinrich Heine, der den deutschen radikalen Liberalismus entscheidend inspirierte, schätzte nach seinem Wechsel nach Paris das Primat der Gleichheit ebenso stark wie das der Freiheit.[70] Für Heine stellten diese beiden Prinzipien keine Widersprüche dar. Er glaubte, die Demokratie als Gegensatz zur Aristokratie würde entscheidend helfen, kriegerische Auseinandersetzungen wegen nationaler Vorurteile zu vermeiden.[70] Damit sprach er sich aber nicht für die Republik aus, auch die amerikanische, die er ablehnte. Er glaubte an die konstitutionelle Monarchie. Hier fand er den Monarchen als moralische Instanz, nicht aber als Größe innenpolitischen Machtkampfes.[72]

Karl von Rotteck, Repräsentant des deutschen gemäßigten Liberalismus, sprach sich auch für die Demokratie aus, lehnte jedoch ihre eindeutige Realisierung in der Verfassung ab. Auch Rotteck gab als Grund seiner Vorbehalte die Furcht vor Despoten an. Ferner führte er an: "Außerdem ist die reine Demokratie selbst ganz unmöglich für ein nur einigermaßen zahlreiches und kultiviertes oder ein auch mäßig ausgedehntes Land bewohnendes Volk und auch bei einem kleinen die selbsteigene Regimentsführung unbequem, schleppend oder stürmisch, unstät und vielfach gefahrvoll."[73] Aus diesen Gründen befürwortete Rotteck für deutsche Verfassungsvorstellungen konstitutionell-monarchisch geprägte Staatsaufbauten.[74]

IV.
Max Webers Einfluß auf das Werk und die Persönlichkeit Friedrich Naumanns

IV.1. Soziologische Bestandsaufnahme des Wandels der Stände zur Industriegesellschaft im Deutschen Kaiserreich unter besonderer Berücksichtigung der liberalen und sozialdemokratischen Parteienentwicklung

Bei der Beschreibung des Einflusses von Weber, dem Theoretiker, auf die Naumannschen Vorstellungen über das Bild einer liberalen Gesellschaft im Wilhelminischen und Nachwilhelminischen Deutschland ist eine Bestandsaufnahme angebracht, um Webers und Naumanns Überlegungen besser verstehen zu können. (Als die Nachwilhelminische Ära wird die kurze Zeitperiode von der Abdankung Wilhelm II. 1918 bis zur verfassungsmäßigen Grundsteinlegung der Weimarer Republik und der Beginn ihrer politischen Realisation 1919/20 verstanden.)

Bei der Gründung des Deutschen Kaiserreichs 1871 wurde die "kleindeutsche Lösung" realisiert. Osterreich gehörte nicht zum neuerstandenen Reich, was dem Willen der Revolution von 1848 und dessen kraftlosem Parlament in der Paulskirche zu Frankfurt a. M. widersprach. Preußen nahm die dominierende Stellung im neuen Reich ein und sein König wurde zum Deutschen Kaiser gekrönt. Die Reichsverfassung bestimmte den preußischen Ministerpräsidenten zugleich zum deutschen Reichskanzler. Der Kanzler konnte nur vom Kaiser ernannt und entlassen werden, eine Konstellation, die der preußische Ministerpräsident Otto Fürst von Bismarck (1815-1898) für sich in Hinsicht auf eine zukünftige Kanzlerschaft durchsetzte. Dadurch wurden die in Preußen herrschenden Machtstrukturen auch für das Reich maßgebend.

Im stark ständisch gegliederten Preußen spielten die Junker eine besonders wichtige Rolle. Wie auf den Gütern, auf denen das Verhältnis Junker zu Landarbeiter patriarchalisch zu klassifizieren war, fand diese Relation auch in staatspolitischen Belangen Eingang. Besonders deutlich wird dies beim preußischen Dreiklassenwahlrecht[1], bei dem Adel, Bürgertum, einfacher Bauer und Landarbeiter ihren durch Geburt oft vorbestimmten Platz behielten. Das vom Volk gewählte preußische Parlament spiegelte die im alltäglichen Leben existierenden Machtstrukturen wider.

Die für das Deutsche Reich bedeutsame preußische Machtstruktur wurde mit einer neuen Herausforderung konfrontiert - mit der industriellen Revolution. Sie schuf neue Strukturen in der Gesellschaft. Großstädte mit Industriebetrieben bildeten sich. Diese Entwicklung wurde, unterstützt durch die Einigung Deutschlands, die von Bismarck, dem Repräsentanten des ständisch gegliederten Preußens mit den Kriegen gegen Dänemark (1864), gegen Österreich (1866) und Frankreich (1870/71) herbeigeführt wurde, beschleunigt.[2]

Die industrielle Entwicklung beinhaltete aufgrund der veränderten Produktionstechniken in der Tat etwas Revolutionierendes, was einem "Umsturz der bestehenden politischen und sozialen Ordnung"[3] gleichkam.

Diese Änderung basierte auf einer expandierenden Industriekapazität. Die Roheisenproduktion stieg von 1871 mit 1,6 Millionen Tonnen auf 14,8 Millionen Tonnen im Jahre 1910.[4] Erfindungen schufen neue Industriebranchen wie beispielsweise die Elektround Chemieindustrie. Die Volkswirtschaft organisierte sich in dieser Zeit zu bis dahin noch unbekannten großen Produktions- und Dienstleistungseinheiten. Hieraus vollzog sich ein fundamentaler Wandel Deutschlands vom Agrar- zum Industriestaat. Der Bruttosozialproduktanteil der Landwirtschaft sank von 47 % im Jahre 1850 auf 23 % im Jahre 1913, das der Industrie betrug bei Ausbruch des Ersten Weltkrieges bereits 60 %. Die Zahl der Industriearbeiter verdoppelte sich zwischen 1887 und 1914, 1910 lebten nur noch 40 % der deutschen Bevölkerung in Dörfern und Kleinstädten (65% in 1871[5]).

Was stellte das soziologisch Neuartige dieser durch die industrielle Revolution begründeten Industrie- und Großstadtbildung dar? Die Massengesellschaft trat an die Stelle der "persönlichkeitsgebundenen Lebensgemeinschaft"[6], wie sie auf den preußischen

Landgütern zu dieser Zeit existierte. Diese hierarchische Ordnung schwand in den von der industriellen Revolution erfaßten Gebieten Deutschlands.

Die aufblühende Industrie zog ihrerseits mit dem Anreiz höherer Entlohnung Arbeitskräfte aus dem Reservoir der preußischen Landarbeiterschaft. Die preußischen Großgrundbesitzer gerieten dadurch in Schwierigkeiten. Sie wurden gezwungen, "auf Grund der schlechten Bodenverhältnisse, unrationeller Methoden, hoher Arbeitskosten"[7] billigere Arbeitskräfte aus den angrenzenden slawischen Gebieten anzuwerben. Ferner forderten die Junker Schutzzölle, um die ausländischen und preiswerteren Konkurrenzprodukte vom Binnenmarkt fernzuhalten.

Die Arbeitermassen in den industriellen Großräumen fühlten sich im machtsoziologisch ständisch gegliederten Staatsgefüge nicht beheimatet, da für sie in ihren Augen kein akzeptabler Platz in der Machthierarchie vorgesehen war. Der Staat hatte ihnen nur den Vierten Stand und damit letzten Platz in der Gesellschaft zugewiesen. Die Industriearbeiterschaft, aber auch Handwerksgesellen, vor allem in weniger industriell ausgeprägten Gegenden[8], besaßen keinen Ansprechpartner für ihre Forderungen nach besseren Arbeitsbedingungen und sozialer Absicherung.[9]

Auch das war eine Folge des Ausscherens aus der ständisch gegliederten Gesellschaft mit der zumindest moralischen Verantwortung des Bauern für seinen Knecht, des Handwerksmeisters für den Gesellen und Lehrling und des sozialen Netzes, das damals die Großfamilie bedeutete. Deshalb organisierte sich die Industriearbeiterschaft, um ihre arbeitsrechtlichen wie auch gesellschaftspolitischen Forderungen artikulieren zu können.

Zwangsläufig bewegten sich die politischen Forderungen der Organisationen der Industriearbeiterschaft nicht im bisherigen Rahmen des durch preußische Gesellschaftsauffassungen geprägten Staates. Sozialreformerische Ansatzpunkte des Mainzer Bischofs Wilhelm Freiherr von Ketteler (1811-1877) und des Verfechters der Genossenschaftsidee Hermann Schulze-Delitzsch (1808-1883)[10] dürfen hierbei nicht übersehen werden.

Bis dahin hatte sich die politische Bewegung der deutschen Industriearbeiterschaft - wenn überhaupt - in Arbeiter- und Arbeiter-
bildungsvereinen, Gründungen liberaler Demokraten, organisiert.[11]

1863 gründete Ferdinand Lassalle (1825-1864)[12] eine selbständige,
von "den Bürgerlichen unabhängige Arbeiterpartei"[13], den "Allgemeinen Deutschen Arbeiterverein" (ADAV). Lassalle wurde
sein Präsident.

1869 wurde die Sozialdemokratische Arbeiterpartei (SDAP) von
Wilhelm Liebknecht (1826-1900) und August Bebel (1840-1913)
gegründet, wodurch die Arbeiterbewegung gespalten wurde. Der
ADAV war bis 1870 erfolgreicher als die SDAP[14]. 1875 schlossen
sich beide Parteien in Gotha zur "Sozialistischen Arbeiterpartei"
(SAP) zusammen. Es gelang damit eine Stärkung der Arbeiterbewegung. Die Kernforderung der neuen Partei, im "Gothaer Programm" verabschiedet, lautete: "...mit allen gesetzlichen Mitteln
den freien Staat und die sozialistische Gesellschaft, die Zerbre-
chung des ehernen Lohngesetzes durch Abschaffung des Systems
der Lohnarbeit, die Aufhebung der Ausbeutung in jeder Gestalt,
die Beseitigung aller sozialen und politischen Ungleichheit".[15].
Ferner wurde die Überführung der Produktionsmittel in Gemein-
eigentum und das allgemeine, freie und geheime Wahlrecht[16] verlangt.

Das Neue an diesen Forderungen war der Wille, den verfassungsmäßigen Weg zu beschreiten, um die staats- und gesellschaftspolitischen Veränderungen durchzusetzen. Eine Mitarbeit in den Lan-
desparlamenten der einzelnen Bundesstaaten wie auch im Reichstag wurde dadurch erforderlich und hatte den sozialen und politischen Wandel nicht durch Revolution, sondern durch Evolution
zur Folge. Karl Marx (1818-1883) verurteilte in seiner 1875 erschienenen "Kritik am Gothaer Programm" dieses Vorgehen ebenso
wie Friedrich Engels (1820-1895). Prinzipielle Bedenken spielten
bei Marx ebenso eine Rolle wie eine persönliche Geringschätzung
gegenüber der Person des 1864 verstorbenen Ferdinand Lassalle,
der diesen Schritt in seinem "Offenen Antwortschreiben" 1863 be-

fürwortet hatte[17], obwohl er Marx während seiner Londoner Zeit (1849) unterstützt hatte.

Da viele Sozialdemokraten den Niedergang der Pariser Kommune 1871 mit einer mangelhaften Organisation erklärten, wurde die SAP mit einer straff gegliederten Parteigliederung versehen.[18] Die SAP errang bei der Reichstagswahl 1874 einen mehr als doppelt so hohen Stimmenanteil als vorher ADAV und SDAP zusammen. Drei Jahre später verbesserte sich die SAP erneut und erreichte 9,1% der abgegebenen Stimmen.[19]

Eine so starke Repräsentation des Vierten Standes war für den im Stände- und Obrigkeitsstaat aufgewachsenen Bismarck nicht akzeptabel. Er setzte im Oktober 1878 mit Hilfe der Konservativen Parteien und der Nationalliberalen[20] im Reichstag gegen die Stimmen des katholischen Zentrums, der linksliberalen Fortschrittspartei und der Sozialdemokraten die sogenannten Sozialistengesetze durch. Das auslösende Moment für Bismarck stellten die beiden Attentate auf Kaiser Wilhelm I. dar, obwohl die SAP diese Terroranschläge entschieden ablehnte.[21]

Die Sozialdemokraten schürten jedoch selbst die Sozialistenfurcht, denn ihre Repäsentanten bevorzugten eine "aggressive und oft revolutionäre Sprache"[22]. Durch die Sozialistengesetze wurde die Organisation der SAP[23], ihre Zeitungen wie auch die der SAP nahestehenden Gewerkschaften verboten und in den Untergrund gedrängt. Bismarcks Politik machte die Anhänger der SAP auf diese Weise zu ungelittenen Untertanen Seiner Majestät und des durch ihn repräsentierten Obrigkeitsstaates. Lediglich die Arbeit der sozialdemokratischen Reichstagsfraktion wurde durch die neue Gesetzgebung nicht untersagt.

Im gleichen Zuge versuchte Bismarck die sozialen Fehlentwicklungen der Lebensverhältnisse der Industriearbeiter zu korrigieren und glaubte damit die organisierte Arbeiterbewegung endgültig zerschlagen zu können.[24] Bismarcks ohne Zweifel sehr wirkungsvolle Sozialpolitik konnte jedoch nicht die in der Sozialdemokratie organisierte oder mit ihr sympathisierende Industriearbeiterschaft für den preußisch geprägten Obrigkeitsstaat und seine Parteien gewinnen.[25] Große Teile der Industriearbeiterschaft verlangten die politische Gleichbehandlung sowie demokratisch selbstverwaltete Unterstützungskassen, glaubten aber nicht, diese Ziele mit den nichtsozialdemokratischen Parteien verwirklichen zu können. Die Arbeiter setzten diese politischen Gruppierungen mit dem von ihnen als Feind betrachteten Staat gleich.[26] Ein klares Indiz sind die Ergebnisse der folgenden Reichstagswahlen. Nach Einbußen im Jahre 1878, geprägt von einer starken Agitation gegen die Sozialdemokratie und den beiden Attentaten auf den Kaiser sowie weiteren Stimmenverlusten 1881, - der ersten Wahl nach Inkrafttreten der Sozialistengesetzte - überschritt die SAP 1887 zum ersten Mal die 10 % Marge. Die Reichstagswahlen 1890 - die Sozialistengesetzte waren aufgehoben - erbrachten für die SAP 19,7 % der abgegebenen Stimmen.[27] Damit wurden die Sozialdemokraten, nach Wählerstimmen gerechnet, die stärkste Partei Deutschlands.

Der Obrigkeitsstaat stellte mit Hilfe der Sozialistengesetze die sozialdemokratisch organisierte deutsche Arbeiterschaft ins politische Abseits. Das herrschende Macht- und Gesellschaftssystem enttäuschte dadurch noch größere Teile der Industriearbeiterschaft. Sie wollten sich noch weniger integrieren lassen und wählten sozialdemokratisch. Die Sozialistengesetzgebung hatte die SAP eher gestärkt als geschwächt.

1891 wurde die sozialdemokratische Arbeiterbewegung in "Sozialdemokratische Partei Deutschlands" (SPD) umbenannt. Die SPD glich den theoretischen Teil des Erfurter Programms stark den Gedanken von Karl Marx an, indem sein "Kapital" (24. Kapitel - 7. Abschnitt) in Teilen direkt übernommen wurde. Es wurde die Enteignung der in Privateigentum befindlichen Produktionsmittel gefordert. Der zweite, pragmatische Teil enthielt dagegen Forderungen, deren Realisierung wesentlich stärker den Realitäten Rechnung trugen. Hingegen wurde im Erfurter Programm die Abschaffung der Monarchie und dafür die Einführung der demokratischen Republik nicht gefordert, da es dem überwiegenden Teil der Sozialdemokraten klar war, dieses Ziel kurzfristig nicht erreichen zu können.[28] So kann großen Teilen des Programms Realitätsnähe nicht abgesprochen werden.

Was die Wahlergebnisse nach 1890 angeht - von 1907 abgesehen -, brachte sie ständig Zunahmen des Stimmenanteils der SPD. 1912 erhöhte sich dieser auf 34,8 % und die Sozialdemokraten, seit den Reichstagswahlen 1890 die nach Wahlstimmen stärkste Partei, besaßen nun auch die größte Fraktion im Parlament. Das absolute Mehrheitswahlrecht und die ungleiche Wahlkreiseinteilung hatte dies den Sozialdemokraten bisher vorenthalten.[29]

Der anhaltende Trend hin zur SPD resultierte aus der Organisationsstärke der Partei. Ihre straffe Organisation konnte sie auch in Zeiten sehr starken Stimmenzuwachses beibehalten.[30]

Machtsoziologisch betrachtet darf nicht übersehen werden, daß es der SPD lediglich gelang, Industriearbeiter und Handwerker für ihre Ziele zu gewinnen. Die vom "Gutsherren, Lehrer, Pfarrer"[31] stark beeinflußten Landarbeiter stellten keine Anhänger der SPD dar. Ferner gelang es der SPD nicht, daß die gesamten in Handwerk und Industrie Beschäftigten sozialdemokratisch wählen würden.[32] Besonders in stark katholisch strukturierten Gebieten zogen Arbeiter das katholische Zentrum der SPD vor, ein Beweis dafür, daß die Sozialdemokratie nur dort Erfolg haben konnte, wo die bisherigen Ordnungsstrukturen versagt hatten.

Ganz anders lagen die Dinge bei den Liberalen. Die liberale Bewegung verfügte über keine der sozialdemokratischen vergleichbaren Parteiorganisation. Auch konnten die Liberalen auch kein einheitliches und geschlossenes Bild nach außen vermitteln: Spaltungen waren die Folge. Schon 1848 prägten zwei Strömungen die Nationalversammlung in der Paulskirche, obgleich zu diesem Zeitpunkt noch nicht von Trennung gesprochen wurde. Auf der einen Seite stand die nationale und konservative Strömung mit dem preußischen General und Minister Josef Maria von Radowitz (1797-1853), auf der anderen Seite die liberal-demokratische, die vom Schriftsteller Arnold Ruge (1803-1880) repräsentiert wurde. Nach dem Scheitern der Revolution 1848/49 fanden eine Reihe von

Parteispaltungen statt. Diese beiden Grundströmungen zeichneten sich für diese Trennungen verantwortlich.[33]

Ab 1866 konstituierte sich die "Nationalliberale Partei", die in den folgenden Jahrzehnten bis 1918 die nationalliberale Strömung verkörperte.

Die Nationalliberalen bejahten die Führungsrolle Preußens bei der Reichsgründung 1871. Vor die Wahl gestellt, das Ziel der Einheit oder das der Freiheit, wie es der Geist von 1848 repräsentierte, erreichen zu wollen, entschieden sie sich für die Einheit des Deutschen Reiches.

So scheiterten die Versuche der Nationalliberalen, die demokratischen Grundsätze stärker in der Bismarck'schen Verfassung zu verankern. Ohne Erfolg blieb die Forderung des nationalliberalen Parteiführers und Reichstagsabgeordneten Rudolf von Bennigsen (1824-1902), die Minister oder Staatssekretäre, wie sie damals genannt wurden, sollten dem Parlament gegenüber verantwortlich sein. Die Verantwortlichkeit des Reichskanzlers gegenüber dem Parlament wurde entscheidend geschwächt, da nur der Kaiser den Kanzler ein- oder absetzen konnte.

Die starke Betonung Preußens mit seinem Dreiklassenwahlrecht als Führungsmacht des geeinten Reiches bedeutete auch ein Akzeptieren der Dominanz ständischer Strukturen. Für das junge deutsche Staatsgebilde wurde es dadurch schwierig, die von der industriellen Revolution aufgeworfenen Fragen zu beantworten. Die Nationalliberalen lehnten aus diesem Grund die Sozialdemokraten als Repräsentant des Vierten Standes ab, da sie dieser von den Nationalliberalen unterstützten staatlichen Ordnung indifferent bis ablehnend gegenüberstanden. Die Nationalliberalen kämpften entsprechend nicht gegen die Sozialistengesetze, auch wenn sie zunächst für eine kürzere Laufzeit dieser Gesetze eintraten.[34]

Die Unterstützung der Bismarckschen Sozialistengesetze diskreditierte die Nationalliberalen endgültig bei der Industriearbeiterschaft. Eine Anhängerschaft innerhalb dieser Sozioschicht aufzubauen war, falls gewünscht, um verlorenes politisches Terrain zurückzuerobern, nicht mehr möglich.

Die Nationalliberalen gaben ihre Vorbehalte gegen die Sozialdemokratie auch nach Auslaufen der Sozialistengesetze nicht auf und lehnten bis 1918 eine Koalition ab. Ebenso fühlten sich die Nationalliberalen als staatstragende politische Kraft und unterstützten Bismarck im Kulturkampf gegen die katholische Kirche. Die klare Parteinahme für den "eisernen Kanzler" führte zu einer starken Abhängigkeit, die sich noch negativ auswirken sollte.

1878 attackierte Bismarck im Reichstagswahlkampf die zur größten Partei avancierten Nationalliberalen[35] und sprach ihr grundsätzlich das Recht zum Mitregieren ab. Hingegen ging es den Nationalliberalen nicht lediglich um eine Zuteilung von Posten im Reichskabinett. Sie glaubten, ein parteipolitisch ausgerichteter Minister könnte eine Mittlerrolle zwischen dem Parteienparlament und dem offener und direkter parteipolitischer Einflußnahme entzogenen Reichskanzler spielen.[36] Bismarck reagierte auf teilweise von ihm selbst in Umlauf gesetzte Gerüchte, nationalliberale Politiker wollten Ministerposten übernehmen: "Sie können mich zum Rücktritt zwingen, aber dazu bringen sie mich nicht, daß ich ein Parteiministerium der Nationalliberalen bilde..."[37]

Die Angriffe von Bismarcks auf die Nationalliberalen wurden von ihnen nicht mit einer eigenständigen Politik beantwortet, um dem Wähler zu verdeutlichen, welche Folgen ein geringeres politisches Gewicht der Nationalliberalen auf die deutsche Politik haben würde. Es fehlte ferner als Voraussetzung solchen Vorgehens eine straff gegliederte Parteiorganisation bis hinunter zur Ortsebene, auf die das Zentrum, die Konservativen und die SPD in einem weitaus höheren Maße zurückgreifen konnten.[38] Auf diese Weise hätte es den Nationalliberalen gelingen können, den Bismarck-'schen Angriffen sowie den soziologischen Veränderungen von der Stände- zur Massengesellschaft wirksam zu begegnen.

Unübersehbar waren die unterschiedlichen ökonomischen und sozialen Interessen der nationalliberalen Anhängerschaft. Anders als beim Zentrum konnte diese fehlende Übereinstimmung nicht durch einen gemeinsamen weltanschaulichen Nenner ausgeglichen werden. Ferner hatten die Anhänger der Nationalliberalen wie aller liberalen Gruppierungen geringe Ambitionen, sich in das parteiliche "Reih und Glied" einzufügen.[39]

Aus der Notwendigkeit heraus, eine eigene und wirkungsvolle Organisation aufzubauen, erhöhte man die Zahl nationalliberaler Vereine, die über das ganze Land verteilt waren. Hierdurch erhoffte man statt der politischen Arbeit nur zu Wahlkampfzeiten kontinuierliche Verbandsarbeit der Nationalliberalen. Diese Motivation zur Umorganisation wie wirtschaftlicher Interessenausgleich und eine gewisse Mitbestimmung der Mitglieder war jedoch erst nach 1890 spürbar.[40] Erst 1892 - fast 20 Jahre nach der Festschreibung des Gothaer Programms - gaben sich die Nationalliberalen einen eigenen Parteistatus. Drei Jahre später wurden Parteitage unter Mitwirkung von Delegierten der Wahlkreisorganisationen ins Leben gerufen. In den Jahren vor dem Ersten Weltkrieg bauten die Nationalliberalen einen eigenen Parteiapparat für die politische Arbeit auf.[41]

Zusammenfassend ist zu sagen, daß mit diesen Aktivitäten sehr spät, wenn nicht zu spät begonnen wurde. Ähnlich langsam wurden die Aktionen durchgeführt. Das organisatorische Manko blieb bestehen. Der Niedergang der Nationalliberalen war vorprogrammiert.

1874 bildeten sie mit knapp 40 % Stimmenanteil und 158 Abgeordneten noch die stärkste Fraktion. 1881 wurden noch 45 nationalliberale Reichstagsabgeordnete gezählt und ab 1897 schrumpfte der Stimmenanteil auf gut 10 %.

Vergleichbare Probleme mit der Organisation ihrer Partei hatten die linksliberalen Gruppierungen, die durch ständige Spaltungen entstanden waren, wodurch die Organisationsprobleme noch vergrößert wurden. Die Freisinnige Volkspartei (FVP) des Eugen Richter (1838-1906) versuchte - wie auch die Nationalliberalen - durch die Bildung von Vereinen, Abhalten von Parteitagen und die Schaffung eines den begrenzten finanziellen Mitteln entsprechenden Parteiapparates sich auf die Massengesellschaft einzustellen. Jedoch erreichten auch die Freisinnigen unter Richter keine dem Zentrum, den Konservativen oder der SPD vergleichbare straffe

Organisationsstruktur. Wo gut strukturierte Vereine bestanden, so litt doch die innerverbandliche Demokratie unter dem Diktat ihres Vorsitzenden Richter. Erst unter Friedrich Naumann änderte sich diese Honoratiorenpartei.

Zwar betrieb der Linksliberalismus eine eigenständige Politik gegenüber Bismarck. Die linksliberale Deutsche Fortschrittspartei sprach sich beispielsweise gegen die Sozialistengesetze aus. Gleichwohl war der Linksliberalismus von Naumann nicht bereit, mit den Sozialdemokraten gemeinsam Politik zu machen. Bezeichnend ist die an Naumann gerichtete Bitte Webers 1908, "sich den Sprung nach links"[42] offenzuhalten, nachdem die Freisinnigen diese Politik abgelehnt hatten. Max Weber und Friedrich Naumann hingegen erachteten eine Öffnung liberaler Politik zur Sozialdemokratie als Grundvoraussetzung einer liberalen Gesellschaft im Industriezeitalter.

IV.2. Friedrich Naumanns christlich-sozial geprägte Vorstellungswelt

IV.2.1. Gesellschaft als soziologischer Begriff

Der Soziologe Alfred Bellebaum (geb. 1931) verstand unter Gesellschaft grundsätzlich die soziale Einheit, die Beziehungseinheit, die das menschliche "Handeln im allgemeinen vorwiegend und nachhaltig"[1] beeinflußt. Der Soziologe und Sozialphilosoph Jakobus Wössner (geb. 1921) versteht unter der Gesellschaft "eine kollektive Gruppe von verhältnismäßiger Dauer, die viele Geschlechter überlebt und sich in ihrer Form oft Jahrhunderte erhält, weil sie ein System entwickelt hat, das alle für eine bestimmte historische Situation notwendigen Bedürfnisse der Gesellschaftsmitglieder zu erfüllen in der Lage ist."[2]

Beiden Definitionen gemeinsam ist eine Begriffsfixierung, die frei von weltanschaulichen Festlegungen ist.[3]

Friedrich Naumann beschäftigte sich mit dem Wandel der Stände- zur Massengesellschaft aufgrund der neuen Rolle des Vierten Standes als historische Situation und entwickelte sein Bild einer Gesellschaft, die dieser geschichtlichen Herausforderung gerecht wird.

IV.2.2. Die Abschnitte des Naumannschen Werks

Um die Naumannschen Überlegungen bezüglich der notwendigen gesellschaftlichen Strukturen darzustellen, muß sein Werk in zwei Abschnitte unterteilt werden.[4]

Der erste Abschnitt ist als der christlich-soziale zu überschreiben und dauerte etwa von 1880 bis 1895.

Der zweite beginnt zeitlich zusammen mit der Antrittsrede Max Webers an der Universität Freiburg/Br. im Jahre 1895, nachdem er zwei Jahre früher zum Ordinarius für Volkswirtschaftslehre vorgeschlagen worden war.[5]

Naumann richtete in jener national-sozialen Periode seinen Blick auf neue Aspekte der Tages- wie der langfristigen Politik und gelangte zu neuen Antworten auf gesellschaftspolitische Fragen.

IV.2.3. Friedrich Naumanns Analyse der Wilhelminischen Gesellschaft

Um Naumanns Einschätzung der Wilheminischen Ära während seiner christlich-sozialen Phase darzustellen, ist zeitlich und gedanklich an den Wandel der Stände- zur industriellen Massengesellschaft im Deutschen Kaiserreich anzuschließen.

Aus welcher Sicht sah der christlich-sozial geprägte Naumann diese Wilhelminische Gesellschaft?

Naumann verstand sich als Gemeindegeistlicher und stellte sich die Aufgabe, eine lebensnahe Auslegung des Evangeliums zu verkünden. Folgendes Zitat unterstreicht, wie stark er mit der Wirklichkeit konfrontiert wurde: "Ein Pfarrer, dessen Gemeinde zur Hälfte oder zwei Dritteln aus Sozialdemokraten besteht, kann auf die Dauer nicht in Indifferenz verharren ... Mit der Zeit wird ihn das Volk fragen, wie der Gekreuzigte zu Ausbeutung und Not sich verhielt... Diese Antwort braucht nicht gleich ein neues Gesellschaftssystem zu versprechen, aber sie muß den festen Willen bekunden, der Armut zu helfen."[6]

Naumanns spezielles Interesse galt zwei Hauptgebieten. Zunächst befaßte er sich mit dem Phänomen der Mechanisierung als dem Merkmal des Industriekapitalismus. Die Maschine beurteilte er positiv, da er sie mit dem christlichen Weltbild in Einklang sah. Diese Haltung war aufgrund seiner Einstellung zum Christentum heraus verständlich. Er sah es als "Kraft der Erneuerung in die Welt"[7] kommen, "als Begeisterung tatkräftiger junger Männer."[8] Der christlich-soziale Naumann dachte bei dieser Synthese von Christentum und Industrialisierung euphorisch und pastoral: "O käme...doch...Jesus der Herr! ...Er würde dem Zeitalter der Maschinen nicht fremd gegenüberstehen... Die Maschine ist nichts Unchristliches, denn Gott will sie. Gott redet zu uns durch die Tatsachen der Geschichte."[9] Für Naumann stellte die Maschine eine mögliche Vervielfältigung menschlicher Arbeitskraft dar.[10]

Da das industrielle Produktionsprinzip der Mechanisierung den Gedanken- wie Ideenaustausch fördert, sah Naumann in der wachsenden industriellen Verflechtung die Möglichkeit, das Christentum in andere Länder zu tragen und gleichzeitig den eigenen christlichen Kulturraum vor fremdartigen Einflüssen zu schützen.[11]

Das Problem, das der technische Fortschritt mit sich brachte, übersah er nicht. Er setzte sich mit dem Arbeitsplatzverlust der Handweber durch die Einführung mechanisierter Webstühle auseinander. Gleichwohl erkannte er in diesen ökonomischen Strukturproblemen keinen Grund, von seiner fortschrittsfördernder Grundhaltung abzurücken. Er machte gegen jene Christen entschieden

Front, die ihre Fortschrittsfeindlichkeit christlich zu motivieren versuchten.[12]

Für Naumann bedeutete diese technisch-ökonomische Umwälzung die Ausgangsbasis seiner politischen und soziologischen Folgerungen: "Alte Stände sind morsch, alte Parteien sind mürbe, alte Häupter verstehen die Zeit nicht mehr."[13] Durch Naumanns klare Absage an die etablierten Parteien wie die Konservativen, das Zentrum und die Liberalen wird deutlich, wie er sich intensiv mit der Partei beschäftigte, die von der soziologischen Veränderung profitiert hatte und deren Entstehung hierauf gründete: die Sozialdemokratie.

Friedrich Naumann maß diese politische Bewegung an zwei für ihn wichtigen Fragenkomplexen: an der Kapitalfrage - sprich der Stellung der Sozialdemokratie zur Konzentration des Investivkapitals als Merkmal des Industriekapitalismus, und an der Organisationsfrage - sprich der Möglichkeit der Partei, die durch die industrielle Revolution sprunghaft gestiegenen Arbeitermassen, die von der bisherigen Ständegesellschaft nicht mehr in die von ihr entworfene Gesellschaftsstruktur eingeordnet werden konnte, organisieren zu können.

Ausgehend von der These, das kapitalistische System der Ökonomie wirtschafte sich zwangsläufig herunter, sträubte sich die Sozialdemokratie bewußt nicht gegen eine wachsende Konzentration des Investivkapitals. Sie sah darin sogar eine Möglichkeit, die Schwächen dieses Systems noch schneller aufzudecken, um die im Erfurter Programm fixierten, teils marxistisch geprägten Wirtschaftsvorstellungen noch früher verwirklichen zu können.[14] Naumann brandmarkte das sozialdemokratische Vorgehen als "fatalistischen Opportunismus"[15]. Er bezweifelte, daß mehr als eine Generation an die Zwangsläufigkeit des Niedergangs der kapitalistischen Wirtschaftsordnung glauben würde. Auch sprach er dieser Wirtschaftsordnung, die auf der bürgerlichen Gesellschaft basiert, nicht die Möglichkeit ab, negative Symptome zu behandeln, wenngleich eine grundlegende Besserung von der bürgerlichen Gesellschaft in seinen Augen nicht erreichbar war.

Für untragbar hielt er es, daß die wachsende Finanzkapitalkonzentration, die für ihn in direkter Korrelation mit einer zunehmenden Arbeitslosigkeit stand, von den Sozialdemokraten selbstverständlich akzeptiert wurde.[16]

Naumann vermißte bei den sozialdemokratischen Thesen das christliche Prinzip Hoffnung, auch wenn es nach Naumann für das Individuum mit dem Vertrauen auf Gott unmöglich sei, seine wirtschaftlichen Probleme selbst zu lösen. Daher attackierte der Seelsorger Naumann die Haltung der SPD, die den Beistand Jesus Christus ausschloß.[17]

Untragbar war für Naumann die geplante Wirtschaftsordnung der Sozialdemokraten, da sie den Kollektivismus als Grundgedanken ihrer Überlegungen akzeptierten. Er sah sowohl das Individuum entscheidend eingeschränkt, wie auch die Familie als organisatorische Basis des Volkes gefährdet.[18] Naumann verneinte die ganze schematische Denkweise der SPD. Er vermißte das Gefühlvolle in dieser für ihn kalten Denkungsart und lehnte sie ab.

Neben der Kapitalfrage beschäftigte sich Naumann mit der Organisation der Sozialdemokratie. Er hielt eine sozialdemokratisch geprägte Organisation der Industriearbeiter wie Handelsangestellten für erreichbar, wenn nicht schon erreicht.[19] Da diese Gruppen im anwachsenden Industriekapitalismus um die Jahrhundertwende immer größer zu werden versprachen, schloß Naumann hieraus eine weitere Stärkung der Sozialdemokratie, da sie sich auf diese Gruppen als Wählerpotential stützen konnten.[20] Gleichwohl erkannte Naumann die Grenzen der SPD, sämtliche Arbeitnehmer in ihre Richtung zu organisieren und damit an sich zu binden. Er äußerte Zweifel, daß die Landarbeiterschaft sozialdemokratisch zu binden sei.[21]

IV.2.4. Die gesellschaftspolitischen Vorstellungen Naumanns während seiner christlich-sozial geprägten Zeit

IV.2.4.1. Die theologisch-theoretische Basis

Friedrich Naumanns christlich-sozial motivierte Überlegungen gesellschaftspolitischer Art war die eines Seelsorgers. Er bemühte sich in seiner Arbeit das Evangelium seinen Gemeindemitgliedern so zu verkünden, daß es als praktische Hilfe im Alltag verwendet werden konnte.

Was verstand Friedrich Naumann unter einer christlich-sozialen Einstellung? Er suchte Unterschiede zum Sozialismus marxistischer Prägung, den er als "vulgären Materialismus"[22] bekämpfte. Er vermißte in diesem auf Materialismus und Rationalismus aufgebauten Sozialismus "das Geheimnisvolle, Tiefe, Offenbarungsmäßige"[23] des Christentums. Hieraus folgerte er, daß ein Staat "nicht eine fertige Maschine, sondern...der sichtbare Körper des lebendigen Volkes"[24] sei. "Der Staat wird immer soviel Leben, Glauben, Liebe, Wahrheit haben, wie die vergangene und gegenwärtige Generation des Volkes... Darum, wer den Staat formen will, der fülle Geist in die Seele des Volkes dann, wenn sie arbeitet und ringt. Der Christ muß immer wünschen, daß der Bruchteil christlichen Geistes im Gesamtleben des Volkes möglichst groß sei."[25] Aufgrund dieser vom Christentum geprägten Transzendenz stand Jesus im Zentrum seiner Überlegung und war für ihn stets eine Quelle neuer Erkenntnis.

Die sich ändernde Situation der menschlichen Gesellschaft brachte Naumann die Erfahrung, daß bisher mehr für nebensächlich gehaltene Stellen des Gotteswortes neuen Inhalt und damit stärkere Ausdrucks- und Aussagekraft verlangten.[26] Jesus "erscheint als Licht für das arme Volk, das im Dunkeln sitzt. Wo er seine Hand hinstreckt, da gesundet das Menschenleben... Diesen Jesus...wird unser Volk finden, wenn es aus dem Materialismus aufwacht."[27] Naumann bejahte Jesus gleichwohl nicht als wissenschaftlichen Ratgeber, der der Menschheit ganz spezielle Vorgehensweisen aufzeigt. Vielmehr sind es die Leitgedanken des Evangeliums, die menschliches Handeln bestimmten sollten.[28] Er erkannte Jesus als warmherzigen und klugen Führer an, wobei er gewisse Irrungen des Christentums wie "Inquisition, Religionskriege, Hexenprozesse"[29] nicht als problematisch für dessen Führerrolle ansah. Ebenso unterstrich Naumann die Gültigkeit des Evangeliums als Werk Gottes und führte geschichtliche Analysen an, um letzte Zweifel an Jesus und seinem Wort zu zerstreuen.[30]

Nach Naumann hatte sich Jesus Christus die Aufgabe gestellt, Hoffnung besonders den "Mühseligen und Beladenen"[31] zu bringen, damit diese eine bessere Zukunft erwarten könnten. Im Gegensatz zum materialistischen Sozialismus beurteilte Naumann diejenigen, die in Not sich befinden, nicht zwangsläufig als "Proletariat"[32], sondern als in Not geratene "Seelen"[33]. Daß eine im Vertrauen auf das Evangelium gesetzte Hoffnung die Not wirksam bekämpfen kann, fand Naumann in Matthäus 6,33 begründet: "Trachtet am ersten nach dem Reich Gottes und nach seiner Gerechtigkeit, so wird solches alles (Essen, Trinken, Kleidung) zufallen"[34]. Das Gegenargument, das Evangelium habe es versäumt, viele Menschen aus ihrer schwierigen Lage zu befreien, lehnte er mit der Begründung ab, daß diese Menschen ohne Hoffnung auf Christus ihre Probleme noch schwieriger gemeistert hätten. Das Prinzip Hoffnung stelle aber für Christus keinen Grund dar, die Not nicht selbst aktiv zu bekämpfen. So heilte er Kranke.[35] Naumann folgerte hieraus: "Christentum ist Armenhilfe"[36]. Um auf die Beseitigung der Not durch die Verkündung des Evangeliums durch Jesu näher einzugehen, ist eine stärkere Beleuchtung des Begriffes Not wichtig.

Die Not ist eine Folge der Sünden der Menschen. Daher werde es in Not lebende Menschen geben, solange gesündigt wird.[37] Vom weltlichen "Chiliasmus"[38] sind die Menschen durch diesen immerwährenden Sündenfall bis zum Jüngsten Gericht ausgesperrt. Aus dieser Zwangsläufigkeit des Entstehens der Not heraus argumentierte Naumann pragmatisch: Christen müßten an den "Fortschritt ihrer Arbeit in Herstellung irdischer Glückseligkeit glauben..., sonst hat die Arbeit nichts Sittliches und nichts Enthusiastisches und das muß sie haben, wenn sie auf dem Boden der ersten Gemeinde weiterarbeiten will..."[39] Hier sah Naumann einen Ansatzpunkt für die volkswirtschaftliche Wissenschaft. Diese christliche Aufgabe der Notlinderung leitete Naumann vor allem aus dem Neuen Testament ab.[40]

Wie wollte nach Naumann Jesus die Not bekämpfen? Einerseits "braucht er Wunder und Almosen"[41]. Andererseits scheut sich Jesus aber nicht, Gewalt anzuwenden, wenn dies notwendig ist: "...Jesus scheut sich nicht, mit der Geisel in der Hand einen Sturm zu entfachen, der die Wechsler aus dem Tempel fegt."[42] Naumann stellte indes klar, daß die Tempelaustreibung keinen Umsturz bedeute: "Die Revolution ist der falsche Weg von außen nach innen... Wenn Jesus Revolutionär gewesen wäre, so würde sein Leben wohl etwas länger gewesen sein, aber nach seinem Tode wäre er nichts anderes gewesen als hundert Tote Volksmänner der morgenländischen Geschichte."[43]

Bei der Analyse der Vorstellungen Jesu zur Überwindung der Not ist anzumerken, daß diese nach Naumann keine "für ein bürgerliches Gesetzbuch"[44] akzeptablen Prinzipien, denen die Menschen aufs Wort zu folgen hätten, darstellten. Sie beweisen lediglich, daß sich Jesus mit dem Problem der Not, der Armut beschäftigte. Christus war ein Gegner der Anhäufung von Finanzkapital aus "ethischen Gründen".[45] Er begründete die Gegnerschaft mit dem Willen, den sozialen Ausgleich zwischen Arm und Reich zu schaffen, da unüberbrückbare Gegensätze von "Überfluß und Mangel"[46] dem Heiland ein ständiges Ärgernis bescherte. Besonders bei Matthäus wird diese antimammonistische Haltung deutlich, ebenso im Lukas-Evangelium 6,24: "Weh euch Reichen! denn ihr habt euren Trost darin. Weh euch, die ihr voll seid! denn euch wird hungern. Weh euch, die ihr hie lachet! denn ihr werdet weinen und heulen."[47]

Die ablehnende Haltung der SPD zur Ansammlung von Geldkapital sah Naumann jedoch nicht wie die Stellung von Jesus Christus zu diesem Themenkomplex, sondern in deren eigenen "Begehrlichkeit"[48] begründet. Wie Naumann die Lösung von Jesus Christus sieht, wird für ihn durch Matthäus klar determiniert und hat nichts mit Eigennutz zu tun: "Willst du vollkommen sein, so gehe hin, verkaufe, was du hast, und gib's den Armen, so wirst du einen Schatz im Himmel haben."[49]

Wie sah Naumann die Anwendbarkeit der Bibel auf die Gesellschaft im industriekapitalistischen Zeitalter? Er sah natürlich ein, daß man den Menschen dieser Gesellschaft nicht erfolgverspreched predigen konnte, das Geld unter die Armen zu verteilen oder dies gesetzlich zu verordnen. Er wollte nur klären, daß Jesus sich "mit dem Geheimnis der Armut...beschäftigte"[50]. Auf dieser religiösen Auffassung basierte auch das christlich-soziale Handeln Naumannscher Prägung.

Naumann stellte sich unter der christlich-sozialen Bewegung eine vom christlich-sozialen Geist geleitete Weltanschauung ohne ganz konkrete Ziel- und Problemvorstellungen vor. Er verstand unter "praktischem Christentum...die...Besserung irdischer Verhältnisse durch den Gehorsam des Evangeliums"[51]. Ferner muß noch auf den franziskanischen Geist als oft zitierte Determinante Naumann-'schen Denkens eingegangen werden. Dieser geistige Zusammenhang wurde für Naumann erst deutlich, als er sich nicht mehr seiner christlich-sozialen Denk- und Handlungsart verbunden fühlte.[52]

Gleichwohl bejahte Naumann, daß "alle Formen von antikapitalistischer Evangeliumspredigt irgendwie als Nachwirkungen des franziskanischen Gewitters des Christentums"[53] bestünden. Auch der heilige Franziskus gab in einem von Naumann formulierten bildhaften Gleichnis den Christlich-Sozialen den Rat, Gott ohne irdische Reichtümer zu dienen: "Wer Eigentum hat, der hat Sorgen,

aus dem Besitz kommen die Streite, wer nichts hat, kann Gott loben... Saget, meine Brüder, war Jesus denn arm?"[54]
Friedrich Naumann wollte Jesus Christus als das personifizierte Prinzip Hoffnung begriffen wissen, um dem in Not Geratenen Beistand geben zu können. Diese Auffassung war für Naumann der erste Schritt in eine hoffnungsvollere Zukunft.

IV.2.4.2. Die Innere Mission Johann Hinrich Wicherns als Ausgangspunkt des gesellschaftspolitischen Wirkens Naumanns

Die Ideen Johann Hinrich Wicherns stellten einen wichtigen Markstein in der Entwicklung Naumannscher christlich-sozialer Überlegungen dar. Es wird daher notwendig, diejenigen Punkte des Wichern'schen Werkes herauszustellen, die Naumann besonders stark prägten.

Ausgangspunkt Naumannscher Gedanken war die Beseitigung der Not aus christlicher Verantwortung. Die evangelische und katholische Kirche wurden sich aus christlicher Verantwortung heraus wesentlich früher und dezidierter als Vertreter der "bürgerlichen Welt"[55] dieser sozialen Aufgabe bewußt. Als Beweis führte Naumann "die verschiedenen...Kongresse und Kurse auf evangelischem und katholischem Boden"[56] an. Er beurteilte sie deshalb positiver als die vom "Verein für Socialpolitik" abgehaltenen Tagungen[57] oder die der politischen Parteien, da auf den kirchlichen Veranstaltungen die sozialen Probleme weder akademisch noch parteibezogen behandelt wurden. Ferner sah er den Vorteil, daß man die sozialen Probleme statt unter tagespolitischen Gesichtspunkten mehr im grundsätzlichen Rahmen diskutierte.[58]

Zwei Personen standen für diese Einstellung der evangelischen Kirche des 19. Jahrhunderts: der Theologe und Philosoph Friedrich Schleiermacher (1768-1834) und Johann Hinrich Wichern. Während Schleiermacher sich für Naumann als "wissenschaftlicher Denker...bei der historischen und philosophischen Bearbeitung des Begriffes"[59] Christentum einen Namen machte, arbeitete Wichern für ein mit Leben ausgefülltes Christentum. Für ihn war nach Naumanns Meinung Christentum "die Ausübung der Liebe, die dem Nächsten dient. Diese Liebe soll durch die Tat bewiesen werden."[60]

Wie gedachte Wichern, die Not zu bekämpfen? Anfänglich half die evangelische Kirche mit ihrer Inneren Mission nur karitativ. Wichern verurteilte die Innere Mission 1849 in seiner "Denkschrift" als, wie es Naumann formulierte, "herablassende Hilfe für Hilfsbedürftige"[61] und forderte eine Reform der Unterstützung auf der Basis reiner Barmherzigkeit. Das Hilfswerk sollte Beistand leisten, damit sich die Bedürftigen unabhängig organisieren, um sich selbst und nachhaltig von der Not zu befreien. Wichern schrieb: "Begibt sich die Innere Mission erst ernsthaft an die Verwirklichung dieser Aufgabe, so ist der Grenzstein aufgerichtet zwischen der bisherigen und einer künftigen Epoche der christlich-rettenden Liebesarbeit, und sie tritt mit gleichen Waffen und gleicher Rüstung wie ihre Gegner auf den Kampf- und Tummelplatz der Bewegungen, die jetzt die Welt erschüttern."[62] Wichern ließ keinen Zweifel daran, welche Bewegungen er damit meinte und schrieb: "Sollte es nicht möglich sein, unser christliches Volk für das Christlich-Soziale zu begeistern, wie es jetzt den Verführern möglich geworden, es für die Verwirrung der atheistischen und radikalen sozialistischen Schwärmereien zu fanatisieren?"[63]

Welche Gründe motivierten Wichern, mit der Inneren Mission gegen die Sozialisten marxistischer Prägung angehen zu wollen? Es war die von der SPD im Gothaer Programm geforderte Nivellierung der menschlichen Gesellschaft, welche der täglichen Ungleichheit der Schöpfung Gottes zuwiderlief. Wichern meinte zu dieser Thematik: "Die Innere Mission sollte sich üben, ...allmählich in den verschiedenen, gesonderten Gruppen der handarbeitenden Klassen organisierend zu wirken. Wenn die atheistische und kommunistische Richtung darauf aus ist...alles zu egalisieren, aus einer Schöpfung, in der sich Täler und Berge gruppieren, ...so ist die Tendenz des Christlichen die Anerkennung und Durchbildung des menschlichen Individuellen, der Persönlichkeit..."[64] Im gleichen Zuge griff Wichern die egalistischen Theorien der marxistischen Sozialisten an, die laut Naumann eine "göttliche Grundlage aller Gesellschaftsverhältnisse, die Familie"[65] ablehnten.

Für Johann Hinrich Wichern stellte die Familie den Ansatzpunkt seiner sozialpolitischen Überlegungen dar. Hingegen sah er die Familie in ihrer Funktion schwer Schaden leiden, falls, so Naumann, "äußerste Not, der Verlust und Mangel alles Eigentums"[66] nicht erfolgreich bekämpft würde. Die hieraus erwachsende Organisationsaufgabe übertrug er auf die Innere Mission.

Er forderte die evangelische Kirche auf, sich als Symbolfigur bereitzuhalten, denn nur eine Organisation mit kirchlicher Unterstützung erschien ihm, so Naumann, als erfolgversprechend.[67] Insbesondere lag ihm nach Naumann daran die Arbeiterschaft zu organisieren, die vom ständisch gegliederten Deutschland auf den Vierten und letzten Stand verwiesen war.[68] Ferner wollte er, nach Naumanns Meinung, die Handwerksinnungen mit neuem Leben erfüllen. Wichern hob hervor, daß die Organisation - er sprach gerne von Reorganisation, da er davon ausging, daß früher die Kirche durch ihre Heiligen als Schutzpatrone der Zünfte die Handwerker als gewisse Vorreiter der Industriearbeiter schon organisiert hatte - die Arbeiter- und Handwerkerstände, so Naumann, "nicht durcheinandermische, sondern sorge, daß die Eigentümlichkeit jeder Gruppe ihre Ehre behalte... So können die Arbeitergruppen und Innungen wieder Glieder am Körper der Christenheit werden."[69]

Mit einer so geartet organisierten Arbeiterschaft erhoffte sich Wichern, wie Naumann es ausdrückte, "eine Neugeburt der Fabrikarbeiterverhältnisse"[70]. Aus diesen Überlegungen heraus konzipierte Wichern seine Vorstellungen über die Richtungen der Inneren Mission. Naumann nannte sie die "vier Arten praktisch-christlicher Arbeit: die Vereine und Anstalten für barmherzige Zwecke, die Stadtmission und Evangelisation als Hilfe des Priesteramtes, die Bestrebungen zum Dienst der Gegenseitigkeit innerhalb der Kirchengemeinde und die christlich-soziale Tätigkeit"[71].

Wichern lehnte keinesfalls die auf Barmherzigkeit gegründete Arbeit ab. Er sah sie sehr wohl als einen notwendigen Tätigkeitsbereich der Inneren Mission und der anderen Vereine und Anstalten wie beispielsweise das "Rauhe Haus"[72]. Er bezweckte mit der Stadtmission und Evangelisation des Priesteramts, daß sich der Klerus aktiv um die notleidende Bevölkerung, gerade in den durch die Industrialisierung stürmisch gewachsenen Ballungsräumen, kümmern sollte.

Damit die Familien innerhalb der Kirchengemeinde ihre sozialpolitische Funktion im Wichernschen Sinn ausfüllen konnten, befürwortete er eine aktive und auf Gegenseitigkeit gerichtete Hilfe zur Bekämpfung der Not der Gemeindemitglieder. Der Kirche fiel die Aufgabe zu, organisatorische und praktische Hilfe im Einzelfall zu gewähren. Neben diesen Teilbereichen ist als vierter der gesellschaftspolitische konzipiert. Wichern wollte ein politisches Gegengewicht zur sozialdemokratischen Bewegung schaffen und damit das für ihn auf Atheismus, Gleichmacherei und anderen sozialistisch-marxistischen Merkmalen aufgebauten Sammelbecken der Industriearbeiter- und Handwerkerschaft für sich gewinnen.

IV.2.4.3. Der christliche Sozialismus Friedrich Naumanns

IV.2.4.3.1. Grundsätzliche Überlegungen Naumanns zur Bekämpfung der materiellen Not

Zielpunkt der Naumannschen sozialpolitischen Überlegungen war die im Evangelium begründete Hoffnung auf Liebe und Glück der Christenheit. Diese Hoffnung glaubte er im industrialisierten Deutschland vor und um das Jahr 1900 durch wirtschaftliche

Schwierigkeiten in Gefahr. Die Ursache der wirtschaftlichen Not sah Friedrich Naumann im Motor des Finanzkapitalismus, dem Verleihen von Geld mit Zinserhebung.[73]

Er lehnte die Zinserhebung aus christlicher Überzeugung ab und ging davon aus, daß ein Mensch, der Geld verleiht, selbst über genügend finanzielle Mittel verfügt, um leben zu können. Wer aber über mehr Geld verfügen will, als er für das eigene Leben benötigt, strebt einen von Jesus Christus verbotenen Reichtum auf Erden an. Daher attackierte er die Haltung der Christen, die "sich nicht scheuen, ihre Brüder auszubeuten durch Zins und Zinseszins..., die den armen Lazarus mit Brocken und Brosamen abspeisen... Ihre Bekehrung ist in ihren eigenen Augen ehrlich, und doch ist sie ganz unvollkommen."[74] Ferner begründete Naumann die Not vieler Deutscher mit der "Überproduktion..., weil zuviel da ist im Vergleich zu ihrer Kaufkraft"[75]. Er glaubte, daß wegen zu großer Importe und Produktion im Inland ein Angebotsüberhang im Markt besteht. Einheimische Arbeitsplätze gingen deshalb verloren und ließen die Menschen in Not und Armut versinken.

Die Beseitigung der materiellen Not erachtete Naumann als Pflicht der Christenheit, die er aus den Wundern Christi ableitete: "Wenn Jesus Blinde heilt, so sagt er damit: ihr Menschen sollt alles und jedes tun, um den Leuten das Augenlicht zu erhalten oder wiederzugeben, euch sollen keine Mühen und Kosten zu groß sein, wenn es gilt, einen blinden Mann zu pflegen."[76] Diese Folgerung Friedrich Naumanns für die sozialpolitischen Probleme seiner Zeit war, daß die Industriegesellschaft nur ungenügende Hilfe für den einzelnen Menschen, der sich in Not befindet, bereitstellt. Naumann forderte jeden Christen auf, zur Linderung der Not beizutragen und erinnerte, daß das Jüngste Gericht dieses prüfen werde.[77] Aus diesem Blickwinkel heraus ist Naumanns Satz zu verstehen: "Christentum ist Armenhilfe"[78]

Die christliche Hilfe für die in Not Geratenen stellte den Dreh- und Angelpunkt seiner Überlegungen dar, wobei er besonders an die Industriearbeiterschaft dachte. Gleichzeitig sah er im Glauben an Jesus ein Mittel, die Arbeiter aufzurichten und zu organisieren:

"Wenn die deutsche Arbeiterschaft dieses Vertrauen hätte, so wäre sie unüberwindlich, denn dann würde sie das Festeste besitzen, was es in der Welt gibt."[79]

Was verstand Friedrich Naumann konkret unter christlicher Armenhilfe? Er sprach sich gegen eine Hilfe aus, die den einen Notleidenden unterstützt und gleichzeitig einem anderen noch Hilfsbedürftigeren entzogen wird.

Die christliche Hilfe "darf nicht entwürdigen, entmündigen, sie darf nicht bloß nachträglich Pflaster aufkleben, sondern sie muß Krankheit verhüten"[80]. Unter dem Kurieren mit Pflastern verstand er eine Hilfe nur durch milde Gaben. Naumann urteilte: "Die Geschichte des mittelalterlichen Almosenwesens lehrt für alle Zeit, daß das Almosen nur eine dürftige, mangelhafte Form der christlichen Volksliebe ist..."[81]

Naumann versuchte aus diesen Gründen der Not die Konsequenzen für eine Hilfe aus christlicher Verantwortung zu ziehen. Er ging davon aus, daß die Menschen nur dann an eine christlich-religiös geprägte, bessere Zukunft glauben können, wenn man dem Volk auch einen gangbaren Weg in eine wirtschaftlich bessere Zukunft aufzeigt. Daher begann er, "über die Verhältnisse von Konsumtion und Produktion nachzudenken."[82]

An welche Zielgruppe adressierte Naumann seine sozialpolitischen Überlegungen? Er glaubte nicht, die Förderung des Mittelstandes sei die entscheidende Möglichkeit zur Bekämpfung der materiellen Not. Er sprach sich für den einzelnen Notleidenden, den auf der untersten Sprosse der sozialen Leiter stehenden Menschen als Adressaten aus: "In diesem Sinne ist uns der untergehende kleine Handwerker näher als der Meister, der sich auf die nächsthöhere Stufe des Kleinindustriellen emporzuschwingen vermag."[83] Ohne eine effektive Organisationsarbeit glaubte Naumann hingegen nicht, die Not sinnvoll bekämpfen zu können. Er führte die Innere Mission Johann Hinrich Wicherns als Beispiel an, um die Wirksamkeit einer auf der Organisation basierenden christlichen Hilfe zu dokumentieren: "Der Pietismus lehrt, wie die kirchliche Organisation noch nicht genügt, um die christlichen Ziele auf Erden zu verwirklichen. Die Innere Mission ist der Versuch, mit partiellen Organisationen zu helfen. Sie beweist, daß die christliche Liebe die denkbar umfassendsten Formen suchen muß, wenn ihre Kraft etwas Bleibendes erreichen will."[84]

IV.2.4.3.2. Friedrich Naumanns Einstellung zur Sozial-demokratie

Friedrich Naumann wuchs in Sachsen auf, einer der bedeutendsten Industrieregionen Deutschlands zu seiner Zeit. Er beschäftigte sich intensiv mit der Sozialdemokratie, die aufgrund der vielen Industriearbeiter Sachsens eine starke Stellung in Naumanns Heimat besaß. So sehr er die SPD einerseits wegen ihrer Haltung zur Finanzkapitalfrage, die das christliche Prinzip Hoffnung nicht berücksichtigte, kritisierte, begrüßte er andererseits die Funktion der Sozialdemokratie als Vorstufe zum christlichen Sozialismus.

Naumann schrieb: "Die christlich-soziale Zeit kommt erst nach der sozialdemokratischen Zeit. Wir halten es für vergeblich, wenn man das christlich-soziale Pferd vor den Wagen der alten Ordnung spannen will. Wie die Sozialdemokratie den Liberalismus beerbte, so wird das Christlich-Soziale die Sozialdemokratie beerben."[85]

Er akzeptierte die Sozialdemokratie als Folge der strukturellen Veränderung Deutschlands vom Stände- zum industriell geprägten Massenstaat. Gleichwohl hielt er sie nicht für das Endprodukt der politischen Entwicklung, sondern lediglich für eine Zwischenstufe auf dem Weg zum christlichen Sozialismus.

Für Naumann hatte die christlich-soziale Bewegung die Aufgabe, in die Bereiche vorzustoßen, die nicht durch die Sozialdemokratie organisiert wurden. Statt für eine blinde Agitation des Wilhelminischen Staats und seiner Führung gegen die Sozialdemokratie votierte Naumann für eine sachgerechte Auseinandersetzung mit den sozialpolitischen Problemen dieser Zeit, die zu den Erfolgen der SPD beigetragen hatten. Er befürwortete eine konstruktive Zusammenarbeit mit dem herrschenden Regierungssystem und wandte sich gegen eine grundsätzlich ablehnende Politik der Sozialdemokraten gegenüber dem Staat. So könnten die einzelnen Wirtschaftssubjekte sich zum Wohl der Volkswirtschaft voll entfalten. Um dieses Ziel zu erreichen, empfahl Friedrich Naumann den Christlich-Sozialen, die Volkswirtschaft in ihrer wirtschaftswissenschaftlichen Gesetzmäßigkeit zu studieren und entsprechende Schlüsse für ihre politische Arbeit zu ziehen.[86]

IV.2.4.3.3. Christlicher Sozialismus aus der Sicht Friedrich Naumanns – eine inhaltliche Analyse

In seinem christlichen Sozialismus fühlte sich Naumann dem Wichern'schen Erbe verpflichtet. Deutlich wird diese Verbundenheit in seinem Aufsatz "Die soziale Bedeutung des christlichen Vereinswesens"[87]. Er zitierte Wichern und wollte seine Gemeinsamkeit mit der Wichernschen Meinung dokumentieren. Gleichfalls wird ersichtlich, daß Naumann die Wichernsche Innere Mission, die er in Hamburg selbst mitgestaltete, nur als einen Teil seines Gesamtkonzepts auf dem Wege in eine harmonisierte Beziehung zwischen Arbeiterschaft und Christentum ansah. Naumann wollte die "christliche Assoziation der Hilfsbedürftigen selbst für deren soziale (Familie, Besitz und Arbeit betreffende) Zwecke"[88] schaffen. Das war für ihn die Voraussetzung, eine christlich-soziale Ära zu schaffen, die durch das Gebot der christlichen Nächstenliebe und Barmherzigkeit geprägt ist.

Er sah den Brückenschlag des Christentums zur Arbeiterschaft als die einzige Lösung an. Dagegen beurteilte er einen solchen von den damaligen Trägern der Kirche zur Arbeiterschaft als unrealistisch.[89]

Sehr deutlich wird das Zusammenwirken zwischen Innerer Mission und christlichem Sozialismus bei Naumanns hypothetischen Gedanken über eine Innere Mission ohne christlichen Sozialismus. Besonders Naumanns Gegner innerhalb der evangelisch-lutherischen Kirche Deutschlands, wie teils auch Naumann selbst, befürchteten, daß der von ihm verfochtene christliche Sozialismus "die Innerlichkeit störe, ...den Christen 'veräußerlicht' "[90]. Naumann entgegnete: "Alle Arbeit kann unter Umständen die gläubige Seele veräußerlichen, auch Kirchendienst, auch die Geschäfte des Pfarramtes können bei unbefestigten Gemütern die innere feste Haltung, den treuen, wahren Glauben gefährden. In diesem Sinne ist es auch möglich, daß jemand durch christlich-soziale Arbeit ein leerer, äußerlicher Mensch wird, nur glauben wir, daß hierbei die Gefahr geringer ist als bei anderem Tun..."[91]

Um aber trotzdem dieses Argument für eine Innere Mission ohne christlichen Sozialismus zu entkräften, definierte Naumann seine Auffassung vom christlichen Sozialismus: "im letzten Grunde so brüderlich, so hilfsbereit, so gerecht und barmherzig, so offen und mutig werden wollen, wie Jesus Christus, unser Herr, war".[92] Für Naumann stellte der christliche Sozialismus die wahre Verwirlichung der Nachfolge des Lebens Jesu Christi dar, und er wies daher den Vorwurf einer Verweltlichung der Christen durch den christlichen Sozialismus zurück. Ferner setzte sich Naumann mit der Forderung, in Not Geratenen mit praktischer Hilfe, jedoch ohne Anwendung der Politik beizustehen, auseinander.

Diese zwei Argumente für eine Innere Mission ohne christlichen Sozialismus hielt Naumann in Ansätzen für berechtigt. So bejahte er die "unpolitische Liebesarbeit im kleinen, ein Aushelfen und Flicken, ein Spenden und Beraten... Eine derartige Liebestätigkeit kann wenigstens in vielen Fällen das äußerste Elend lindern."[93]

Jedoch glaubte Naumann nicht an diese Art christlicher Nächstenliebe als hinreichende Möglichkeit, der Not Herr zu werden. "Was kann die bloße freiwillige Liebesarbeit tun, wenn Tausende von Kindern kein warmes Mittagsbrot haben, wenn sich in Berlin in einer Nacht 4000 Menschen als obdachlos melden, wenn das Land übervoll ist von Arbeitslosigkeit, wenn viele tausend Mädchen sich verkaufen?"[94]

Naumann hielt aufgrund dieser sehr großen Probleme eine Neuordnung im Zusammenleben der Nation für notwendig, um seine Vorstellungen von christlicher Nächstenliebe gerade diesen Notleidenden gegenüber mit Leben erfüllen zu können. Auch hier ist Wichernscher Geist zu spüren. Dieser Einfluß erklärt Naumanns christlich-sozial geprägten Gedanken in der Tradition evangelisch-sozialer Auffassungen[95].

Spricht man von den bevölkerungsstrukturellen Veränderungen durch die Industrialisierung Deutschlands, so drängt sich die Frage auf, wie Naumann seinen christlichen Sozialismus zur Sozialdemokratie hin abgrenzte. Er sah die christlich-soziale Ära als Erbe der sozialdemokratischen Periode an und verglich diesen Wechsel mit der Beerbung des Liberalismus durch die Sozialdemokratie.[96] In Naumanns Verständnis konnte daher die christlich-soziale Bewegung kein einheitliches Erscheinungsbild, sondern noch viele weitere unterschiedliche Auffassungen beinhalten. Naumann erblickte aber gerade in dieser Unbestimmtheit eine Chance: "...die Zukunft umgibt uns wie ein Nebel, voll von geistiger Zeugungskraft".[97]

Aus diesen Gründen charakterisierte er die Christlich-Sozialen als "eine religiös-soziale Strömung"[98], wobei "etwas Mystisches"[99] mitspielte. "Daher können wir unseren Lesern beim besten Willen noch keine Auskunft auf jede einzelne Frage geben, die im Volksleben auftaucht. Wir sind froh, wenn die christlich-soziale Satzbildung richtig begonnen hat."[100]

Er verglich das Entwicklungsstadium der Christlich-Sozialen der neunziger Jahre mit dem der Sozialdemokraten des sechsten Jahrzehnts des neunzehnten Jahrhunderts. Den Prozeß der Klärung, hervorgerufen durch das gegenseitige Abschleifen der verschiedenen Richtungen der Christlich-Sozialen im evangelischen Deutschland, hielt er für notwendig, um eine geschlossene christlich-soziale Bewegung zu erreichen. Einen besonders günstigen Nährboden sah er für den christlichen Sozialismus in den protestantischen Pfarrhäusern.[101]

Für Naumann gab es drei Hauptrichtungen der christlich-sozialen Bewegung zum Ende des neunzehnten Jahrhunderts. Zum einen sah er Christlich-Soziale, die sich besonders dem konservativen Tivoliprogramm[102] verbunden fühlten. Zum anderen gab es Christlich-Soziale, die ihre Aktivitäten besonders auf die Kirchengemeinden und die Innere Mission beschränken wollten.[103]

Die dritte, von ihm vertretene christlich-soziale Richtung, suchte dagegen "nach einem neuen Programm, welches die christliche Beantwortung der von der Sozialdemokratie aufgeworfenen Fragen enthalten soll".[104] Naumann folgerte: das Programm ist in eine Gesellschaftsordnung zu stellen, die nicht der Stände-, sondern der Massengesellschaft entspricht.[105] Von diesem Standpunkt aus ging er die soziale Frage an und bediente sich der sozialdemokratischen Problemlösung, die Frage "von unten her"[106] anzugehen. Er stellte die "soziale Frage vom Standpunkte der Bedrängten, für die Bedrängten und mit den Bedrängten".[107]

Was ihn jedoch in seinem sozialpolitischen Ansatz von der SPD unterschied, war sein Bemühen, die verschiedenen Teile der Gesellschaft aufgrund ihrer Besonderheiten auch gesondert zu berücksichtigen. Er trennte "Arbeitslose, Tagearbeiter, Industriearbeiter, Tagelöhner, Bauern, Handwerker, Kaufleute, Beamte"[108], eine Unterscheidung, die den marxistisch geprägten Vorstellungen der SPD widersprach.[109]

Der von Naumann religiös motivierte christliche Sozialismus stützte sich nicht nur auf testamentarische Quellen. Vielmehr sah Naumann die Notwendigkeit, Verbindungen zu anderen Wissenschaften nicht zu vernachlässigen. "So wenig uns destillierter reiner Sauerstoff nützt, so wenig nützt Religion ohne Verbindung mit den Hauptgebieten des Volkslebens."[110] Dieses Volksleben aber wollte Naumann zum Gegenstand des christlichen Sozialismus machen. Naumann sinngemäß: "Religion ohne Familie, Religion ohne Gemeinschaft, Hilfe, Brüderlichkeit - was bleibt dann übrig? Familie, Freiheit, Hilfe sind...lauter Dinge, die auch mit Wirtschaftsordnung, Gesetzgebung, Technik auf das engste zusammenhängen."[111] Naumann forderte eine Symbiose von christlicher Grundhaltung und den Erkenntnissen anderer Disziplinen. Besonders in der industriellen Revolution und einer Veränderung der christlich-ethischen Grundwerte sah er den zwingenden Grund für eine erneute Bestandsaufnahme.[112]

Zwei Hauptmerkmale prägten Friedrich Naumanns Streben nach Beseitigung der materiellen Not: das religiöse und das ökonomische Moment.[113]

Das religiöse Merkmal lag in Naumanns sozialpolitisch aktiven Vorstellungen vom Gottessohn begründet. Naumann wörtlich: "Ich bin überzeugt, daß Jesus heute weniger mit Blinden als mit Arbeitslosen zu tun haben würde... Er änderte die Welt um, aber er war kein Revolutionär."[114]

Praxisnah legte Naumann diese Vorstellungen auf seine Zeit um: "Jesus stellt sich seinen ärmsten Brüdern gleich... Damit ist der Standpunkt christlicher Volksarbeit gegeben... Von da aus haben wir unser eigenes Leben zu kritisieren...das Gewohnheitsleben unserer Schicht...die Justiz...die Verwaltung und das Geistesleben des Volkes..."[115] Naumann hielt nichts von einer Religion, die um ihrer selbst willen von den Christen "ertragen" wird. Er forderte ein aktives Mittragen der christlichen Ideale und christlicher Ethik mit dem Blick für die Probleme der Zeit.

Direkter Adressat jener damals für die evangelische Kirche in Deutschland neu und kühn formulierten Vorstellungen waren ihre Geistlichen. Naumann wollte aber die Pastoren nicht mit volkswirtschaftlichen Kenntnissen überfrachtet wissen. Ferner sollten sich die Geistlichen nicht generell zu Theoretikern der soziologischen Veränderung in Deutschland entwickeln. Friedrich Naumann forderte ein praxisorientiertes Problembewußtsein der Pastoren.[116] So rief er die einzelnen Geistlichen auf, die Interessen ihrer "Tagelöhner, Steinbrecher und Kleinbauern, ...Schuhmacher, Weber, Metallarbeiter und Kellner, ...Dienstmädchen, Näherinnen und Verkäuferinnen"[117] zu studieren. Gleichfalls sollten sie "das ganze Heer, das abhängig und mühselig ist, ...kennen, auch wo...Gruppeninteressen, Klasseninteressen sind".[118] Dem Pfarrer sollte es aus diesen Einblicken gelingen, eine Besserung der materiellen Situation für diese Gemeindemitglieder zu erzielen. Voraussetzung wären nach Naumann gewisse Kenntnisse "sozialdemokratischer und nationalökonomischer Literatur".[119] Abschließend wertete Naumann: "das ist...das Charakteristische an der christlich-sozialen Richtung, daß in ihr auch die Geistlichkeit in das Wasser der sozialen Frage hinabsteigt".[120]

Entsprechend seiner Meinung, die christliche Religion öffne sich den ökonomischen Problemen, ging er davon aus, daß das ökonomische Denken sich im Einklang mit der christlichen Religion befinden müsse. Auf diese Tatsache gestützt, sagte Naumann dem sozialistischen Wirtschaftsdenken marxistischer Prägung den Kampf an. Er beurteilte das abstrakte marxistische Wirtschaftsmodell als zu grob, da es den Besonderheiten des Individuums als Wirtschaftssubjekt nicht Rechnung trug.[121].

Naumann machte die christliche Ethik zur Maxime des volkswirtschaftlichen Handelns, ein Vorgehen, das dem der Sozialdemokratie zu diesem Thema vergleichbar war.

Was Naumann unter Wirtschaften - mit Berücksichtigung christlicher Ethik - verstand, zeigte er exemplarisch anhand des Lebens und der Aussagen des heiligen Franziskus. Um zu dokumentieren, wie die Not teilweise zu lindern sei, interpretierte Naumann den Heiligen für das Industriezeitalter: "Gott segnet Jeden, der Opfer zu bringen versteht. - Vor Einem aber sollen sie sich hüten: sie sollen kein Gesetz aus dem machen, was ihnen freie Pflicht ist."[122]

Naumann lehnte die Gleichmacherei ab und appellierte an das Verantwortungsbewußtsein eines jeden Christenmenschen: "Das Ziel für uns ist nicht die allgemeine Armut, sondern daß alle arbeiten und leben können."[123]

Ein fertiges wirtschaftspolitisches Programm indes hatte und konnte Naumann nicht in Händen haben, da er seinen christlichen Sozialismus ja als Erben der Sozialdemokratie ansah und sich ein christlich-soziales Programm nach seiner Meinung erst allmählich aus dem sozialdemokratischen weiterentwickeln konnte. Hierin sah Naumann den Vorteil, daß der christliche Sozialismus zukünftige Probleme auch besser meistern könne als die SPD.[124]

Obwohl ein christlich-sozialer wirtschaftspolitischer Ziel- und Maßnahmenkatalog nicht vorlag, beschäftigte Naumann sich mit der Lösung der sozialen Frage. Er teilte die soziale Frage in zwei Hauptbereiche auf: die Organisations- und die Kapitalfrage.

Was die Kapitalfrage angeht, so setzte Naumann sich für die Konzentration von Investivkapital als Voraussetzung der Industrialisierung durch Mechanisierung ein. Durch das Eintreten für größere, mechanisierte Produktionsstätten grenzte sich Naumann bewußt von Konservativen und Antisemiten ab, die die Investivkapitalkonzentration ablehnten.[125]

Dagegen lehnte er eine Verdichtung des Finanzkapitals - oder wie er es formulierte: "Konzentration des Kapitals"[126] - ab. Kapital stellte für ihn "das Privileg, Zinsen irgendwelcher Art zu genießen"[127] dar. Ferner sprach er sich gegen Einkünfte aus, die lediglich aus dem Besitz von Grund und Boden rührten, was auch der Grundtendenz des Antikapitalismus Friedrich Naumanns entsprach. Er begründete diese Einstellung mit der starken Beziehung von "Arbeitslosigkeit und Kapitalkonzentration... Die Zahl der Arbeitslosen wächst mit dem Großgelde, d. h. mit der Höhe der nicht konsumierten Jahreseinnahmen... Die Hunderttausende der Arbeitslosen werden mit steigender Deutlichkeit gegenwärtigen praktischen Antikapitalismus verlangen, damit sie leben können."[128]

Naumann betrachtete diesen Antikapitalismus als letzte Möglichkeit, den Arbeitslosen eine Alternative zum Anarchismus zu bieten. Eine Stärkung dieser Strömung nämlich befürchtete er bei weiter steigenden Arbeitslosenzahlen.[129]

Wie sich Naumann durch sein Eintreten für die Betriebskonzentration von Konservativen und Antisemiten abgrenzte, so unterschied er sich mit seiner Haltung zur Finanzkapitalkonzentration von der SPD.

Intensiv beschäftigte sich Naumann mit der Organisationsfrage als Mittel zur Lösung der sozialen Probleme. Diese Organisationsfrage war aufgrund der bevölkerungsstrukturellen Veränderung Deutschlands von der Stände- zur Massengesellschaft relevant geworden, da die Massengesellschaft die Menschen längst nicht so unmittelbar durchorganisieren konnte wie die Ständegesellschaft. In diesem Zusammenhang ist besonders an die Zünfte, die kleineren Produktionseinheiten, die Agrarstrukturen oder die Großfamilien zu denken, die der Ständegesellschaft zu einem straff durchorganisierten Gepräge verhalfen.

Es war Naumann klar, daß die Voraussetzung einer christlich-sozialen Bewegung in einer funktionierenden Organisation lag. Naumann, der sich entschlossen hatte, aus dem christlich-sozialen Gedanken heraus eine Bewegung zu formen, machte sich die auch schon von Wichern geäußerte Meinung zu eigen: die christlich rettende "Liebesarbeit...tritt mit gleichen Waffen und gleicher Rüstung wie ihre Gegner auf den Kampf- und Tummelplatz der Bewegungen, welche jetzt die Welt erschüttern".[130] Eine ebenfalls von Naumann übernommene Begründung Wicherns lautet: "Bei dem Versuche der Verwirklichung solcher Verbrüderungen wird sich sehr bald ergeben, daß...Selbsthilfe nur eine sehr mangelhafte, völlig ungenügende bleiben wird."[131] (Naumann hatte hier das von ihm gewünschte Zusammengehen von Arbeiterschaft und Christentum vor Augen.) An anderer Stelle kommt er zu dem gleichgerichteten Ergebnis: "Ohne Organisation wird unendlich viel Kraft zwecklos verpufft."[132] Naumann war allerdings nicht der Mann, der glaubte, nur er sei fähig, eine christlich-soziale Bewegung zu führen. Er schrieb: "Sicher ist, daß die Christlich-Sozialen der Organisationsbewegung an sich die größte Aufmerksamkeit schenken müssen, mag sie geleitet sein, von wem sie wolle."[133]

Die Vorstellungen über das Bild der zukünftigen Organisation der christlich-sozialen Bewegung waren für Naumann noch nicht dezidiert. Er folgte der Wichern'schen Überlegung, daß ein Zusammengehen von Christentum und Industriearbeiterschaft einen organisatorischen Rahmen benötigt; allerdings schwebte Naumann eine Organisationsform vergleichbar den "Gewerbegenossenschaften des germanisch-christlichen Volkes"[134] vor. Er wollte dadurch sowohl die Arbeitslosigkeit als auch menschenunwürdige Arbeitsbedingungen bekämpfen. Ferner hoffte er der Arbeiterschaft klarzumachen, daß nur die Christlich-Sozialen der richtige Adressat ihrer berechtigten Anliegen sein könnten. Friedrich Naumann versuchte dadurch die Familie als "göttliche Grundlage aller Gesellschaftsverhältnisse"[135] zu festigen, um den in Not Geratenen auf dieser Basis mit Hilfe der christlich-sozialen Organisation wieder zu einem tragenden Glied für Kirche und Staat zu machen. Naumann bekannte, daß die Christlich- Sozialen noch kein fertiges Organisationskonzept besäßen. Die Organisationsfrage könne "erst im Fortgang der Entwicklung ihre Beantwortung finden".[136] Aus diesem Grunde schwankte Naumann bei der Beantwortung der Frage nach einer Organisation der christlich-sozialen Bewegung als Partei. Die englischen Christlich-Sozialen und die deutsche Bewegung der Bodenreformer, die ohne Parteiorganisation effektiv und erfolgversprechend arbeiteten, führte er als Gegenargument an. Naumann prägte den Satz: "Wer keine Partei bildet, bleibt vor vielen Parteisünden bewahrt."[137]

Dagegen übersah Naumann aber auch nicht die Vorteile einer Parteibildung für die Christlich-Sozialen. Er sprach dieser Organisationsform die Fähigkeit zu, "so viel Energie der Arbeit und so viel Möglichkeiten der Ideenvertretung"[138] zu produzieren. Ferner sprach er allen vorhandenen Parteien das Recht ab, sich die Idee des christlichen Sozialismus auf ihre Fahnen schreiben zu können.

Abschließend meinte Naumann: "...entweder nimmt eine vorhandene Partei (vielleicht auch mehrere) den christlich-sozialen Geist in sich auf, oder eine eigene Partei muß sich entwickeln".[139] Ebenso sprach er sich gegen Parteibildungen aus, welche theoretisch geplant werden, da diesen dann keine großen Überlebenschancen zugebilligt werden könnten.

Den Sachzwang erkennend, eine vorläufige Organisationsform für eine später zu gründende christlich-soziale Bewegung finden zu müssen, entschied sich Naumann zunächst für die Form des Vereins bzw. des Verbandes.[140]

Aus welchen Gründen entschied sich Naumann für diese Gesellschaftsform?

Erstens hatten die evangelisch-lutherische wie die römisch-katholische Kirche schon begonnen, ein Vereinswesen aufzubauen. So wie auf katholischer Seite zum Beispiel die Kolpingsfamilien eine gewisse Vorreiterrolle gespielt hatten, existierten auf der protestantischen Seite die Evangelisch-sozialen Vereine. Sie waren während ihrer Gründungsphase stark konfessionell ausgeprägt. Ihre sozialpolitische Bedeutung war jedoch eher begrenzt. Gleichwohl sah Naumann hier ein gewisses organisatorisches Vorbild für seine christlich-sozialen Vereine.[141]

Zweitens konnte Naumann Vereine dort organisieren, wo die industrielle Revolution die Menschen aus ihren angestammten Strukturen herausgerissen hatte und sich die soziale Frage am eindringlichsten stellte: in den Großstädten. Von dort aus war es möglich, die Organisationstätigkeit auf die kleineren Städte auszudehnen.[142] Seine These erhärtete die gerade in Städten auffallend hohe Anzahl von Vereinsgründungen, die, neben anderen Gründen, auch auf die ”Unzureichendheit der vorhandenen Organisation, wie Ortsgemeinde, Innung, Kirchengemeinschaft”[143] zurückzuführen war. Naumann sah die Städte mangelhaft organisiert, da sie den einzelnen Bewohnern ”kein Leben, keinen Zusammenhang, keinen Schutz und keine innere Kontrolle”[144] mehr bieten konnten. Vor der industriellen Revolution wurde diese Aufgabe von den Handwerksinnungen getragen. Naumann hoffte, daß seine christlich-sozialen Vereine statt der Sozialdemokraten die Reorganisation übernehmen könnten.

Drittens war für Naumann eine wachsende Selbständigkeit der Menschen der Grund dafür, sich in Vereinen zu organisieren. ”Durch die Volksschule, durch das allgemeine Wahlrecht, durch das allgemeine Zeitungswesen kommt der Gedanke der freien Mitarbeit in den Vereinen.”[145] Dies sah er als Gefahr, aber auch als Chance.

Viertens hielt er einen gesteigerten Erholungsbedarf der Bevölkerung als Folge der stark durchorganisierten industriellen Fertigungsmethoden für notwendig, da diese die individuelle Zeitgestaltung einengten. Dieser Entmenschlichung könnte nach Naumanns Meinung durch das Engagement des Individuums im Verein entgegengewirkt werden.[146]

Fünftens stellte Naumann eine verfallende "wirtschaftliche und sittliche Kraft der Familie"[147] fest. Er verglich eine Bauernfamilie auf dem Lande mit der des Industriearbeiters in der Stadt. Er urteilte, in der "Bauernfamilie haben bei geordneten Verhältnissen alle Glieder dasselbe Haus, dasselbe Gut, dasselbe Vieh, dieselbe Milch; derselbe Garten beschäftigt alle miteinander, sie sind nicht nur durch das Verhältnis von Vater und Sohn, Mann und Frau, sondern auch durch Ideal und Sitte ein aneinander gebundener Stand, sie haben ein wirtschaftliches Zentrum alle miteinander."[148] Gänzlich anders schätzte Naumann die Arbeiterfamilie aus der Stadt ein. Die Familienmitglieder arbeiten in verschiedenen Handwerks- und Industriebranchen. Daher sammeln sie unterschiedliche Eindrücke, verschiedene Ansichten werden in die Familien getragen. Hieraus resultiert auch ein unterschiedliches Freizeitverhalten. Die Familie als Zelle hört auf als homogene Einheit zu existieren. Naumann schrieb deshalb: "Es sind tatsächlich die wirtschaftlichen Verhältnisse die Ursache, daß die Arbeiterfamilie in der Stadt keine Familienarbeit verrichten kann...und dadurch kommt es, daß der Zusammenhalt in der Familie gelockert wird."[149]

Neben dem Bedarf an Freizeit ließ auch die ungelöste Wohnungsfrage, man denke beispielsweise an die "Mietskasernen" in Berlin um die Jahrhundertwende, den Verein als Platz des Gemeinschaftsgefühls erstarken. Obwohl Naumann der Familie zu ihrer angestammten Rolle verhelfen wollte, lehnte er eine Bekämpfung der Vereine ab, da er dies als ein Kurieren an Symptomen beurteilte.

Er unterstützte die Vereine wegen ihrer positiven Effekte. So hob er den Verein als Mittel gegen die Vereinsamung der Menschen hervor und ging davon aus, daß die Vereine Neigungen der Menschen wecken und fördern können.[150] Gleichwohl lehnte er den reinen Vergnügungs- oder Sportverein als Vorbild für den christlich-sozialen Verein ab. Naumann glaubte, sie hätten "...keinen oder sehr geringen Wert für die Gesamtheit des Volkes und gehören daher nicht zu den Aufgaben christlicher Volksarbeit".[151]

Naumann empfahl andere Vereinsziele. In Kunst und Wissenschaft, Wohltätigkeit und öffentlichen Angelegenheiten sah er eine effektivere christliche Volksarbeit. Ebenso unterstützte er die Mitarbeit in Berufs- und Wirtschaftsvereinigungen. Für Kunst und Wissenschaft sprach Naumann sich aus, weil sie durch den Glauben an Christus - wie beispielsweise in der Kirchenmusik - inspiriert wurden. Vereine trugen in seinen Augen durch ihre Tätigkeit zur Volksbildung bei und erschienen ihm daher unterstützenswert.[152] Bezogen auf die Wohltätigkeitsvereine hob er hervor, sie könnten Notleidenden helfen. Er begründete es damit, "daß Wohltätigkeit immer einen starken christlichen Beisatz haben muß, wenn sie überhaupt gesund bleiben soll".[153]

Die Vereine, die sich die öffentlichen Angelegenheiten als Ziel auserwählt hatten, unterstützte Naumann, da "christliche Mitarbeit...für das öffentliche Leben"[154] notwendig sei. Er maß diesen Vereinen die Rolle zu, die Gesellschaft, die noch im Gestern verharrte, in das Morgen zu führen. Besonders griff er das in den tradierten Formen verharrende Bewußtsein an, das dem Zeitwandel nicht Rechnung zollen wollte. Eine besondere Rolle zur Überwindung dieser Einstellung sah er in der Wichern'schen Inneren Mission. Naumann glaubte, mit ihr "die gewonnene und unzerstörbare Einheit des christlichen Lebens in Staat und Kirche, um die rettende Liebe recht wirksam werden zu lassen"[155] zu erhalten. Friedrich Naumann glaubte, die Innere Mission rette die Gesellschaft unter dem Banner christlicher Liebe, wobei die Innere Mission ihrerseits nicht die Rolle des Staats im Staate spielen sollte, sondern sich in den bestehenden Staat voll zu integrieren hätte.

Ferner nahm Naumann zu den Berufsvereinigungen und Wirtschaftsvereinen Stellung. Er war der Meinung, daß diese überaus beständig, womöglich beständiger als die anderen Vereinsarten, die politischen eingeschlossen, seien. Er erachtete die "Fachvereine und Gewerkschaften"[156] als besonders wichtig für einen wirtschaftlichen Aufbau nach christlich-sozialen Grundsätzen.

Besonders bei diesen Überlegungen Naumanns wird deutlich, daß er die Organisationsstruktur der SPD und ihrer Gewerkschaften grundsätzlich guthieß und eine solche für seine Christlich-Sozialen befürwortete. Daher wird gerade bei der Naumannschen Organisationsdiskussion deutlich, warum er die Erbenfunktion des christlichen Sozialismus für richtig hielt.

Auf die Frage, ob Naumann eigene Vereine gründen oder sich auf schon bestehende konzentrieren wollte, antwortete er pragmatisch. Er sprach sich dort für eigene christlich-soziale Vereine aus, wo keine persönlichen wie sachlichen Voraussetzungen bestanden, vorhandene Vereine mit der christlich-sozialen Thematik zu durchdringen.[157] Wurde davon gesprochen, unter welchen Voraussetzungen und wie lange Vereine existieren könnten, so darf man "zeitlose Vereine"[158] nicht zu erwähnen vergessen.

Diese Art von Vereinigungen, zu denen nach Naumann auch die Kirchen und christlichen Krankenvereine gehörten, "bietet...die dauernde, persönliche Vertiefung in dem göttlichen Glaubensgehalt"[159]. Er plädierte für diese Organisationen, von sozial engagierten Christen getragen, in denen das Individuum sich als solches aufgehoben fühlt und sich keiner Vermassung anheimfallen lassen muß. Trotzdem sollte der christliche Geist keinem "Zug der Lemminge" gleichen, sondern sich stets seiner Grundwerte bewußt sein.[160] Neben den beschriebenen Hauptzielen der Christlich-Sozialen, wie sie Naumann aufzeigte - Antikapitalismus und Volksorganisation - strebte er weitere Ziele an. Da Wichern noch nicht an die parlamentarische Demokratie dachte, versuchte Naumann dessen Ideen fortzuentwickeln. Er trat für ein Wahlrecht ein, das sowohl allgemein als auch gleich zu sein hat, wobei er hierin auch die Möglichkeit sah, Einfluß der Christlich-Sozialen auf die Politik zu erreichen.[161]

Gemäß seiner Auffassung, daß der christliche Sozialismus eine Bewegung der Zukunft darstellt, lehnte er grundsätzlich einen politischen Maßnahmenkatalog zu der Zeit, während er sich zum christ-

lichen Sozialismus bekannte, ab. Trotzdem soll die Richtung ange-
deutet werden, in die diese Maßnahmen tendierten, die Naumann
im großen und ganzen als christlich-sozial akzeptierte. Diese Richtung bejahte er bei den Grundsätzen der Evangelischen Arbeitervereine.[162]

So erkannten die Evangelischen Arbeitervereine den Großbetrieb
als solchen an. Eine Stärkung des Arbeiters durch die Ausdehnung
der Sozialversicherungen auf die Witwen, Waisen und Arbeitslosen wurde angestrebt. Ein ausgeprägter Arbeitsschutz wie auch die
"parlamentarische Fabrikverfassung"[163] und in diesem Rahmen le-
gislativ legitimierte Gewerkschaften wurden gefordert. Mit der
"Umgestaltung der Staatsbetriebe in Musterbetriebe bei Gewähr-
leistung der vollen persönlichen Freiheit"[164] sprachen die Evangelischen Arbeitervereine das gleiche an, was auch Naumann forderte,
als er sich gegen das Gleichmacherische in der Massengesellschaft
aussprach.

Was die Kleinbetriebe betraf, widersprach der Evangelische Arbeiterverein der These, der Kleinbetrieb sei dem Untergang bestimmt. Naumann sprach sich für ihren Fortbestand aus, soweit sie
sich als lebensfähig erwiesen.[165]

Die Vereine forderten "für das Handwerk die Einführung einer
korporativen Organisation und die Begründung und Förderung ge-
nossenschaftlicher Vereinigungen, ...für den redlichen Handel
und Gewerbebetrieb Schutz durch Beschränkungen und Beauf-
sichtigung des Hausiererhandels und der Abzahlungsgeschäfte sowie durch Beseitigung der Wanderlager und Schleuderbasare,
...eine Börsenordnung, durch die alle Börsengeschäfte soweit als
möglich wirksamer staatlicher Aufsicht unterstellt werden, und
durch die besonders dem Mißbrauch der Zeitgeschäfte als Spielge-
schäfte, namentlich in den für die Volksernährung wichtigen Arti-
keln, entgegengetreten wird."[166]

Diese Aussagen jedoch bestimmten Naumanns Überlegungen
nur am Rande. Aus diesem Grunde soll hier nicht weiter auf diese
Äußerungen eingegangen werden.[167]

Friedrich Naumann versuchte, politisches Denken ohne den Blick für die Praxis zu vermeiden, und beschäftigte sich mit der Frage: Welche potentiellen Anhänger des christlichen Sozialismus gibt es?

Er sah auf die zukünftige Anhängerschaft unter dem Blickwinkel der christlich-sozialen Hauptziele Antikapitalismus und Volksorganisation sowie der zukünftigen Entwicklung der SPD. Daher unterschied er die Anhängerschaft, die kurz- und mittelfristig für den christlichen Sozialismus ansprechbar wäre.

Als kurzfristig ansprechbare Anhängerschaft sah er jene Menschen an, die der SPD aufgrund ihrer Haltung gegen die Kirchen in Deutschland, ihrer internationalistischen statt nationalen Bezogenheit und ihrer nationalökonomischen Vorstellungen - Einstellung zum Finanzkapitalismus - nicht beitreten konnten. Diese möglichen Christlich-Sozialen akzeptierten die etablierten Parteien der Ständegesellschaft nicht, da sie das alte Wirtschafts- und Gesellschaftssystem repräsentierten.[168] Naumann gab sich indes keinen Illusionen hin, daß dadurch eine große Anhängerschaft gewonnen werden könnte, da die politische Einstellung dieser Menschen "eine gewisse ethisch-ökonomische Reflexion"[169] verlangt hätte.

Getreu seiner Denkweise und entgegen der Auffassung der SPD, die sich in Not befindenden Arbeiter und Handwerker nicht differenziert zu betrachten, unterschied Naumann einzelne Berufsstände und ihre Nähe zum christlichen Sozialismus. Den Landarbeitern sprach er christlich-soziale Eignung ab, weil er diese als "zornig"[170] und destruktiv einschätzte. Da die Landarbeiter besonders in Nord- und Ostdeutschland größtenteils die Wählerschaft ausmachten, erscheint Naumanns Satz einleuchtend: "Darum wird auf dem flachen Lande im Osten und Norden Deutschlands gerade für uns zunächst wenig zu tun sein."[171] Was den Berufsstand der Handwerker anbetraf, gab es einige Christlich-Soziale, die diesen für eine baldige Anhängerschaft ausersehen hatten. Solchen Tendenzen widersprach Naumann deutlich. Er konzedierte den Handwerkern, daß sie stark antikapitalistisch - eine Hauptforderung seines christlichen Sozialismus - seien. Die zweite Hauptforderung, die Betriebskonzentration zu befürworten, erfüllten sie jedoch nicht. Für Naumann war der Handwerker nicht an einer gesellschaftlichen Neuordnung interessiert, die auch Notleidende berücksichtigte, sondern nur an seiner beruflichen Selbständigkeit, und stellte daher kurzfristig kein christlich-soziales Potential dar. Naumann beurteilte den Handwerker als möglichen Anhänger der Konservativen und Antisemiten, da jene damaligen politischen Bewegungen - besonders die Antisemiten - starke Angriffe gegen die "Macht des Finanzkapitals" führten, jedoch die Wirtschaftsverfassung und das Wirtschaftssystem des Deutschen Reiches nicht zu ändern gewillt waren. Ferner stemmten sich die Handwerker auch gegen die Begleiterscheinung des vordringenden Industriekapitalismus: der Bildung großer Betriebseinheiten.[172]

Als reif für den christlichen Sozialismus hielt Naumann dagegen einen Teil derer, die noch der Sozialdemokratie angehörten. Er sprach vom "Rand der Sozialdemokratie, ...der sich im großen chemischen Volkprozesse gelockert hat, der aber noch nicht neu kristallisiert ist".[173] Zu dieser Gruppe zählte Naumann den allergrößten Teil jener, die in der Hausindustrie (Heimarbeiter) beschäftigt waren. Die Überlegung der mangelhaften Organisierbarkeit der Heimarbeiter stellte Naumann auch bei der ungelernten Arbeiterschaft an. Er hielt "die Erdarbeiter, Tagearbeiter, Ausläufer, Portiers, Diener...Droschkenkutscher, Pferdebahnkondukteure, kleinere Beamte..."[174] und auch Kellner ebenfalls wegen einer gewissen Staatstreue von Berufs wegen für mögliche Christlich-Soziale. Jedoch würde ihre Not ihnen "einen gewissen Sozialismus"[175] erforderlich erscheinen lassen. Naumann glaubte, diesen auf Staatstreue fixierten Sozialismus bieten zu können. Dagegen erwartete Naumann eine große Anhängerschaft, wenn der christliche Sozialismus die Sozialdemokratie beerbt haben würde. Er hoffte, ein Großteil der SPD würde christlich-sozial. Ausgangspunkt dieser Überlegungen war Naumanns These, im ersten Jahrzehnt des zwanzigsten Jahrhunderts werde sich die SPD spalten. Ergebnis dieser Neugruppierung werde "eine absolut radikale Linke und eine praktische Rechte"[176] sein. Diese Erwartung bezog er auf die eben zitierte "absolut radikale Linke" und glaubte, daß immer Subjekte existieren, "die ihrer Natur nach für praktische Politik nicht geeignet sind. Die Rechte aber wird der Hauptstamm der soliden, tüchtigen, gut organisierten Arbeiter sein...nach dem psychologischen Gesetz, daß in den Enkeln diejenigen Stücke aus dem Geistesbestand ihrer Großväter gern aufleben, welche von den Vätern beiseitegeschoben wurden."[177] Hierunter verstand Naumann eine revidierte Einstellung der SPD-Rechten zur Kirche, einer der Hauptkritikpunkte Naumanns zur SPD der achtziger Jahre des vorigen Jahrhunderts.[178]

Der Reifeprozeß der SPD hätte nach seinem Dafürhalten die Grenzen zwischen Sozialdemokratie und christlichem Sozialismus aufgeweicht, bis er die Sozialdemokratie beerbt hätte.[179]

Der sozialdemokratische Spaltungsprozeß sollte die ganze SPD betreffen und auch die einzelnen Berufe, die in ihr repräsentiert waren.

Trotzdem befaßte er sich gesondert mit der Frage, ob und wann Handwerker christlich-sozial werden könnten. Der Zeitpunkt wäre erreicht, wenn es dem Handwerk noch schlechter ginge und es auf die Stufe der Heimindustrie absinken würde. Dann käme auch in dieser Sparte der Volkswirtschaft der Ruf nach "einer sozialen Neuordnung"[180] auf. Falls jedoch die Handwerker dem Atheismus nicht anheimfallen wollten, wäre nur der Wege zum christlichen Sozialismus annehmbar.[181]

Friedrich Naumann beschäftigte sich in seiner christlichsozialen Ära mit den durch die industrielle Revolution in Not Geratenen. Er nahm sich besonders der Industriearbeiterschaft an, wobei sein Engagement auf dem Gebot christlicher Nächstenliebe basierte. Die Gründe der wirtschaftlichen Schwierigkeiten sah er im Wirtschaftssystem wie in der Gesellschaftsordnung des Wilhelminischen Kaiserreichs begründet. Gleichfalls lehnte er den Weg der SPD ab, erst ein totaler Zusammenbruch der existierenden Verhältnisse böte die Möglichkeit eines Neubeginns. Er trat für eine Reform der bestehenden Ordnung ein, um seine antimammonistischen und die industrielle Massengesellschaft berücksichtigenden

Vorstellungen in einer neuen christlich-sozialen Gesellschaft zu verwirklichen.

Naumanns christlicher Sozialismus hatte bei den beiden im Reichstag vertretenen besonders gegensätzlichen Lagern ablehnende Haltung hervorgerufen, wenngleich aus unterschiedlichen Gründen, was besonders an der Reaktion auf Naumanns Arbeiterkatechismus deutlich wird. Der Publizist und Reichstagsabgeordnete Georg Oertel (1856-1916) kritisierte in einem Beitrag für die "Leipziger Zeitung", einem amtlichen Blatt, Naumanns Vorstellungen aus konservativer Sicht.[182]

Die Sozialdemokraten hatten Probleme mit Naumanns Einstellung und verspotteten ihn aus einem Unsicherheitsgefühl heraus. Eine Ausnahme hierzu stellte der sozialdemokratische Redakteur und Reichstagsabgeordnete Max Schippel (1859-1928) dar. Er würdigte das Bemühen Naumanns, die Probleme jener Zeit richtig zu analysieren.[183]

Aber auch Männer der Inneren Mission nahmen den Arbeiterkatechismus zum Gegenstand kritischer Anmerkungen. Naumanns Nachfolger im "Rauhen Haus", der evangelische Theologe Hans von Schubert (1859-1931), griff Naumanns Haltung wegen der Betonung des Vorrangs der Arbeiterschaft und sozialistischer Tendenzen Naumann'scher Prägung in den "Fliegenden Blättern aus dem Rauhen Hause"[184] an.

IV.3. Das soziologisch-politologische Werk Max Webers

Will man das Werk Max Webers unter besonderer Berücksichtigung seiner politischen Soziologie darstellen, um die Beeinflussung des Weber'schen Werkes auf Friedrich Naumann zu verdeutlichen, so ist eine Darstellung dessen notwendig, was Weber unter Soziologie verstand, welche Grundlagen er verwendete und welche Folgerungen zu ziehen sind.

IV.3.1. Die Soziologie Max Webers und ihre Grundlagen

IV.3.1.1. Die begriffliche Fixierung

Für Weber bedeutete die Soziologie "eine Wissenschaft, welche soziales Handeln deutend verstehen und dadurch in seinem Ablauf und seinen Wirkungen ursächlich erklären will. 'Handeln' soll dabei ein menschliches Verhalten (einerlei ob äußeres oder inneres Tun, Unterlassen oder Dulden) heißen, wenn und insofern als der oder die Handelnden mit ihm einen subjektiven Sinn verbinden. 'Soziales' Handeln aber soll ein solches Handeln heißen, welches seinem von dem oder den Handelnden gemeinten Sinn nach auf das Verhalten anderer bezogen wird und daran in seinem Ablauf orientiert ist."[1]

Diese umfangreiche Definition, vollgepackt mit Erläuterungen, die in der Betrachtung des Werkes Max Webers weitreichende Bedeutung besitzen, ist näher zu beleuchten.

Weber sprach die Soziologie als Wissenschaft an, die der Soziologe als Werkzeug benutzen kann, um Abläufe des menschlichen Verhaltens zu verstehen. Aufgabe und Zielrichtung der Soziologie sollte nach Weber keine Analyse universalgeschichtlicher Grundanschauungen sein, sondern die Suche nach begrifflichen Orientierungspunkten.[2]

Weber begründete seine ablehnende Haltung gegenüber universalgeschichtlichen Erklärungsansätzen menschlichen Handelns: "Denn die empirische und vollends die mathematisch orientierte Weltbetrachtung entwickelt prinzipiell die Ablehnung jeder Betrachtungsweise, welche überhaupt nach dem 'Sinn' des innerweltlichen Geschehens fragt."[3]

Die Grundsätze dieser Aufgabenstellung, wie sie Weber fixierte, sind vor ihm in der Wissenschaftstheorie von Heinrich Rickert (1863-1936 zu finden. So lehnte auch er es ab, die Wissenschaft nach dem Sinn des Lebens auf der Erde forschen zu lassen. Gemäß

116

seiner Auffassung kann die Wissenschaft entweder immer wiederkehrende Vorgänge untersuchen, wie bei physikalischen Gesetzmäßigkeiten, oder sie interessiert sich für Einzelheiten eines komplexen Prozesses, um hieraus Folgerungen gewinnen zu können. Eine solche Vorgehensweise bietet sich bei geschichtlichen Betrachtungen an.

Wie Weber hatte auch vor ihm Rickert die Welt in ihrem Erscheinungsbild als unendlich betrachtet. Er lehnte eine letztliche Bestimmbarkeit des Sinns ab. Rickert beschritt wie Weber den Weg, mit Wertbeziehungen Verständnis und Erklärung unserer Welt zu erreichen.[4] Diesen Weg verfolgte Weber jedoch weiter. Er nahm spezielle universalgeschichtliche Positionen konkret auf und lehnte sie ab, worauf noch zurückzukommen sein wird.

Um eine so geartete Kulturwissenschaft mitbegründen zu können, bediente Weber sich des Begriffs des Idealtyps. Er verwendete ihn als Strukturmerkmal, um die menschlichen Vorstellungen mit der Realität vergleichen und durch diese Analyse unsere Kenntnisse über die Welt der Menschen vertiefen zu können. Ferner brachte Weber Begriffe wie Kapitalismus, Sozialismus, Liberalismus und Staat mit dem Idealtyp in Beziehung, wie er auch Beziehungen Idealtyp-Durchschnittstyp aufstellte, um die Welt besser verstehen zu können.[5] Gerade die teilweise stark prononcierten Vorstellungen hinsichtlich einer modernen Industriegesellschaft sind unter dieser idealtypischen Betrachtungsweise Webers zu sehen.

Spricht man von der ablehnenden Haltung Webers, mit Hilfe der Soziologie den "Sinn" des Handelns als soziologisches Erkenntnisobjekt zu begreifen und geschichtsphilosophischen Ansätzen zu begegnen, so soll hier näher auf einzelne Aspekte eingegangen werden.

Weber wandte sich gegen die Fortschrittsideologie Auguste Comtes (1798-1857) und Jeremy Benthams (1748-1832) wie auch gegen die marxistische Geschichtsauffassung, obwohl er den dialektischen Materialismus als einen wichtigen Ansatzpunkt der Gesellschaftswissenschaften klassifizierte.[6] Dies wird deutlich, betrachtet man sein Werk "Die protestantische Ethik und der Geist des Kapitalismus", das auch als eine Auseinandersetzung mit Karl Marx zu deuten ist. So fand die Fragestellung, welche gesellschaftlichen Folgen aufgrund des Industriekapitalismus zu erwarten seien, Eingang in die Betrachtungen von Marx und Weber. Gleichwohl muß festgestellt werden, daß Weber und Marx diese Frage grundverschieden beantworteten.

Weber lehnte die rein auf ökonomische Fakten als entscheidende Ursache abgestellte Erklärung des gesellschaftlichen Veränderungsprozesses ab und glaubte nicht an die marxistische These, daß lediglich eine entsprechende Veränderung der Eigentumsverhältnisse das Individuum von den Zwängen der Industriegesellschaft befreien könne. Weber beurteilte diesen Erklärungsversuch als eine "naive Rechtfertigung einer metaphysischen oder politischen Überzeugung ohne jeden wissenschaftlichen Wert".[7]

Die prinzipielle Absage macht deutlich, daß er auch die geschichtsphilosophischen Ansätze der Hegelschen Richtung, der Romantik und auch organologische Geschichtsphilosophien als Ziel der von ihm geprägten Soziologie ablehnte.[8] Weber begründete seine strikte Verneinung geschichtsphilosophischer Theorien mit der Vermischung von fachwissenschaftlichen Aussagen mit Werturteilen. Das lief dem rein auf wissenschaftlich nachweisbaren Fakten aufgebauten Ansatz seiner Soziologie entgegen. Ferner war sein Ansatz vom Individuum als Untersuchungsobjekt geprägt und widersprach den über dem Individuum stehenden Erklärungsversuchen der Geschichte.[9]

Einer größtenteils negativen Abgrenzung des Weber'schen Begriffsverständnisses der Soziologie soll nun eine positive Fixierung folgen, um seinen eigenen "geschichtsphilosophischen Standpunkt" darzustellen.

Max Weber wollte absichtlich seine Aussagen nicht dazu ausbauen, um ein metaphysisches Ganzes zu bilden. Er hoffte mit seinen soziologischen Forderungen dazu beitragen zu können, daß das Individuum ein Mindestmaß an Freiraum beanspruchen könne. Nur dann sei der Einzelmensch fähig, seine Kreativität zu optimieren. Nach den Gründen, warum letztlich das Individuum innerhalb seines Freiraums so und nicht anders handele, fragte Weber im Rahmen seiner Soziologie nicht. Wolfgang Mommsen schrieb über diesen Aspekt bei der Betrachtung Max Webers: "Kraft seiner Fähigkeit, geistig zur Welt Stellung zu nehmen und zwischen verschiedenen höchsten Werten zu wählen, überragt das Individuum - jedenfalls potentialiter - die empirische Welt."[10] Das Individuum mit seinen jeweiligen Wertvorstellungen kann seinerseits versuchen, Anhänger zu gewinnen, und dadurch den Einfluß seiner Ideen auf die Gesellschaft vergrößern.

Hier ist die idealtypische Betrachtungsweise Webers erkennbar, wie er das Ausleseprinzip führender Persönlichkeiten sah, deren Anhänger den von den Führern geprägten Handlungsstil akzeptierten. Denn Weber war kein absoluter Positivist und erkannte, daß das Individuum nicht nur nach den Idealen der Führer handelt, sondern auch durch alltägliche Sachzwänge materieller wie immaterieller Art beeinflußt wird.

Um auf die Idealtypologie Max Webers zurückzukommen: hier wird die geistige Verwandtschaft zu dem Philosophen Friedrich Nietzsche (1844-1900) deutlich. Wie er ging Nietzsche in seiner Morallehre von den großen Führerpersönlichkeiten aus. Sie bestimmen die Gesellschaft in ihrem "Wert" und "Sinn".[11] Gleichwohl ist die Weber'sche Führungspersönlichkeit letzten "Werten" und "Bedeutungen"[12] des menschlichen Daseins verpflichtet und darf daher nicht beliebig Ideale und Werte festsetzen. In dieser Verpflichtung der Führungspersönlichkeit wird auch der Unterschied zu Friedrich Nietzsche deutlich. Während Nietzsche die Führungspersönlichkeit als Übermensch apostrophiert, der im aristokratischen Gefühl der Überlegenheit den anderen Individuen seinen Stempel der Wertsetzung aufdrückt, tut dies die Webersche Führungspersönlichkeit zum Wohl der Gemeinschaft.[13]

Nachdem auf die Soziologie in ihrer Ausprägung als Wissenschaft, wie sie Weber begriff und inhaltlich auffaßte, und den daraus zu folgernden Tatbeständen eingegangen wurde, soll hier die Soziologie im Sinne Webers erläutert werden, die sich die Handlungsweise des Menschen zum Untersuchungsgegenstand macht.

Zunächst fragte Weber nach der Handlungsmaxime des Individuums. Er nahm keine Kollektivbegriffe wie Gesellschaft, Gemeinschaft oder Staat zum Gegenstand seiner Forschungen über das Handeln, wie es Marx tat, als er von der Aristokratie, von Bourgeoisie und Proletariern sprach und mit diesem personifizierten Gruppendenken seine Theorien aufbaute. Ebenso taten dies der Philosoph Johann Gottfried von Herder (1744-1803) in seiner organischen Staatslehre wie auch der Romantiker und Rechtsgelehrte Otto von Gierke (1841-1921) in seinen Genossenschaftstheorien.[14] Weber widerstrebten diese auf personifizierten Kollektivbegriffen aufgebauten Betrachtungen, da diese Begriffe in den stark auf die Handlungsmotive von Individuen abgestellten Untersuchungen der Soziologie, wie Weber sie verstand, nicht mehr gewährleistet waren. Diesen Kollektivbegriffen wird also das Recht der "Eigengesetzlichkeit"[15] abgesprochen, wenngleich Weber Kollektivausdrücke - man denke an sein bekanntes Werk "Wirtschaft und Gesellschaft" - verwendete. Indem er auf die Motivationsanalyse von Individuen speziell einging, ergab sich für Weber eine Zweiteilung in das zweckrationale und das wertrationale Handeln. Das zweckrationale Handeln erachtete er für den Menschen als absolut notwendig, damit der einzelne sich über sein Handeln im klaren werden und es zweckmäßig ausrichten kann. Dann erst kann das Individuum seine Handlungen frei von Emotionen gestalten und sich über die Motive des eigenen Handelns klar sein.

Quell dieser Art des Handelns waren zwei Faktoren, "rationales Verhalten, intellektuelle Aufrichtigkeit in jedem Augenblick des Lebens, selbst um den Preis innerweltlicher Askese"[16], und die "Forderung Nietzsches nach intellektueller Selbstzucht und unnachgiebiger Strenge".[17]

Der Soziologie fällt hierbei die Aufgabe zu, sich als Werkzeug in den Dienst des Individuums zu stellen, damit es die Motive wie auch den Sinn des eigenen Handelns erforschen kann. Erst diese Maßnahmen ermöglichen dem Menschen, selbst frei und verantwortlich für den Mitmenschen zu entscheiden.[18]

Diese Sinnerforschung des individuellen Handelns stellt jedoch die Bruchstelle in der Weber'schen Soziologieauffassung dar. Denn Max Weber sprach der empirisch-wissenschaftlichen Soziologie die Fähigkeit ab, nach dem tatsächlich letzten Sinn der Handlungen der Menschen zu forschen und ausreichend Antwort geben zu können. Daher wird es verständlich, warum nach dem zweckrationalen das wertrationale Handeln folgt und nun zum soziologischen Gegenstand der Untersuchung wird.

Nach Weber soll der einzelne Mensch erforschen, warum er handelt, wieso diese Werte oder Ideale so und nicht anders formuliert sind. Es tritt eine fortwährende "Entzauberung" seiner Persönlichkeit ein, wobei ein Punkt erreicht werden wird, an dem das Hinterfragen keine befriedigende Antwort mehr bekommen kann. Weitere Lösungen wird schließlich nur noch die Religion bieten können. Prägnant formulierte Weber am Ende seines Lebens: "Ich will sehen, wieviel ich aushalten kann."[19] Dementsprechend kann nicht endgültig ermittelt werden, wieviel Elemente von welcher Tragweite in der Persönlichkeitsstruktur des Menschen liegen.

Dagegen ist nach Weber ermittelbar und damit Gegenstand seiner Analysen wertrationalen Handelns, auf welchem Weg die Ideale, jener Sinn der Handlungen, auf die jeweilige Handlung im Alltag transponiert werden können.

Den einen Weg stellen die Weltreligionen dar, denen es möglich ist, mit von ihnen bestimmten außerweltlichen Werten und Sinnfixierungen auf die Handlungen der Individuen einzuwirken, die innerweltlichen Charakter besitzen.

Der zweite Weg liegt im Charisma von Führungspersönlichkeiten. Dieses ist dem religiösen Charisma artverwandt. Deshalb charakterisierte Weber auch "Charisma" als "außeralltäglich...geltende Qualität einer Persönlichkeit..., um derentwillen sie als mit übernatürlichen oder übermenschlichen oder mindestens spezifisch außeralltäglichen, nicht jedem anderen zugänglichen Kräften oder Eigenschaften (begabt) oder als gottgesandt oder als vorbildlich und deshalb als 'Führer' gewertet wird".[20] Auch hier ist es möglich, die Wertvorstellungen von anderen Individuen zu beeinflussen,

121

obwohl der empirische Nachweis, warum und inwieweit dieser Einfluß existiert, nicht gelingt.

Um zunächst auf die Weltreligionen zurückzukommen: Weber lehnte im Gegensatz zu Nietzsche und Marx jeden Erklärungsversuch religiöser Ethik ab, der lediglich auf wirtschaftliche, gesellschaftliche oder sozialpsychologische Prämissen abgestellt war[21], sondern glaubte zumindest an die fundamentalen Grundsätze der Weltreligionen religiösen Ursprungs. Dieser religiöse Quell ist die Triebfeder, personifiziert durch Heilige und Propheten, durch die das Handeln der Individuen beeinflußt wird, folgerte Max Weber in seinen religionssoziologischen Untersuchungen.

Bei diesen Analysen stellte er fest, daß gesellschaftliche Gebilde, sobald sie sich geformt haben, eine gut ausgeprägte Konsistenz und damit ein Eigenleben entwickeln, die auf das Individuum und seine Handlungen Einfluß nehmen können. Ferner gibt es auch Kräfte, die diese sozialen Gebilde umwerfen und neue entstehen lassen. Weber gliederte die Kräfte auf und stellte fest, daß sie aufgrund "des Rückgriffs auf geistige Energien, und in aller Regel kamen diese aus der Sphäre religiösen Denkens"[22], gekennzeichnet waren.

Wie beeinflussen diese geistigen Energien religiösen Charakters das Handeln der Individuen? Weber glaubte, daß es sich um eine außerweltliche, rational nicht von ihrem Sinn her zu begründende Kraft als Einflußgröße handeln müsse, die sich an gegebene Strukturen nicht anpaßt. Die Idee religiöser Natur gewinnt Jünger, die von gegebenen Gesellschaftsstrukturen Abstand nehmen, um diesem Ungewissen zuzustreben. Diese Jünger sind es nun wieder, die durch neue Ideale zweckrationalen Handelns das neue Gemeinschaftsbild entwerfen.

Das Charisma stellt ein "Hinausgreifen über die Welt"[23] dar, urteilte Weber. Als umstürzlerische Tendenz des Charismas beschrieb Weber eine Kraft, die "eine Wandlung der zentralen Gesinnungs- und Tatenrichtung unter völliger Neuorientierung aller Einstellungen zu allen einzelnen Lebensformen und zur 'Welt' überhaupt bedeutet".[24] Die Überlegungen reiften besonders in seinen Untersuchungen über den Puritanismus.[25] Hieraus ergibt sich das Bindeglied zur zweiten Möglichkeit, die Wertvorstellungen von anderen Menschen zu beeinflussen: durch Führerpersönlichkeiten. Das auch hier vorhandene Charisma ist zwar nicht notwendigerweise religiöser Natur, gleichfalls ist aber die Charakteristik des Charismas voll vergleichbar mit dem religiösen Charisma in Wesen und Wirkung. Dabei ist die Ausstrahlung streng an die Führungsperson gebunden.

Was bezweckte Weber mit seinen Bemerkungen über das Handeln? Er versuchte, seine auf das Handeln von Individuen abgestellte soziologische Untersuchung im Ergebnis so aufzuschlüsseln, daß er durch die Einteilung der Handlungen der Individuen in zweck- und wertrationales Handeln eine "Klassifizierung der Typen des Handelns" erhielt. Damit wollte er eine "Typologie der sozialen Institutionen"[26] aufstellen. Er betrieb also eine "verstehende Soziologie"[27], um gewisse Phänomene herausarbeiten zu können, und glaubte dadurch die menschliche Gesellschaft zu erkennen, und zu verstehen.

Aus der Gegenüberstellung von wert- und zweckrationalem Verhalten ergab sich für Weber eine Zweiteilung seiner Soziologie. Dies ist auf der einen Seite die Religionssoziologie, die soziales Handeln untersucht, das religiös inspiriert ist und zu "religiösen Formen von Gesellschaft und Gemeinschaft"[28] führt. Auf der anderen Seite ist es die Rechtssoziologie, gekennzeichnet durch eine "Rationalisierung des modernen Rechtes"[29], geprägt durch rationales Handeln wie "Generalisierung und Systematisierung, für die Konstruktion juristischer Begriffe und für die logische Lösung der Probleme durch Anwendung dieser Prinzipien".[30]

IV.3.1.2. Die politische Soziologie Max Webers in Verbindung mit dem Begriff Herrschaft

Bei Webers soziologischem Verständnis vom Handeln des Individuums stehen grundsätzlich zwei Phänomene Pate: die Rationalität und das Charisma. Es wäre jedoch unzulässig zu übersehen, daß dieses Handeln auch durch das Vorhandensein einer auf Legitimität aufgebauten Herrschaft beeinflußt wird. Daher bemühte sich Weber, die Herrschaftsordnungen näher zu beleuchten, damit er ihre Einflußgrößen auf das Handlungsverhalten des Einzelmenschen näher bestimmen konnte, was seiner Wissenschaftsauffassung voll entsprach. So schrieb Weber: "Handeln, insbesondere soziales Handeln und wiederum insbesondere eine soziale Beziehung, können von seiten der Beteiligten an der Vorstellung vom Bestehen einer legitimen Ordnung orientiert werden."[31]

Er versuchte beim Komplex Herrschaft wie auch bei den Begriffen Charisma und Rationalisierung griffige Definitionen zu finden, um das Handeln in der Gesellschaft analysieren zu können. Weber verstand dementsprechend unter Herrschaft die "Möglichkeit, den eigenen Willen dem Verhalten anderer aufzuzwingen".[32] Dabei ist dieses Einwirken auf das andere Individuum nicht so zu verstehen, daß der andere Mensch zunächst sein eigenes Handeln selbständig plant und dann durch den oder die Herrscher sein eigenes Handeln "scheibchenweise" mindert, bis im Extremfall das beherrschte Individuum völlig untätig wird. Max Weber verstand unter Herrschaft, daß "ein bekundeter Wille ('Befehl') des oder der 'Herrschenden' das Handeln anderer...beeinflussen will und tatsächlich in der Art beeinflußt, daß dies Handeln, in einem sozial relevanten Grade, so abläuft, als ob die Beherrschten den Inhalt des Befehls, um seiner selbst willen, zur Maxime ihres Handelns gemacht hatten...".[33]

Weber untersuchte phänomenologisch den oder die Herrscher, um diesen Prozeß der Einflußnahme durch Macht näher beleuchten zu können. Er stellte zunächst fest, daß es sich notwendigerweise um eine kleine Minderheit handelt, die über die Mehrheit herrscht. Dies ist möglich, da jedes Mitglied dieser Herrschergruppe sich für den anderen zum Zwecke der Machterhaltung einsetzt und rational planend vorgeht. Hierbei kommt der kleinen Gruppe zugute, daß sie sich durch kurze Informationswege und eine Informationspolitik gegenüber den Beherrschten auszeichnet, die nur machterhaltende und -steigernde Mitteilungen verbreitet. Das Vorgehen wird besonders deutlich bei Verwaltungsprinzipien, wie zum Beispiel beim "Amtsgeheimnis".[34].

Jeder Herrscher oder jede Gruppe von Herrschern benötigt jedoch einen Verwaltungsapparat, um die Macht umsetzen zu können. Damit wird vor allem das soziale Handeln des Beherrschten mit den Zielen der Herrschenden in Einklang gebracht. Dies ist umso notwendiger, je größer die zu beherrschende Gruppe ist. Der Apparat wird zum dauernden Hilfsmittel und entwickelt anhaltende Strukturen, die nicht nur stabilisierend für die Herrscher und für die Verwaltung werden, sondern auch auf die Ziele der Herrscher Einfluß gewinnen können.

Wie sind die Menschen, die in der Verwaltung arbeiten, phänomenologisch zu fixieren? Nach Weber folgen sie den Weisungen der Herrscher und arbeiten dafür, daß die gesamte Herrschaftsstruktur erhalten bleibt. Sie haben ihrerseits Vorteile, als ausführendes Machtorgan selbst herrschen zu können und ihre materielle Basis nicht gefährden zu müssen.[35]

Bei der Analyse des Verhältnisses Herrscher - Beherrschte bemerkt man, daß oft die Grundlage dieser Beziehung die "legitime Ordnung" ist, wie sie Weber definierte.

Unter Legitimität verstand Weber, daß die Herrscher darauf verweisen können, ihre Macht über die Beherrschten stelle ein "gerechtes Schicksal"[36] der Beherrschten dar, um die Vorteile, die die Herrscher durch ihre Machtposition besitzen, als "verdient"[37] ansehen zu können.

Weber gliederte die verschiedenen Arten der Legitimität auf und fand drei Herrschaftsformen mit unterschiedlichen Legitimierungsbegründungen, wobei jede Art mit einem bestimmten Verwaltungsapparat in Verbindung steht.

Bevor jedoch auf die einzelnen Unterschiede der Weber'schen Herrschaftsformen eingegangen wird, muß festgestellt werden, daß Weber versuchte, die einzelnen Quellen legitimer Ordnung isoliert darzustellen, um sie besser analysieren und veranschaulichen zu können. Deshalb wählte er die bei ihm bekannte Darstellungsweise der Idealtypisierung. Aus diesem Grund wäre es falsch anzunehmen, Weber wäre davon ausgegangen, die tatsächlich existierenden Herrschaftssysteme hätten ihre Legitimität lediglich der einen oder anderen nachfolgenden Herrschaftsform ausschließlich zu verdanken. Vielmehr wird ein wirklich vorkommendes Herrschaftssystem von einer Mischung der idealtypischen Herrschaftsform bestimmt.[38] Daher wird dann eine Untersuchung, mit welchem Anteil die einzelnen Arten der tatsächlich existierenden legitimen Ordnung vertreten sind, für die Praxis notwendig.

Zunächst ist hier die legale Herrschaft zu nennen. Sie begründet ihre Legitimität mit Regeln, die gleichermaßen für Herrscher wie Beherrschte maßgebend sind und sowohl für Legislative, Exekutive wie Judikative gelten. Phänomenologisch stellen die Herrscher "Vorgesetzte" dar. Die Satzung legt den Be- und Abberufungsmodus der Herrschenden von vornherein fest und verpflichtet sie, für die Befolgung dieser Regeln selbst einzutreten. Prinzipiell gilt: Vor dem Gesetz sind alle gleich![39] Für die Organisation der legalen Herrschaft hat dies zu Folge, daß auch sie sich an die Regeln zu halten hat und ihre Verwaltungsakte schriftlich fixieren muß.[40]

Als nächste Herrschaftsform ist die traditionale zu nennen. Sie wird deshalb als legitim angesehen, weil sie auch schon in der Vergangenheit existierte. Untersucht man den Typ des Herrschers der traditionalen Herrschaftsform, so werden "Herren, die kraft ihres erblichen Status eine persönliche Eigenwürde besitzen"[41] erkennbar. Ob ihr Verhalten gegenüber den Beherrschten legitim ist, wird danach bemessen, ob es im Einklang mit den tradierten Formen früherer Herrschaften steht, wobei die Handlungen der Herrschenden auch teils unabhängig von Traditionen durchgeführt werden können. Das traditionale Element wird dann in der Herrscherpersönlichkeit gesehen, was auf gewisse charismatische Züge deutet. Die Beherrschten sind "Gefolgsleute", "Untertanen" aufgrund "persönlicher Loyalität gegenüber dem Herrn oder aus Pietät für seinen durch Herkunft geheiligten Status".[42] Phänomenologisch sind diejenigen, die für den Herrschenden die Verwaltungsarbeit leisten, persönlich vom Herrscher abhängig und/oder ihm aufgrund eines persönlichen Verpflichtungsgefühls verbunden. Der Entscheidungsspielraum wird durch den Herrscher bestimmt. Die dritte Herrschaftsform wird als die charismatische Form beschrieben. Im Gegensatz zur traditionalen ist die Legitimität in der Person des Herrschers begründet. Er ist als "Führer" zu typisieren, und seine Macht basiert auf charismatischen Zügen, Fähigkeiten, die als außergewöhnlich und nicht rational begründbar gelten. Dagegen sind die Beherrschten als "Jünger"[43] zu sehen, welche ihrem Führer folgen.

Die Verwaltung eines charismatischen Herrschaftssystems ist mit Person des Herrschers begründet. Er ist "Führer" zu typisieren, nur ihrem Führer verpflichtet fühlen. Sie werden daher nicht notwendigerweise aufgrund fachlicher Qualifikationen ausgewählt. Der Organisationsgrad der Verwaltung ist grundsätzlich gering. Die einzelnen Entscheidungen können sich stark unterscheiden, da sich die Verwaltung nicht an allgemein gültige Regeln bei ihrem Entscheidungsfindungsprozeß halten muß, sondern lediglich ihrem Führer verpflichtet ist.

Die jeweils vorherrschende Form der Legitimität entscheidet also über die Herrschaftsform und die dazugehörige Verwaltung. Falls der oder die Herrscher dies nicht beachten, kann die Verwaltung die Legitimität der Herrscher nicht gegenüber dem einzelnen Beherrschten überzeugend präsentieren. Dann ist ihre Herrschaft nicht mehr als legitim darzustellen, was letztendlich den Herrschern die Basis ihrer Macht entzieht, soweit diese sich auf Legitimität gründet.

Welche Herrschaftsform nun im einzelnen die Beherrschten als legitim ansehen, hängt davon ab, welche Art von Aufgaben und Wünschen sie an ihren oder ihre Herrscher adressieren. Handelt es sich um Aufgabenstellungen, die einer gewissen Norm entsprechen und etwas Alltägliches an sich haben, so wird diejenige Herrschaftsform gewählt, die mit allgemeinen und eventuell schon früher geltenden Regeln diese Art von Aufgaben zur Zufriedenheit lösen konnte (legale Herrschaft) oder die Hoffnung gibt, daß beispielsweise der Nachkomme eines Herrschers, der früher diese Art von Aufgaben lösen konnte, aufgrund seiner Abstammung mit dem daraus abzuleitenden Persönlichkeitsbild ebenfalls die Wünsche der Beherrschten zu erfüllen verspricht (traditionale Herrschaft).

Die Frage nach der legitimen Ordnung ist anders zu beantworten, wenn die Beherrschten sich mit Aufgabenstellungen beschäftigen, die den bisherigen nicht ähneln. Das gleiche gilt, wenn den Beherrschten durch die bisherigen Herrscher nur ungenügende Lösungsmöglichkeiten für ihre Problemstellungen angeboten wurden. Dann werden die Beherrschten eine Ordnung als legitim anerkennen, wenn sich die Herrscher durch außergewöhnliche Fähigkeiten, Probleme zu lösen, empfehlen können. Die Lösungsvorschläge liegen dann außerhalb des durch allgemeine Regeln oder Traditionen fixierten Rahmens.

Der charismatische Führer wird deshalb als legitim begrüßt, da er es prinzipiell ablehnt, die bisherige Ordnung im Gegensatz zum legalen oder traditionalen Herrscher zu respektieren.

Ebenfalls als Unterscheidungsmerkmal dient die Regelung der Nachfolge bei den jeweiligen Idealtypen der Herrschaftsformen. Diese ist bei der traditionalen (Erbe) wie auch bei der legalen Herrschaftsform (von vornherein festgelegte Regeln) - im Gegensatz zur charismatischen - definitionsgemäß geklärt. Weber unterschied zwischen drei Methoden der Nachfolgeregelung[44], um dem Beherrschten die charismatische Herrschaft als legitime Ordnung erhalten zu können.

Im ersten Falle erfolgt die Prüfung des Kandidaten anhand von Kriterien, die charismatische Züge offenlegen sollten. Zweitens bestimmt der bisherige charismatische Herrscher mit Zustimmung der Beherrschten einen Nachfolger. Als dritte sah Weber die Möglichkeit, die Gefolgsleute, Jünger des bisherigen charismatischen Führers, bestimmen den neuen Führer. Eine gewisse Verwandtschaft zu Wahlen in modernen, parteidemokratisch regierten Gemeinschaften ist hier nicht zu übersehen.

Die drei Möglichkeiten zeigen, eine charismatische Herrschaftsform, definiert als die Herrschaft mit außergewöhnlichen Persön-

lichkeitsmerkmalen der Herrschenden, kann durch diese Aus-
wahlmodi nicht mehr errichtet werden. Zu sehr hebt man immer
auf den Vorgänger des Herrschers bei der Wahl ab. Das Charisma
wird bei Methode eins teilweise durch den gewissen Rationalismus, den jede Selektion nach bestimmten Auswahlkriterien in sich
trägt, verdrängt. Die zweite Methode hat traditionale Züge. Die
Ernennung eines Erben attestiert die Fähigkeiten des früheren
Führers. Die dritte Möglichkeit hat Züge einer legalen Herrschaft.
Wenn der neue Führer ausgewählt wurde, kann wieder klar zu den
anderen Herrschaftsformen abgegrenzt werden. Von diesem Zeitpunkt ab verläßt sich der Beherrschte auf den Führer mit seiner
charismatischen Ausstrahlung und Fähigkeit, die unabhängig von
bisherigen Normen sind.

Bei den möglichen Nachfolgeregeln der charismatischen Herrschaft ist nicht zu vergessen, daß sich das Phänomen Herrschaft
nicht nur auf die drei oben erläuterten Formen gründen kann.
Auch andere Aspekte können Herrschaft begründen. So sprach
der Soziologe Reinhard Bendix (geb.1916) von "Interessenkon-
stellationen, zum Beispiel auf dem Markt oder in ständischen
Gruppen".[45] Ebenso ist eine Herrschaft auf der Grundlage von
brachialer Gewalt und Zwang möglich. In diesem Falle allerdings
ist die Herrschaft nicht mehr legitim.

Es ist festzuhalten, daß Weber beim Komplex Herrschaft besonders Grundlagen analysierte, die auf die Legitimität der Herrschaft
abstellen. Auf diese Weise werden statt Individual- oder Gruppen-
die Gesamtinteressen und -aufgabenstellungen der Beherrschten
für die Herrscher zur Maxime ihres Handelns.

IV.3.2. Max Webers idealtypische Vorstellungen über das Bild der Industriegesellschaft im Spannungs- feld zwischen Rationalismus und Charisma

Webers Soziologieverständnis kann mittels seines Gesellschaftsbil-
des dargestellt werden. Dieses Bild wird durch das Bemühen

fixiert, das soziale Handeln erklären zu wollen und teilweise auch zu können. Hingegen darf nicht übersehen werden, daß soziales Handeln letztlich nicht zu begreifen und zu erklären ist. Max Weber sah in diesem Dualismus keine Einschränkung seiner Vorstellungen über den idealtypischen Aufbau der Industriegesellschaft. Ein simplifiziertes gesellschaftssoziologisches Modell, das letztlich nicht Erklärbares durch "Ausklammern" eliminieren möchte, genügt den Realitäten nicht.

Er forderte bei der Erklärung sozialen Handelns, das Spannungsfeld zwischen Rationalität und Irrationalität - Charisma -, zu berücksichtigen. Eine Darstellung von Herkunft und Auswirkung dieser Begriffe für das Weber'sche idealtypische Bild der Industriegesellschaft ist nötig.

Um das Rationale im sozialen Handeln zu ergründen, erforschte Weber die soziologischen Grundvoraussetzungen des Industriekapitalismus, die Basis der Existenz der Industriegesellschaft. Dieser Ansatz ähnelt von der Konzeption her dem marxistischen. Auch Marx sah den Industriekapitalismus als auslösendes Moment zur Schaffung der Industriegesellschaft. Weber hinterfragte jedoch entschieden tiefgründiger.

Er erkannte die Grundvoraussetzung letztlich in der Transzendenz, die in diesem Fall im religiösen Denken begründet lag. Seine religionssoziologischen Forschungen kamen ihm dabei zu Hilfe. Die geistige Bereitschaft der Individuen zur Annahme des Industriekapitals als geltende ökonomische Produktionstechnik resultierte aus dem Einfluß reformatorisch-religiösen - genauer puritanischen - Gedankengutes.[46]

Wie sah phänomenologisch das den Industriekapitalismus als geltende Produktionstechnik beurteilende Individuum aus? Diese Fragestellung entsprach Webers soziologischer Forschungsauffassung.

Jeder Mensch lehnt es ab, im Affekt zu handeln, emotionelle Regungen als Leitfaden seines Handelns zu akzeptieren. Er strebt danach, aufgrund sachlicher, rationaler Kriterien sein Handeln zu determinieren, wobei die Kriterien von Werten bestimmt sind, die im

Puritanismus angesiedelt sind. So schrieb Wolfgang Mommsen: "Man geht nicht fehl, wenn man annimmt, daß der Typ des Puritaners, der aus einem ganz persönlichen religiösen Empfinden heraus intensive schöpferische Tätigkeit in der Welt entfaltet, für Weber ein persönliches Ideal gewesen ist."[47] Weber fühlte sich diesem Persönlichkeitsbild verpflichtet, denn sein Bemühen, sein eigenes Handeln ebenso wert- und zweckrational auszurichten, entspricht dem schon skizzierten Bild. Seine Religiösität war durch seine Mutter puritanisch geprägt.

Wo liegen die Berührungspunkte zwischen der geistigen Wurzel des Industriekapitalismus oder, wie Weber es formulierte, dem "Geist des Kapitalismus" einerseits und den religiösen Ideen der Reformation andererseits?[48]

Schon vor Max Weber haben William Petty (1623-1687), Charles de Montesquieu (1689-1755), Henry Thomas Buckle (1821-1862) und John Keats (1796-1821) neben anderen eine Verbindung von Protestantismus und der Entwicklung des "Geistes des Kapitalismus" hergestellt.[49] Ferner war die aus der protestantisch-religiösen Haltung resultierende Verhaltensweise von Individuen auf den Gebieten Handel und Gewerbe mit ihren politischen Auswirkungen erkennbar. So hatte der preußische König Friedrich Wilhelm I. (1688-1740), einer der Begründer preußischer Militärtradition, den Mennoniten erlaubt, auf preußischem Staatsboden Handel zu treiben, obwohl sie sich strikt weigerten, am Militärdienst teilzunehmen. Ein Schüler Max Webers stellte in einer Untersuchung fest, daß Protestanten mehr als Katholiken bereit waren, eine höhere Schulbildung anzustreben. Diese war Voraussetzung für technische, kaufmännische und andere Berufe, die in das vom Industriekapitalismus geprägte Gesellschaftsgefüge hineinpaßten.[50]

Die Katholiken im Deutschen Reich fühlten sich nach dem Kulturkampf mit Bismarck an den Rand der Gesellschaft gedrückt. Ihre deutliche zahlenmäßige Unterlegenheit gegenüber der protestantischen Majorität im Reich verstärkte dies noch. Ihre Lage war für Weber deshalb im Ausgangspunkt vergleichbar mit der der polnischen Katholiken im zarischen Rußland, mit den katholischen Minoritäten in den Niederlanden und England, den Hugenotten in Frankreich, den Nonkonformisten in England wie auch den Juden auf der ganzen Erde. Die nichtkatholischen Minoritäten konnten dank intensiver ökonomischer Anstrengungen ihrem Randgruppendasein entgegenarbeiten. Bei den katholischen Minoritäten war solch ein Verhalten nicht zu erkennen.

Schließlich begründete Max Weber seine Aussage damit, bestimmte protestantische Sekten wie Quäker und Baptisten seien durch ihren materiellen Reichtum ebenso zu charakterisieren wie durch ihre Frömmigkeit. Gleichwohl relativierte Weber seine Aussage über den Protestantismus als Triebfeder vom "Geist des Kapitalismus" lediglich als idealtypisch auf die Idee bezogen. Er erkannte selbst, daß Florenz und Antwerpen, Städte mit überwiegend katholischer Bevölkerung, im Mittelalter ausgeprägte Handels- und Gewerbezentren darstellten. Pennsylvanien dagegen mußte im 18. Jahrhundert als zurückgebliebene Region trotz überwiegend protestantischer Bevölkerung bezeichnet werden.[51]

An dieser Stelle muß eine weitere prinzipielle Einschränkung der Weberschen These verdeutlicht werden. Weber beabsichtigte nicht zu beweisen, der Protestantismus stelle die einzige Ursache des Industriekapitalismus dar. Er wollte lediglich zeigen, daß der Protestantismus eine entscheidende Größe darstellte, ohne die die Entwicklung einen anderen Weg genommen hätte.[52] Was den mosaischen Glauben betrifft, so bejahte Weber ihn als Determinante der Entwicklung des Kapitalismus. Er schloß aber die Möglichkeit aus, dieser Glaube fixiere spezielle Charakterzüge des Industriekapitalismus. Nach Weber existierte ein durch Geldverleiher und Kaufleute personifizierter Kapitalismus nicht nur bei Juden. So hatten sie Handel und Geldwirtschaft, ausgedrückt durch Wertpapiere, Kennzeichen des okzidentalen Kapitalismus, nicht erfunden. Dem mosaischen Glauben fehlen Begriffe wie die der "innerweltlichen Askese und der Gnadenwahl"[53], die dem abendländischen Kapitalismus eigen sind.

Der Protestantismus beeinflußt nicht nur die Produktionsweisen, sondern auch die Freiräume des Individuums in einer vom "Geist des Kapitalismus" geprägten Gesellschaft. So ist es charakteristisch für die protestantische Ethik, die Freiräume der Individuen tendenziell einzuschränken, statt sie zu bewahren oder auszubauen. Diese Beschränkung, die im öffentlichen und privaten Bereich stattfindet, steht damit im krassen Widerspruch zu der sonst geltenden Tendenz der bürgerlichen Gesellschaft, neben einem Ausgleich der Interessen auch Toleranz gegenüber anderen Meinungen zu üben.[54]

Der von Weber beschriebene okzidentale Rationalisierungsprozeß wurde durch den vom Puritanismus beeinflußten Entzauberungsprozeß beschleunigt. Hieraus ist zu folgern, daß die Begriffe Entzauberungs- und Rationalisierungsprozeß von Max Weber nicht synonym verwendet wurden. Der eine Begriff baut auf dem anderen auf.

Der okzidentale Rationalismus stellt lediglich eine Art des Rationalisierungsprozesses dar, an dessen Darstellung Weber entscheidend mitarbeitete. So gab es schon vor dem okzidentalen andere artgleiche Rationalismen, bei denen Individuen in ihrem Geschäftsgebaren hart, konsequent und methodisch tätig waren, kein persönliches Anspruchsdenken kannten und daher bereit waren, ihren Gewinn zum Wohle des Geschäftes zu reinvestieren. Diese Art der Unternehmer überwand damit für sich selbst teilweise den "ökonomischen Traditionalismus".[55] Es wurde jedoch keine Wirtschaftsordnung, wie der Industriekapitalismus, aus der Taufe gehoben. Statt des Handelns aus transzendentem Grund, aus calvinistischer Religionsethik, war sein Handeln bestimmt von der Sucht nach Geld, von dem Bewußtsein, daß Arbeit eine an sich negative Sache sei. Weber schrieb deshalb als Begründung eines ökonomischen Handelns im "Geist des Kapitalismus": "Damit jene der Eigenart des Kapitalismus angepaßte Art der Lebensführung…über andere den Sieg davontragen könnte, …und zwar nicht in einzelnen isolierten Individuen, sondern als eine Anschauungsweise, die von Menschengruppen getragen wurde."[56] Das so definierte Verhalten im "Geist des Kapitalismus" fand er dagegen realisiert bei seinen Onkel Karl David Weber, selbst Unternehmer, dessen Stil zu leben diesem Geiste entsprach.[57]

Max Weber stellte das Handeln im "Geist des Kapitalismus" dem "Geist des Traditionalismus" gegenüber, um eine Begriffsklärung vorzunehmen. Er ging getreu seiner Definition der Soziologie vom Handeln des Individuums als Gegenstand seiner Analyse aus.

Weber verstand subsumierend unter dem im Traditionalismus handelnden Menschen ein Individuum, das eine Tätigkeit, die weniger Anstrengungen erfordert, auch um den Preis des Minderverdienstes, einer anderen vorzieht.[58] Der Traditionalist steht neuen Arbeitsmethoden ablehnend gegenüber und sucht eine bequeme Art zu leben. Er scheut sich nicht, aus reiner Geldgier Mitmenschen skrupellos auszunützen.[59]

Dagegen ist das im "Geist des Kapitalismus" handelnde Individuum idealtypisch gesehen der Calvinist. Er, "der auf Grund seines Glaubens an die Gnadenwahl nie von seinem Heil absolute Gewißheit erlangen kann, sucht im Diesseits die Zeichen göttlicher Huld, und findet sie im Prosperieren seines Unternehmens. Aber kein momentaner Erfolg darf ihn beruhigen, und es ist ihm nicht gestattet, sein Geld für Luxus und Wohlleben zu verwenden, so steckt er den Profit erneut in sein Unternehmen. ...regelmäßige, rationalisierte Arbeit, ständige Buchführung...und friedlicher Handel"[60] kennzeichnen sein Tun, wie dies Raymond Aron so treffend skizzierte.

Ebenso wie sich die idealtypischen Persönlichkeitsstrukturen des Individuums des Puritanismus und des nach dem "Geist des Kapitalismus" Handelnden ähneln, gleichen sich beide in ihrer Auswirkung auf die persönliche Freiheit des Individuums innerhalb der Gesellschaft. Grund ist der Rationalisierungsprozeß des Industriekapitalismus, der die Selbstbestimmung des einzelnen einengt.

Stellt man sich die Frage, wie die vom "Geist des Kapitalismus" geprägte Gesellschaft, wie ihr Staat aussieht, hilft die Weber'sche Rechtssoziologie weiter. Sie stellt eine Rationalisierung des Rechts im Staat fest, eine erste Entscheidung des modernen Staats in Richtung legale Herrschaft.[61]

Dieser Schritt wirkt sich direkt auf den Bereich der Bürokratie aus, auf die jede Herrschaftsform angewiesen ist. Sie stellt für die legal Herrschenden jenes unpersönliche, straff organisierte und strikt disziplinierte Instrument dar, das schwerlich zerstört werden kann, da es über eine hohe Stabilität verfügt.[62] Karl Loewenstein schrieb über die Funktion der Bürokratie in Webers Vorstellungen über den modernen Staat, die Bürokratie sei "für ihn der rationell geschulte, mit speziellem Fachwissen ausgestattete, hierarchisch organisierte Stab, der mit der Verwaltung des rationalen Staats betraut ist"[63]. Damit steht diese Bürokratie in bezug auf Stetigkeit, Stabilität und Wirksamkeit im Vergleich mit mechanisierten zu nichtmechanisierten Produktionsweisen vorteilhafter da als Bürokratien anderer Herrschaftsformen. Bei den mechanisierten sind die Arbeitsgänge durch die Arbeitsteilung rationalisierbar, wodurch die Produktivität oder Wirksamkeit stark erhöht wird. Es wird also ein Typ Mensch für die Bürokratie der legalen Herrschaftsform benötigt, der sich von Gefühlen und Emotionen freimacht und, vergleichbar der Tätigkeitsweise eines Computers, die ihm vorgelegten Arbeiten nach Regeln, die vor Beginn der Arbeit festgelegt sind, bearbeitet. Weber sprach in diesem Zusammenhang idealtypisch von der Tätigkeit des Richters in der modernen Gesellschaft, vergleichbar der eines Roboters, "in welchem oben die Akten nebst den Kosten hineingeworfen werden, damit er unten das Urteil nebst den mechanisch aus Paragraphen abgelesenen Gründen ausspeie."[64]

Die moderne Staatsbürokratie ist ferner von der im Industriekapitalismus vorherrschenden Tendenz beeinflußt, die durch eine Bildung immer größer werdender Organisationsformen der Betriebe gekennzeichnet ist. Durch den damit steigenden Finanzbedarf für die Verwaltung des Staates wird eine verstärkte Umverteilung zugunsten des Staates notwendig.[65] Die gegenseitige Abhängigkeit von Bürokratie und Herrschenden steigt, da letztere die Mittel für die Bürokratie beschaffen. Dadurch können sich die Herrscher auf die Bürokratie als immer größeres und wichtigeres Instrument der Machterhaltung verlassen.

Letztlich bewirkt die Bürokratie eine Professionalisierung der Verwaltungstätigkeit, die aufgrund ihres legalen Charakters mit einer Vereinheitlichung von Aufgaben der Bürokraten und ihrer Besoldung einhergeht. Wie auch in der Politik wird der Honoratiorenbürokrat durch den berufsmäßigen abgelöst. Wirtschaftliche und soziale Unterschiede nivellieren sich dadurch.[66]

Welche Auswirkungen dieser Wesenszüge der Bürokratie sind zu beobachten? Der in der Verwaltung tätige Mensch kann nach Webers Ansicht im Gegensatz zu dem Politiker seine Arbeit als Technokrat ohne den Einblick, den der Politiker der Öffentlichkeit gewähren muß, im Schutze der großen, straff durchgegliederten Organisation erledigen. Die "Amtsschweigepflicht" wie auch das "Amtsgeheimnis" verstärken diese Tendenz. Das kann dazu führen, daß das rationale Recht nicht mehr geachtet wird. Die Bürokratie ist, statt Instrument im Sinne des politisch Verantwortlichen zu sein, selbst imstande, politische Macht auszuüben. Der herrschende Politiker unternimmt nichts Entscheidendes gegen die neue Rolle der Bürokratie, da er auf sie angewiesen ist. Auf diese Weise sah Weber die Bürokratie tendenziell im Begriff, "selbst eine Rechtsordnung zu werden"[67], da sie nicht mehr überwachbar ist. Sie übernimmt dann neben den alltäglichen auch die richtungsweisenden Aufgaben, die normalerweise den Politikern vorbehalten sein sollten. Die Bürokratie kann mit ihrer großen Sachkenntnis das Parlament als Legislative umgehen. Sie wird selbst quasi regierend tätig.[68] Diese aus dem "Geist des Kapitalismus" resultierende Rationalisierung und Bürokratisierung als hervorstechendes Merkmal der modernen Gesellschaft bedeutet eine Zukunft der permanenten Einschränkung der Entscheidungsfreiräume wie auch der Verantwortungsbereiche für das eigene Tun des Individuums. Weber sah seine apokalyptische Deutung der Zukunft allerdings nicht als zwingend zukunftsweisend an.

Er glaubte an die Möglichkeit, die vom "Geist des Kapitalismus" geprägte Gesellschaft werde ähnlich der spätantiken erstarren.[69] Aus diesem Blickwinkel ist deshalb auch seine Beschreibung der Situation der Gesellschaft zu verstehen, die sich mit einem "stahlharten Gehäuse" umgeben hat. Er deutete die Zukunft: "Niemand weiß, wer künftig in jenem Gehäuse wohnen wird, und ob am Ende dieser ungeheueren Entwicklung ganz neue Propheten oder eine mächtige Wiedergeburt alter Gedanken und Ideale stehen werden, oder aber - wenn keines von beiden, mechanisierte Versteinerung, mit einer Art von krampfhaftem sich-wichtig-nehmen verbrämt. Dann allerdings könnte für die 'letzten Menschen' dieser Kulturentwicklung das Wort zur Wahrheit werden: 'Fachmenschen' ohne Geist, Genußmenschen ohne Herz: dies Nichts bildet sich ein, eine nie vorher erreichte Stufe des Menschentums erstiegen zu haben."[70]

Dieser letzten Deutung der möglichen Zukunft der modernen Gesellschaft mit der andauernden Verkleinerung der Freiräume und Verantwortungsbereiche der Individuen wandte sich Weber besonders zu. Er wollte mit seinen Forschungen dazu beitragen, dem einzelnen ein Mindestmaß an Freiheit innerhalb der Gesellschaft zu erhalten, damit es seine Kreativität entfalten könne.

Zu diesem Zweck ist auf die Webersche Überzeugung zurückzukommen, ein Individuum könne sein Handeln teils rational, also zweckrational, begründen. Dagegen ist das sinnhafte Handeln nicht letztlich zu erklären, da der Sinn des Handelns nicht rational begründbar ist.

Weber wollte dem modernen Staat die Mittel in die Hand geben, den möglichen Auswüchsen der Bürokratie entgegenzuwirken. Aus diesem Grund forderte er für den modernen Staat neben der Bürokratie, die durch fixierte Regelungen in ihrem Handeln begrenzt ist, eine durch Gesetze korrigierbare Rechtsordnung. Dadurch sollte dem Herrschenden eine Einwirkungsmöglichkeit auf den Staatsbürger gegeben werden, die mit der Androhung von Zwang gekoppelt ist. Um aber diese Gewalt gegenüber dem Individuum zu legitimieren, muß sie mit der Rechtsordnung übereinstimmen. Nur die staatliche Ordnung, die auf allgemeinen Regeln gründet, darf die Gewaltanwendung oder ihre Androhung über den Menschen anordnen.[71] Dadurch wird die legale Herrschaft, gemeint ist die durch den Volkswillen durch Wahlen legitimierte politische Führung, in die Lage versetzt, Gewalt oder deren Androhung nur selbst ausführen zu dürfen. Die Bürokratie wirkt lediglich als ausführendes Organ.

Diese Konstruktion garantiert die Monopolisierung von Gewaltanwendung der politischen Führung nicht, wie es Weber in seiner Beschreibung der Bürokratie fixierte. Er wollte dem durch die Verwaltung geprägten rationalen Handeln der Politiker etwas entgegenstellen, damit dem Einzelmenschen nicht droht, Fachmensch zu werden. Für ihn stellte das Charisma die zweite Grundlage politischen Handelns neben der Bürokratie dar. Damit glaubte er auch, den Einfluß der Lobbyisten auf die Herrschenden eindämmen zu können.[72]

Weber plante, den modernen Staat mit einer Verfassung zu versehen, die charismatische Züge besitzt. Diese verfassungsmäßige Verankerung sah er als notwendig an, da charismatische Herrschaftsformen im Laufe der Zeit sich zu traditional oder legal begründeten entwickeln, was letztlich eine Beschränkung individueller Freiheitsräume bedeutet.[73] Trotzdem wies Weber darauf hin, daß sich charismatische Führer, wenn auch in Abständen, immer wieder durchsetzen könnten. Einen Ausschluß von Bürokratie durch charismatische Herrschaft meinte er jedoch damit nicht.[74]

Wie sah Max Weber das Verhältnis des politischen Führers zur Bürokratie in der modernen Gesellschaft et vice versa? Weber sprach vom Führer, der Befehle ausgibt, und vom Beamten, der die Befehle ausführt.[75] Falls der Beamte diese Befehle nicht für richtig erachtet, muß er dies zwar dem Führer mitteilen. Dem Führer wird so die Gelegenheit geboten, mit dem Sachverstand, den die Bürokratie hat, eine neue Entscheidung zu fällen. Kommt die Bestätigung des ursprünglichen Befehls, ist der Beamte gezwungen, diesen auszuführen.

Dementsprechend sind auch die Anforderungen an die Persönlichkeitsstruktur von Beamten und politischen Führern verschieden. Der letztere, vergleichbar einem Unternehmer oder Militärbefehlshaber, ist durch einen permanenten Kampf um die Macht gekennzeichnet. Er trägt für seine Handlungen persönlich die Verantwortung. Verliert er den Machtkampf, muß er seine Stellung aufgeben, um seinen Grundsätzen nicht untreu zu werden. Die phänomenologischen Charakteristika liegen beim Beamten anders. Er soll nicht um Macht kämpfen, soll unparteiisch handeln, kann die Verantwortung seiner Handlungen der politischen Führung zuschieben und muß deshalb seinen Posten bei Mißerfolg, soweit er nicht in eigenen Fehlern begründet ist, nicht räumen.[76]

Der Führer ist in der modernen Gesellschaft nicht mehr Honoratioren-, sondern meist Berufspolitiker. Weber hielt damals den Berufsstand der Rechtsanwälte als den für die Berufspolitik am prädestiniertesten.[77] Er schloß bei seinen Vorstellungen über die Funktion des Führers nicht aus, daß er auch unfähig oder ohne Charakter sein könne, was beispielsweise durch demagogische Fähigkeiten hervorgerufen werden kann. Diese Nachteile hielt Weber, unabhängig von Regierungsformen, durchaus für möglich.

Weber befürchtete besonders das Problem der Vorherrschaft der emotionellen über die rationalen Elemente[78] bei der Führerauslese bei allgemeinen und gleichen Wahlen. Korrigierbar sind diese Fehler durch ein starkes, legitimiertes Parlament, das sich durch funktionsfähige, straff organisierte politische Parteien auszeichnet. Sowohl die Parteien, repräsentiert im Parlament, als auch die tragende Sozioschicht der legalen Herrschaft, das Bürgertum und die organisierte Arbeiterschaft, müssen zusammenhelfen, um den Führer beziehungsweise die Führerschaft auszuwechseln.[79]

Da Weber sich besonders für die Parteien als Garanten einer gut funktionierenden Demokratie in der modernen Gesellschaft aussprach, ist es verständlich, daß er sich mit den politischen Parteien und ihren Führern, den Wählern wie der Parteibürokratie auseinandersetzte.

Bevor auf diese Verbindungen eingegangen werden kann, ist jedoch erst zu analysieren, welches Bild sich der Soziologe Max Weber von dem Phänomen "Partei" machte. Er verstand unter Parteien Verbände, in denen grundsätzlich freiwillig eingetretene Parteimitglieder einem Vergesellschaftungsprozeß unterworfen sind. Weber betrachtete die formal "voluntaristische Grundlage"[80] der

Vergesellschaftung einer Partei und stellte verbandssatzungsgemäß fixierte Vergesellschaftungsprozesse des Staates dagegen. Diesen Unterschied charakterisierte er als den von "Interessen"[81] beziehungsweise politischer Führung und Autorität oder Staatsbeamtentum - ein Parteienverständnis, das totalitäre Parteien nicht mit einschließt.

Dieser Zwang der Parteien, Mitglieder zu werben, um ihre politischen Ziele zu verwirklichen, stellt das große Unterscheidungsmerkmal gegenüber der Staatsbürokratie dar. Auf diese Weise tauchte in der modernen Gesellschaft eine neuartige Organisationsform auf. Entgegen der Bürokratie, deren organisierte Mitarbeit durch finanziellen Anreiz, sprich Besoldung, gewonnen wird, treten die Mitglieder freiwillig den Parteien bei und tragen die Parteiorganisation mit. Statt finanzieller Anreize werden von Parteimitgliedern materielle wie auch zeitliche Aufwendungen erwartet. Aus dieser Unterschiedlichkeit von Parteiorganisation und Bürokratie entwickelt sich ein Widerspruch im politischen Gefüge Staat. So sind die politischen Führer der modernen Gesellschaft als Personifizierung legaler Herrschaft, die aus dem "Geist des Kapitalismus" mitentwickelt wurde, auf die Parteimitglieder angewiesen, die, um die Chance der Wiederwahl zu wahren, ihre Arbeit nach wie vor ehrenamtlich machen. Dagegen stehen sie als Gewählte der Staatsbürokratie vor, die durch den Sold als Gegenleistung zur Mitarbeit verpflichtet ist.[82]

Die nicht durchgeführte Professionalisierung innerhalb der Parteimitglieder hat dagegen im Aufbau der Bürokratien der Parteien stattgefunden. Es entstanden Organisationen, die denen der Staatsbürokratien wie der der Wirtschaft ähneln. Dieser hohe Organisationsgrad ist für Parteien deshalb so lebensnotwendig geworden, da nur durch "Parteibeamte...Disziplin und Fachkenntnis" als "Vorbedingungen für den Wahlerfolg"[83] gewährleistet sind. Hingegen sah Weber Parteien, die nur lokal durch ehrenamtliche Mitarbeiter oder durch allmächtige Parteiführer beherrscht werden, für die moderne Gesellschaft als unpassend an.[84]

Weber versuchte der Gefahr entgegenzuwirken, daß die Staatsbürokratie sich zum "Staat im Staate" entwickelt. Er wollte diese Gefahr bannen, indem er ein charismatisches Führertum in den Staatsaufbau zu integrieren suchte. Die deshalb von ihm favorisierte "plebiszitäre Führerdemokratie"[85], wie es Wolfgang Mommsen nannte, mußte sich mit dem Phänomen Partei auseinandersetzen. So stellte Weber sich die Frage: Wie wird es möglich sein, daß charismatische Führerpersönlichkeiten an die Positionen der Macht im Staate gelangen können, obwohl sie von Parteien abhängen, die ihrerseits durch ihren Organisationsaufbau den charismatischen Führerpersönlichkeiten und deren Herrschaftsansprüchen sehr skeptisch bis behindernd gegenüberstehen? Diese Problematik drängte sich umso mehr auf, als es Weber für äußerst schwierig hielt, daß sich neue Parteien aufgrund ihrer noch nicht existenten Organisation durchsetzen können. Daher sind charismatische Führerpersönlichkeiten auf die vorhandenen, bürokratisch-organisierten Parteien angewiesen.

Für Weber war der Parteibeamte ein Mitarbeiter des Herrschenden, der nach Regeln, fixiert durch Parteiprogramme sowie andere parteiliche Publikationen, denkt und entscheidet und daher neuen Ideen charismatischer Politikerpersönlichkeiten grundsätzlich skeptisch gegenübersteht.[86]
Ebenso wird die Beziehung Führungspersönlichkeit - Parteiorganisation durch die Demokratie mit dem allgemeinen, gleichen Wahlrecht als Methode zur Führerauslese beeinflußt. Dieses Wahlrecht unterstützt den Bürokratisierungstrend der Parteien, da ein Politiker in einer Massengesellschaft noch stärker auf die "Werbetrommelfunktion" der Parteibürokratie angewiesen ist. Dadurch wird der Berufspolitiker, der Politiker, der keine oder wenig Erfahrungen außerhalb seiner Parteibürokratentätigkeit hat, eher die Chancen der Unterstützung durch die Partei haben als ein Politiker mit charismatischen Fähigkeiten. Darüber hinaus werden die Parteibürokraten nur solche Führer unterstützen, die sich im Rahmen der Parteiprogramme bewegen. Diese Tendenz wird dadurch verstärkt, daß charismatische Führer für die Parteibürokraten wie

auch Lobbyisten in ihren Handlungen schlechter berechenbar sind.[87]

Aus dieser für Weber fast ausweglosen Situation führt trotzdem ein Weg zum charismatischen Führertum. Er glaubte, ein Führer, der einen Wahlkampf mit der Unterstützung der Parteibürokratie gewonnen hat, wird mehr und mehr von ihr unabhängig, falls er aufgrund seines Charismas Wahlstimmen auf sich und seine Partei vereinigen kann. Er hat die Möglichkeit, den durch Parteiprogramm, -bürokratie und -lobby fixierten Rahmen zu sprengen und Lösungen anzustreben, die außerhalb dieses Bereiches liegen. Auf diese Art ist es möglich, daß durch das charismatische Element das politische System der Demokratie legitimiert wird.[88] Dieses von Weber gewünschte Durchsetzen von charismatischen Führern löst bei den Parteien eine Veränderung ihrer Bezugspunkte und damit auch des soziologischen Verhaltens der Bürokratie innerhalb der Parteien aus. Am stärksten ausgeprägt ist dies bei der direkten Wahl des Führers durch das Volk. Die Parteiorganisation stellt dann "eine moderne Gefolgschaft von Gefolgs- und Lehnsleuten, und die Wahl wird zu einem Bekenntnis des Glaubens und Vertrauens an den Führer durch 'Akklamation'".[89]

Abzugrenzen ist der Führer, wie ihn sich Weber als gültig und gut für die moderne Gesellschaft vorstellte, vom cäsaristischen Führer, da dessen Macht "auf der Tatsache des Vertrauens der Massen, nicht der Parlamente, beruht...".[90] Wenngleich Weber den idealtypischen cäsaristischen Führer nicht als Prototyp seiner Soziologie ansah, so bejahte er jedoch das Vorhandensein einiger solcher Züge in Demokratien als integrierenden Faktor.[91]

Welchen Platz hatte Weber dem Parlament im einzelnen zugewiesen? Zunächst verstand Weber das Parlament als eine Spiegelung der durch den "Geist des Kapitalismus" und seine Auswirkungen geprägten modernen Gesellschaft. Die Parlamentmitglieder wenden die Regeln an, die legale Herrschaft, das heißt allgemein gültige Regelungen, begründet.

Die beste Einflußnahme auf die politische Führung wie die Bürokratie besteht im Recht der Gewährung oder Verweigerung finanzieller Mittel. Die Exekutive kann gezwungen werden, die Legislative zu informieren oder ihre Organisationsstrukturen so zu verändern, wie die Legislative diese möchte. Eine grundsätzliche Änderung ihres legalen Charakters ist hier nicht gemeint. Die Beeinflussung der Politiker durch das Parlament sah Weber abhängig vom Ringen der politischen Partei um die Macht. Dieser Kampf ist von politischen Grundzügen der Parteien wie auch persönlicher Interessen der Politiker bestimmt. Dabei stellen die Führer der im Parlament vertretenen Parteien selten echte Führungspersönlichkeiten dar. Sie werden nicht aufgrund großer Führungsqualitäten berufen, sondern durch Wahlerfolge, die von der charismafeindlichen Parteibürokratie entscheidend abhängen. Entsprechend sind die Parlamentsmitglieder zu beurteilen. Ihre Unterstützung für die Führer der Parlamentsfraktionen hängt davon ab, ob sich die Parlamentsmitglieder von der Wahl der Führung ihrer Fraktion Erfolg für die Partei erhoffen können. Nur dann glauben sie eine Chance zu haben, ihren Sitz im Parlament behalten zu können. Die von Gruppeninteressen getragene Führungsauswahl stellt zwar ein Negativum dar. Weber hielt jedoch diese demokratische Auswahl für besser als eine autokratische, da die Demokratie die Verantwortlichkeit politischen Handelns regelt.[92]

Faßt man die Funktion des Parlaments zusammen, so sorgt es für eine kontinuierliche staatliche Verwaltung, für die Aufrechterhaltung der Herrschaftsrolle des Rechts, der sich auch der plebiszitäre Führer unterordnen muß. Es hat Mittel in Händen, um einem Führer die Macht über den Staat abzunehmen, sobald dieser das repräsentative Vertrauen der Wählermassen verliert. Gleichwohl haben die Politiker die Möglichkeit, sich "Führungsqualitäten"[93] in der Parlamentsarbeit anzueignen.

Aus den Rollen, die Weber den Parteien, der Bürokratie wie auch dem Parlament des modernen Staats zumaß, läßt sich die idealtypische Politikerpersönlichkeit Weberscher Prägung herausdestillieren. Sie beinhaltet zumindest "zwei Politikerseelen". Die eine Seele stellt das charismatische Handeln dar. Es ist notwendig, die Zustimmung der Wähler zu erhalten. Dieses cäsaristische Element der Demokratie zeichnet sich dadurch aus, daß notwendige und schwerwiegende Entscheidungen nicht durch einen langen Instanzenweg idealtypisch legaler Herrschaftsordnungen verzögert wie zerredet werden können. Ferner sind die Führer aufgrund ihrer charismatischen Fähigkeit in der Lage, sich durch Wählermassen vom Einfluß von Partei- und Staatsbürokratie zu befreien. Die andere Seele aber soll das legale Handeln, ein Beachten von Machtstrukturen, darstellen. Ein Respektieren von verfassungsmäßigen Machtstrukturen bedeutet, daß der Führer ein starkes Parlament nicht in seiner regulierenden Wirkung beschneiden will.[94]

Welche Politik sah Weber als die richtige für die moderne Gesellschaft und ihren Staat an? Leitgedanke der Weber'schen Überlegungen war - vergleichbar den Politikern, die sich, um Führer zu werden, in einem harten Machtkampf zu messen haben -, daß sich auch die Kulturen in dieser Weise zum Zwecke der Gewinnung und Erhaltung von Macht- und Einflußbereichen auf der Welt auseinandersetzen. Da aber Kulturen nach Webers Meinung noch lange Zeit auf Nationen basieren[95], findet dieser Streit unter den Nationen statt. Aus diesem Grund ist die Politik eines Volkes darauf abzustellen, seine Macht zu sichern und auszubauen.

Diese Grundlage politischen Denkens bei Weber verdeutlicht die Beantwortung der Frage Raymond Arons nach dem Weber'schen Verständnis von Ethik in der Politik. "Eine echte Ethik, wie die der Bergpredigt oder die Kants, ist definitionsgemäß von der Politik ausgeschlossen. Der Gewalt keinen Widerstand leisten und die andere Wange hinzuhalten, bedeutet hier nur Mangel an Würde."[96]

Logischerweise muß dieser alles überragenden außenpolitischen Notwendigkeit eine Verfassungs- und Rechts-, Innen-, Militär-, Wirtschafts- wie Sozialpolitik (um nur einige Beispiele zu nennen) folgen, die dem Ziel der Machtsicherung und -erweiterung untergeordnet ist.

Die Zielvorgabe begründet auch (neben der Folge der Rationalisierung des Rechts) Webers Befürwortung des allgemeinen und gleichen Wahlrechts, von dem er sich eine Integration aller Staatsbürger in die Nation versprach.

Im Bereich der Wirtschaftspolitik strebte Weber die Schaffung einer dynamisch wachsenden Volkswirtschaft an. Er forderte eine Technologie- wie Ökonomieprosperität, denn nur dadurch sei und bleibe die moderne Gesellschaft eines Volkes für den Kampf mit anderen Völkern gerüstet, was bei einer "Versteinerung"[97] der Gesellschaft nicht erreichbar wäre. Deshalb sprach er sich für die kapitalistische Verkehrswirtschaft aus, die sich durch die Konkurrenz von Anbietern und Nachfragern am Markt auszeichnet. Das freie Unternehmertum als Quelle individueller Handlungsfähigkeit auf dem volkswirtschaftlichen Gebiet stellte für ihn die Grundlage dar. Aus diesem Blickwinkel lehnte er sozialistische Wirtschaftspolitik in Richtung auf zentralverwaltungswirtschaftliche Zustände strikt ab.[98]

Ferner zeichnet sich die Webersche Verkehrswirtschaft durch den Zwang der Unternehmen aus, rational zu kalkulieren und am Markt anzubieten, mit leistungsbezogenen Löhnen statt genereller Fixentlohnung und mit im privaten Besitz befindlichen Produktionsmitteln[99] zu arbeiten, um ein optimales zweckrationales Handeln zu erreichen. Nur so könne, nach Weber, die dynamische Volkswirtschaft erhalten werden.

Da diese prosperierende, industriekapitalistische Volkswirtschaft ohne eine aktiv für die Nation arbeitende und sich engagierende Arbeiterklasse nicht möglich ist, forderte Weber deren Integration in die Nation. Diese Eingliederung sollte, neben der Einführung allgemeiner und gleicher Wahlen, durch die Anerkennung der Arbeiterschaft als gleichberechtigter Partner innerhalb der Volkswirtschaft geschehen. Hierunter verstand er statt aktiver Sozialpolitik die staatliche Genehmigung politischer und gewerkschaftlicher Organisationen, damit die Arbeiter nach dem Prinzip der Sozialpartnerschaft ihre Rechte erkämpfen können. Staatliche Sozialpolitik dagegen solle nur zur Herstellung und Sicherung der Chancengleichheit der am Machtkampf Beteiligten dienen, wobei dieser Machtkampf nach satzungsmäßigen Regeln durchzuführen ist.[100]

Sollte aber diese Chancengleichheit zwischen den Tarifvertragsparteien nicht mehr gewährleistet sein, so befürwortete Weber ein
aktives, über die Sozialpolitik hinausgehendes Eingreifen des Staates auf dem Gebiet der Rechtspolitik, um die Rahmendaten ökonomischen Handelns zu verändern. Jedoch lehnte er vom Staat
verordnete Einheitsgewerkschaften oder Schiedsrichterfunktio-
nen der Staatsbürokratie ab.[101] Der Staat als von den wirtschaftlich
Mächtigen unabhängige Kraft sollte vielmehr für die Sicherung des
Dynamisierungsprozesses der Gesellschaft wie der Wirtschaft aktiv eintreten, falls die Gefahr bestünde, daß dieser erlahmt. Voraussetzung ist dabei, daß sich grundsätzlich alle sozialen Schichten
bei den politischen Entscheidungen des Staates beteiligen oder beteiligt fühlen können. Bei plebiszitär getragenen Politikern wäre
dies der Fall.[102]

Die sozialpolitischen Überlegungen von Max Weber redeten wohl-
fahrtsstaatlichem Denken nicht das Wort. Eine Wohlfahrtspolitik
macht den individuellen Zwang, Anstrengungen unternehmen zu
müssen, um im Machtkampf zu bestehen, überflüssig.[103] Hierdurch erhält eine Nation und ihre Kultur eine schlechte Ausgangs-
position beim Machtkampf mit anderen Nationen und Kulturen,
die auf die individuelle Initiative gründen.

Max Weber bejahte die Idee des Kapitalismus, da er das zweckrationale Handeln im Bereich des Wirtschaftens sichert. Er sprach
sich für formale Rationalität ökonomischen Handelns aus, getragen von bürgerlichen Werten, um eine dynamische Wirtschaftsent-
wicklung als Voraussetzung beim erfolgreichen Kampf der Kultur
eines Volkes zu erreichen. Weber lehnte aber ein Übergreifen der
formalen Rationalität des Kapitalismus auf den Gesellschaftsbe-
reich ab, wie es bei der Bürokratie idealtypisch legaler Herrschaftsformen der Fall wäre. Daher forderte er auf diesem Gebiet "materielle Irrationalitäten", da er befürchtete, die Gesellschaft ermögliche als Konsequenz des kapitalistischen Systems kein menschen-
würdiges individuelles Dasein.

IV.3.3. Die Stellungnahme Max Webers zu den politischen Gegebenheiten der Wilhelminischen und Nachwilhelminischen Ära

IV.3.3.1. Die Webersche Untersuchung der politischen Lage während der Wilhelminischen Ära

Ab 1896 war Max Weber ein Typus des Hochschullehrers, der sich nur wenig an tagespolitischen Diskussionen beteiligte. So äußerte er sich über das Verfassungssystem des Deutschen Reiches, über die Funktion der Monarchie im allgemeinen und der Kaiser Wilhelms II. im besonderen, über die Rolle des Reichstags, der politischen Parteien und des Bundesrats und über die Politik, die das Deutsche Reich zu realisieren hatte.[104]

Prinzipiell war Weber aus persönlichen - sein Elternhaus war national-liberal geprägt - wie auch aus staatstheoretischen Gründen ein Anhänger des monarchistischen Gedankens, da "die formell höchste Stelle im Staat ein für alle Mal besetzt"[105] und damit dem Machtkampf der Politik entzogen ist. Er sprach sich mehr für eine konstitutionell-monarchistische Lösung aus. Für diese Deutung spricht auch, daß er nicht für die Krone als Gegenpol zur Staatsbürokratie eintrat, da diese Funktion nach seinem Verständnis dem plebiszitären Führer oblag. Wie stark er die Monarchie als Stück deutscher Kultur verstand, läßt sich daraus ablesen, daß er an Wilhelm II. kritisierte, er habe durch sein verspätetes Abdanken auch die Landesdynastien mitgerissen und dadurch die Legitimität des monarchischen Gedankens insgesamt zerstört.[106]

Die grundsätzliche Haltung zum Thema "Monarchie" basierte auf der Legitimation der Monarchie als charismatische Herrschaft. Das Charisma liegt hierbei nicht unbedingt in der Person des jeweiligen Monarchen, sondern kann auch im Amt, den "erworbenen Qualitäten und der Wirksamkeit der hierurgischen Akte"[107] begründet sein.

Was jedoch die Einstellung Max Webers zur Art und Weise der Politik Wilhelms II. ebenso stark beeinflußte, war der in Webers Augen schlechte Führungsstil des Kaisers wie auch die dieses Herrschaftssystem stützenden, unterwürfigen und "mit Scheuklappen" versehenen Bevölkerungsschichten.[108]

Weber kritisierte vor allem den Stil der Wilhelminischen Politik, die leichtfertig und leichtsinnig vorgetragen wurde[109], was beispielsweise Wilhelms Verhältnis zu Großbritannien verdeutlichte. Innenpolitisch warf Weber Wilhelm II. vor, daß er die bevölkerungsstrukturellen Veränderungen seines Volkes nicht in seine politischen Entscheidungen einfließen ließ. Stattdessen versuchte er ständestaatliche Strukturen zu festigen, die in eine durch Industrie und Handel geprägte Gesellschaft nicht mehr paßten. Wilhelm II. versäumte es daher, die ganze Nation, insbesondere die Arbeiterschaft, zu integrieren, um die Politik auf eine möglichst breite Basis zu stellen. Diese unkluge Politik wurde ferner durch die Bismarcksche Verfassung unterstützt, wenn nicht gar erst ermöglicht.

Was Max Weber aber nicht kritisierte, sondern guthieß, war der Wunsch Wilhelms II., eine imperialistische Außenpolitik zu betreiben, um Deutschland Weltgeltung zu verschaffen. Die nach Macht strebende Außenpolitik entsprach der Weber'schen Grundmaxime, die er in seiner Freiburger Rede verkündete. Sein Vortrag stellte "die Initialzündung für die Entstehung eines liberalen Imperialismus im Wilhelminischen Kaiserreich"[110] dar.

Max Weber bejahte in jener Rede den Kampf der Nationen untereinander und leitete hieraus die Notwendigkeit ab, daß sich Deutschland diesem Kampf stellen müsse. Daher befürwortete er alle Vorkehrungen und Bemühungen der deutschen Nation, sich für diese Auseinandersetzung zu stärken. Für die Wissenschaftler leitete er die Notwendigkeit ab, sich von den damaligen nationalökonomischen Schulen, geprägt von Namen wie Schmoller, zu distanzieren und die werturteilsfreie Wissenschaft zu unterstützen, die ihrerseits für einen starken deutschen Nationalstaat arbeitet.[111]

Vergleichbar den prinzipiellen Überlegungen über das Charisma, mit denen er auch seine Einstellung gegenüber der Monarchie begründete, leitete er seine praktischen Vorschläge für das Verfassungssystem aus seinen theoretischen Überlegungen ab. Weber stellte fest, daß einem charismatischen Führer ein starkes, legitimiertes Parlament an die Seite zu stellen sei, um "die Demokratie der Straße" zu bannen. Diese Forderung übertrug er auf das Deutsche Reich. Er befürchtete, der Appell an die Furcht könnte in Deutschland erfolgreich sein. Grund hierfür könnten Herrscher, die ohne den nötigen Sachverstand Politik betreiben, ein mutloses Bürgertum sowie "Tagediebe und Kaffeehausintellektuelle"[113] sein.

Eine Lösung dieses Problems sah Weber in einem Parlament, das politische Aufgaben hat und nicht wie im halbkonstitutionellen Deutschen Reich aufgrund der Bismarckschen Verfassung keine starke Machtposition einnahm. Statt der "Angst vor der Demokratie"[114], wie sie nach Webers Meinung von Monarchie, Staatsbürokratie, aber auch Teilen des Bürgertums propagiert wurde, forderte Weber ein parlamentarisch legitimiertes Führertum. Das Parlament hatte die starke legislative Kraft, die Institution darzustellen, aus der die Führer hervorgingen. Die Zusammensetzung des Reichstags und der Länderparlamente sollte in allgemeinen und gleichen Wahlen bestimmt werden. Dadurch würde die Arbeiterschaft und hier besonders die SPD mit staatstragend werden. Nur durch ein so strukturiertes und machtvolles Parlament glaubte Weber eine wirksame Kontrollinstanz gegenüber Monarchie und Staatsverwaltung haben zu können.[115] Max Weber trat für eine Stärkung des Reichstags ein, da die Mitglieder dieses Parlaments aufgrund des allgemeinen und gleichen Wahlrechts bestimmt wurden. Da er jedoch befürchtete, dies nicht erreichen zu können, sah er als weitere Möglichkeit die "Parlamentarisierung des Bundesrats"[116], der zweiten Kammer, in welcher Preußen ein Vetorecht besaß.

Ganz besonders glaubte Weber die Politiker in den Schaltzentren der Macht treffen zu können, die sich durch Unfähigkeit und Anspruchsdenken, begründet in ihrer aristokratischen Herkunft, geistloser Übernahme kaiserlicher Gedanken und unreflektiertem Patriotismus auszeichneten.[117]

In den Rahmen Weberscher Verfassungskritik paßt auch sein Verlangen, Parteiführer, die leitende Staatsstellungen einnehmen wollten, nicht mehr zu zwingen, ihre Positionen als Repräsentanten ihrer Partei im Parlament aufzugeben. Dadurch konnten die Parteien nicht mehr über diese führenden Repräsentanten verfügen. Die Regierung erhielt Personen, die ihren parlamentarisch legitimierten Hintergrund verloren und keine ausgebildeten Kräfte der Staatsbürokratie darstellten. Die politische Neutralisierung wurde dadurch verstärkt, daß die Mitglieder der Regierung, um Einfluß bei Hofe zu erlangen, ihren parteipolitischen Ansichten zugunsten der des Kaisers und seiner Ratgeber abzuschwören hatten.[118]

IV.3.3.2. Max Webers Beurteilung der politischen Verhältnisse der Nachwilhelminischen Ära

Max Webers Äußerungen über die nachwilhelminische Ära waren durch seinen frühen Tod im Jahre 1920 nicht umfangreich. Trotzdem zeichnete er aufgrund einiger Äußerungen wie auch der Mitarbeit an der Weimarer Verfassung ein festgefügtes Bild von der zukünftigen Nachkriegspolitik. Dabei trug er der Tatsache Rechnung, daß das kaiserliche Deutsche Reich den Krieg verloren hatte.

Der Wandel in seinen Anschauungen dokumentiert sich vor allem in seiner Einstellung zur Monarchie. Bei diesem Thema entpuppte sich Weber als Pragmatiker. Er sah ein, daß eine Monarchie als traditionales Element von der Bevölkerung nicht mehr als legitim angesehen werden konnte. Auch die Landesdynastien konnten für den neu zu entwerfenden Föderalismus wegen ihrer nicht mehr ausreichend vorhandenen Legitimität vom Nachkriegsdeutschland nicht akzeptiert werden. Weber trat neben einer schon vor Ende des 1. Weltkriegs geforderten Parlamentarisierung des Reiches, um die übermächtige Stellung Preußens zu beenden, für einen vom Volk gewählten Reichspräsidenten ein.[119] Davon versprach er sich eine Gegenkraft zum parteienbeherrschten Parlament.

Der Reichspräsident sollte als "Führer" im Weber'schen Sinne fungieren, indem er seinen charismatischen Einfluß auf das vom Parlament gewählte und ihm verantwortliche Regierungskabinett wirken ließ. Hierzu gehört, daß der Reichspräsident verfassungsgemäß in die Lage versetzt werden sollte, den Kanzler auszuwählen, ein suspensives Vetorecht auszuüben, parlamentarische Untersuchungsausschüsse "auf Antrag einer Minderheit der Reichstagsabgeordneten"[120] einzusetzen, Initiativen wie Referenden auszugestalten[121] und das Parlament zum Zwecke seiner Neuwahl aufzulösen. Weber sah dementsprechend im Reichspräsidenten die vom Volk legitimierte Spitze von Armee und Verwaltung.[122]

Gleichwohl lehnte Weber eine dem US-Präsidentenamt vergleichbare Funktionsbeschreibung für den Reichspräsidenten ab. Er ging davon aus, daß einer deutschen Parlamentarismustradition nichts Vergleichbares entgegengestellt werden könnte.

Nach Webers Auffassung sollte sich das deutsche Volk als Träger deutschen Kulturgutes im harten Kampf mit den anderen Völkern weiterhin bewähren. Er hielt die deutsche Nation nach wie vor für besonders auserwählt. Ferner sah Weber die Bedrohung des Deutschen Reiches und der deutschen Kultur nicht im Westen durch England oder Frankreich, sondern im Osten durch Rußland.

Aus dieser Grundhaltung bewertete er 1918 auch das Ergebnis des für das Deutsche Reich verlorenen Ersten Weltkrieges: "Wir haben die angelsächsische Weltherrschaft vollendet, aber wir haben Schlimmeres abgewandt: die russische Knute; dieser Ruhm bleibt uns. Amerikanische Weltherrschaft war so unabwendbar wie die Roms nach dem Punischen Krieg."[123]

Daß gerade Max Weber diese Einstellung hatte, ist besonders verständlich, da seine wissenschaftlichen Auffassungen stark durch englische und französische Grundströmungen beeinflußt wurden.

IV.4. Friedrich Naumanns national-sozial geprägte Vorstellungswelt

IV.4.1. Die Naumannschen Betrachtungen der politischen Ziele eines Staates in der Wilhelminischen Ära

Friedrich Naumann erkannte in der Wilhelminischen Ära während seines national-sozial geprägten Lebensabschnittes das Phänomen Macht[1] als Meßlatte politischen Handelns an. Diesen Grundsatz verdeutlichte er, indem er eine auf Nationalismus begründete Außenpolitik befürwortete. Zweck der deutschen Außenpolitik sollte es sein, aus dem Deutschen Reich eine Großmacht zu machen. Daß dieser Wille zur Macht gleichzeitig eine Gefahr bedeuten könnte, erkannte Naumann. Diese mögliche Folge akzeptierte er, was seine Stellungnahme zur russischen Niederlage im Krieg gegen Japan 1904/05 verdeutlicht: "Selbstverständlich gibt es keine Ausdehnungspolitik ohne große Gefahr... Aber ohne solches Risiko gibt es überhaupt keine politische Größe."[2]

Auf dieser Haltung basierte sein Leitgedanke, daß die Außenpolitik das Primat der Politik darstelle. Sie schien ihm "wichtiger und folgenschwerer"[3] für den Staat als die Innenpolitik. Er appellierte an die Politiker, seine Vorstellungen zu berücksichtigen, "denn alle inneren Reformen, alle Freiheit, Gerechtigkeit, Wohlstand, Bildung sinken und brechen von dem Moment an, wo die Macht nach außen fällt."[4]

Eine so ausgerichtete Politik wäre nach Naumann nur dann realisierbar, falls alle Gruppierungen des Volkes den Staat und seine Führung akzeptierten und die Ziele ihrer Politik unterstützten. Das Gegenteil stellte hingegen Naumann besonders[5] bei den sozialdemokratischen Industriearbeitern und Handwerkern im Deutschen Reich fest. Er bemerkte bei den Anhängern der Sozialdemokraten, die besonders stark aus der Industriearbeiterschaft kamen, mangelnden Patriotismus. Naumann beurteilte diese Bevölkerungsgruppe: "Auch die Väter der Proletarier haben ihr Blut bei Leipzig, Königgrätz und vor Paris vergossen, aber die Proletarier sind weniger stolz auf das Blut ihrer Väter."[6] Durch ein mangelndes Bekenntnis dieser Industriearbeiter wie auch Handwerksgesellen sah Naumann die Wehrkraft und Kampfmoral des deutschen Volkes zusehends geschwächt, da er die Veränderungen in der Bevölkerungsstruktur bei seinen Überlegungen berücksichtigte: "In Zukunft bildet die proletarische Masse die Masse des Heeres..."[7]

Ausgangspunkt seiner Überlegungen war, die Integration der Arbeiterschaft und deren Harmonisierung im deutschen Volk voranzutreiben, ein Ziel, dem sich seiner Meinung nach alle anderen Teile der Innenpolitik zu verschreiben hätten.

IV.4.2. Friedrich Naumanns Analyse des politischen Systems des Wilhelminischen Kaiserreichs

Beschäftigt man sich mit der mangelnden Integration der Arbeiterschaft im Wilhelminischen Kaiserreich, so ist zunächst darzustellen, wie Naumann die damalige politische Lage sah. Aus diesem Blickwinkel heraus publizierte Friedrich Naumann 1909 den Aufsatz "Von wem werden wir regiert?"[8] Er lehnte es ab, diese Frage nur anhand des Verfassungstextes beantworten zu können, da er eine Diskrepanz zwischen dem Text und der Verfassungswirklichkeit feststellte.

Friedrich Naumann beantwortete deshalb die im Titel des Aufsatzes formulierte Fragestellung: "Wir werden regiert von denen, die dieses Gesetz zuerst gewollt haben, von denen, die es ausgearbeitet haben, und von der Mehrheit, die es dem vorhandenen Gesetzesbestande einverleibt hat."[9]

Analysiert man dieses Zitat im Hinblick auf die - parlamentarische - Mehrheit, ist zunächst zu untersuchen, wie Naumann den Prozeß der Mehrheitsbildung verstand. Er unterteilte die politischen

Machtgruppen in die Gruppe unpolitischer Menschen und in politische Organisationen. Je unbedeutender die politischen Organisationen und ihre Führer sind, desto mehr wird von den Unpolitischen entschieden, "welche zwar das Wahlrecht besitzen, aber sich um Politik nicht kümmern."[10] Friedrich Naumann subsumierte unter diesem Begriff eine, wie er schrieb, "sehr bunte Gesellschaft: Schöngeister, Faulpelze, Sportsleute, Arbeitsfanatiker, .Wirtschaftsschwache, Geistesschwache, Arme".[11] Er sah ihre Macht immer dann als gekommen, wenn bei zwei großen politischen Lagern die letzte Stimme den Ausschlag gibt. Je größer der Anteil der Unpolitischen, desto stärker ist ihr Einfluß auf die Lage, was besonders bei einem gespannten Sozialgefüge weitreichende Konsequenzen haben kann. Friedrich Naumann schrieb über diese Funktion der Unpolitischen: "Es gehört viel dazu, daß sie ins Rollen kommen, wenn sie aber einmal rutschen, dann ändert sich etwas im Staate."[12] An dieser Stelle ist zu vermerken, daß sich Naumann vor diesem Rutscheffekt fürchtete, der etwas Umwälzendes, Revolutionäres an sich hat. Friedrich Naumann begründete seine ablehnende Haltung gegenüber Revolutionen, "denn unser modernes industrielles Leben verträgt keine solchen Störungen...".[13]

Wie beurteilte Naumann die politischen Organisationen, die nach seiner Meinung über das Ausmaß des Einflusses der Unpolitischen auf die Mehrheitsbildung im Parlament und damit über die Macht entscheiden? Er vermißte bei den Parteien die richtungsweisende Politik, um die Masse der Unpolitischen zu politisch Interessierten zu machen. Daher sprach er ihnen die Fähigkeit ab, integrieren zu können, damit letztlich im Volk eine Meinungsbildung mit klarer politischer Richtung erzeugt wird. Erst eine Nation politisch Interessierter hielt er für mündig und fähig, sich an Abstimmungen zu beteiligen.

Nach Naumann warben zu viele Parteien um die Gunst der Wähler. Er erblickte einen großen Unterschied zwischen dem in politischen Reden manifestierten Grundsatzdenken und der praktischen Politik, die vom Zwang zum Kompromiß geprägt wurde. Die Möglichkeiten politischer Führung wurden ferner durch eine Träg-

heit innerhalb der Parteibürokratien, auf die die jeweiligen Parteiführer angewiesen waren, beschränkt. Naumann urteilte abschließend: "Noch ist unser Volk nicht so weit, politische Parteien zu schaffen, die groß genug sind, um einheitlich zu wirken."[14]
Da die parlamentarischen Mehrheiten aufgrund des großen, aber leicht zu manipulierenden Einflusses der Unpolitischen ein Machtvakuum hinterließen, blieb die Beantwortung der Frage, von wem das Volk im Wilhelminischen Reich regiert wurde, eindeutig. Er sprach von denen, die Gesetze wollten, und denen, die Gesetzesentwürfe ausarbeiten: Lobby und Bürokratie.[15]
Diese von Naumann stark kritisierte Verbindung von Lobby und Bürokratie wurde im Wilhelminischen Deutschland dadurch unterstützt, daß Reichskanzler wie auch die übrige Regierung weder de jure noch de facto vom Parlament berufen wurden.[16] Die politische Macht der Parteien wurde weiter gemindert. Die deutschen Parteien konnten außerdem ihre Aufgabe, die Industriearbeiterschaft in den Staat und in die Gesellschaft zu integrieren, nicht erfüllen. Naumann begründete das Phänomen mit dem in Jahrhunderten gewachsenen starken Wunsch - im Gegensatz zum englischen oder französischen Volk - eine monarchische Führung ohne wirksame parlamentarische Kontrolle haben zu wollen. Grundlage dieses Wunsches war das Verlangen, patriarchalisch regiert zu werden und zu regieren, was bis in die kleinste Soziogruppe Familie zu spüren war. Der Vater als patriarchischer Führer der Familie wollte einen monarchischen Führer im Staat.[17]
Der Grund dieser sozialpsychologischen Tendenz lag in der agrarisch-konservativ strukturierten deutschen Volkswirtschaft, eine Meinung, die Naumann ausdrücklich mit den Sozialdemokraten teilte.[18] Genau dies stellte den Ansatzpunkt Naumannscher Überlegungen dar. Die deutsche Volkswirtschaft befand sich im Wandel zur industriekapitalistischen-, was, wenn auch behutsam, Korrekturen der Rolle des Monarchen im deutschen Volk bedeuten mußte. Der Grund lag in dem durch die industrielle Revolution geschaffenen Stand der Industriearbeiterschaft, der sich nicht mehr vom konservativ-agrarisch geprägten Machtzentrum Lobby und

Bürokratie, repräsentiert zunächst durch Bismarck, dann durch Wilhelm II., integriert fühlte. Beide Personen haben ihrerseits aufgrund ihrer ablehnenden Haltung zur Industriearbeiterschaft als neuem politischen Machtfaktor für die mangelnde Integration der die Sozialdemokratie wählenden Deutschen beigetragen.

Bismarck verwirktlichte zwar mit der Einführung des damaligen Sozialversicherungssystems sozialpolitische Vorstellungen, die für die damalige Zeit äußerst fortschrittlich waren und auch Anhängern der Sozialdemokratie zugute kamen. Mit dieser Politik strebte Bismarck nach Naumanns Meinung[19] jedoch politisches Wohlverhalten oder zumindest politische Abstinenz der Industriearbeiterschaft wie auch von Teilen des Handwerks an. Diese Bevölkerungsteile stellten die Hauptwählerschaft der Sozialdemokratie dar. Um die Macht dieser Parteigruppierung in den Parlamenten zu minimieren, formte Bismarck "das Kartell der Ordnungsparteien, in dem Konservative und Nationalliberale sich zu Machtpolitik, zu Zollpolitik, sozialer Politik und Sozialistengesetz vereinigten".[20] Entscheidend unterstützt wurde diese Tendenz durch das in Preußen noch geltende Dreiklassenwahlrecht, für dessen Abschaffung zugunsten des allgemeinen und gleichen Wahlrechts sich Naumann einsetzte.[21]

Diese Forderung Naumanns war sehr einschneidend für das Deutsche Reich, da im damaligen Preußen die großen industrialisierten Gebiete von Rhein und Ruhr lagen. Außerdem stellte Preußen aufgrund der kleindeutschen Lösung die beherrschende Macht unter den Bundesstaaten dar, was durch seine Stellung im Bundesrat deutlich wird.[22] Friedrich Naumann kritisierte die seiner Meinung nach unangemessen starke Stellung der Konservativen, besonders vom "großgrundbesitzenden Adel"[23] und forderte eine stärkere Entscheidungsbefugnis für Arbeiterschaft wie Bürgertum.

Bismarck erreichte das Gegenteil des von Naumann innenpolitisch angestrebten Zieles. Der Kanzler gründete seine Innenpolitik auf das Bündnis von "Großgrundbesitz und Großindustrie"[24] und konnte die bevölkerungsstrukturellen Veränderungen nicht berücksichtigen. Die durch die industrielle Revolution entstandene

Industriearbeiterschaft sollte keine Beteiligung an der politischen Macht erhalten.

Die "konservativ-agrarisch-strukturierte"[25] Politik Bismarcks, wie sie von Naumann bezeichnet wurde, fand in der Innenpolitik Kaiser Wilhelms II. ihre Fortführung. Auch der junge Monarch verfolgte nach anfänglicher Verständigungsbereitschaft gegenüber der Sozialdemokratie eine Politik, die den bevölkerungsstrukturellen Veränderungen seines Volkes nicht Rechnung trug. Zu jener Innenpolitik kam eine unausgewogene und in einem emotionellen Stil vorgetragene Außenpolitik des Kaisers.

Aus diesen Gründen charakterisierte Naumann den Kaiser als einen "Monarch alten Stils"[26]. Er "trägt immer eine Uniform und spricht von den Heldentaten seiner Ahnen, ist Soldat mit Pauken und Trompeten... Wir lieben Glanz und Flimmer nach der Arbeit, aber nicht in der Arbeit".[27] Friedrich Naumann ging in seiner Beurteilung so weit, Wilhelm II. den "tieferen Lebensernst"[28] abzusprechen. Folgerichtig sah er den Kaiser als potentielle Gefahr für das Reich bei einer eventuellen kriegerischen Auseinandersetzung. Er wünschte sich einen Monarchen, der, um diese Herausforderung zu meistern, charismatische Züge haben müsse.[29]

IV.4.3. Friedrich Naumanns "germanische Demokratie" in der Wilhelminischen Ära

Friedrich Naumann befürchtete, ein unbefriedigend integriertes deutsches Volk könne das Ziel einer machtvollen Außenpolitik, die Vorbedingung für die weltpolitische Rolle des Deutschen Reiches war, nicht erreichen. Er entwarf das Bild einer Regierungsform, die er die "germanische Demokratie"[30] nannte. Grundlage dieser Überlegungen stellte für ihn das Begriffspaar "Demokratie und Kaisertum"[31] dar, mit dem er den damaligen bevölkerungsstrukturellen Gegebenheiten im Volke gerecht werden wollte: dem Wandel der Stände- zur Massengesellschaft. Wie beurteilte Naumann die Demokratie als Modell einer neuen Regierungs-

157

form? Er lehnte eine naturrechtliche Begründung als "Quelle von einseitigen Konstruktionen und Sentimentalitäten"[32] ab und hielt sie daher "einer um Macht kämpfenden Volksbewegung"[33] nicht für würdig. Aber auch eudämonische Begründungen verneinte er: "Wir wollen, wenn wir Politik treiben, uns nicht einbilden, damit das Menschenglück aller einzelnen wesentlich zu erhöhen... Es dreht sich nicht um Glück, sondern um Pflicht gegen die Schicht, zu der einer gehört, und gegen das Volk, in das einer hineingeboren ist."[34]

Naumann betrachtete die Demokratie als Mittel, jede Schicht oder Klasse ihren Platz über den Stimmen- und Sitzanteil im Parlament selbst bestimmen zu lassen. Um die verschiedenen Schichten oder Klassen - hier besonders die Sozialdemokraten - voll zu integrieren, forderte Naumann Neubeginn in der Politik, die sich statt "konservativ-agrarisch"[35] nun "liberal-sozialistisch"[36] zu orientieren hätte.

Notwendig für die Integration der Sozialdemokratie wie auch für die Weckung politischen Interesses bei den Unpolitischen waren für ihn Politiker, die positiv und staatsbejahend waren. Naumann wünschte sich eine Addition aus einem "originellen, geistig überragenden 'Qualitätsmenschen' "[37] und einem "gebildeten und beherzten Tatmenschen".[38]

Daß diese Menschentypen die politische Bühne der Wilhelminischen Ära auch wirklich betreten, war nach Naumann nur erreichbar, wenn demokratische Verhaltensweisen im Volk wachsen können, eine parlamentarische Tradition entstehen kann.

Dem Willen zur Integration lag ebenfalls die von Friedrich Naumann angestrebte Gründung der "Deutschen Hochschule für Politik" zugrunde. Er ging davon aus, daß ein Politiker, um für ein Volk gerade in dieser entscheidenden Phase Verantwortung tragen zu können, über Kenntnisse auf dem Gebiet der Staatswissenschaft wie auch beispielsweise der Rhetorik verfügen müsse. Naumanns Überlegung basierte auf folgender Auffassung: "Politik ist nie ohne gelernte Bildung, aber sie selbst ist kein Wissen, sondern ein Können und Wollen."[39] Die Deutsche Hochschule für Politik sollte aber weniger eine Kaderschmiede unter Naumanns national-sozialem Banner darstellen. Er wünschte einen unparteiischen Lehrkörper, der Wissen praxisnah vermittelt und sich damit vom - nach Naumanns Meinung - theorieüberladenen Universitätsvorlesungsstil abhebt.[40] Damit glaubte er besonders die "Erziehung des Volkes zu staatsbürgerlichem Denken in liberalem, sozialem und nationalem Geiste"[41] beschleunigen zu können.

Der Ruf nach Demokratie beinhaltete den Angriff auf alle desintegrierenden Tendenzen im Wilhelminischen Staat. Naumann trat für die Abschaffung des Dreiklassen- und die Einführung des allgemeinen und gleichen Wahlrechts in Preußen ein.[42] Ferner billigte Naumann dem Kaiser das Ernennungsrecht für die Mitglieder der Reichsregierung zu. Das vom Volk gewählte Parlament sollte aber das Vorschlagsrecht haben.[43]

Naumanns Forderung hätte zur Folge gehabt, daß die Sozialdemokratie wegen ihres starken Stimmenanteils einen großen Einfluß bei der Bildung des Reichskabinettes besessen hätte. Deshalb wurde dieses Verlangen nicht nur von den Konservativen, dem Großkapital wie auch dem Großgrundbesitz attackiert. Auch das liberal wählende Bürgertum, gerade das für die Nationalliberalen votierende, fürchtete diese Konsequenz demokratischer Neuerungen.

Friedrich Naumann hingegen hielt sie für notwendig und richtig. Grund hierfür war seine Einschätzung der SPD-Wähler, die er "ausnahmslos zur Demokratie"[44] rechnete. Er bewertete den marxistisch geprägten programmatischen Teil des Erfurter Programms der SPD nicht als so bedeutend, um an der Verfassungstreue der Sozialdemokratie zu zweifeln. Jedoch verschwieg er nicht, was er an der Sozialdemokratie und ihren Wählern vermißte: "Eine schulmäßige Erfassung dessen, was Demokratie, Republik, Volksregierung ist und wie sie eingeführt werden kann, fehlt natürlich bei vielen sozialdemokratischen Wählern."[45] Friedrich Naumann war jedoch fest davon überzeugt, daß dieses nachgeholt werden könne.[46] Die Einschränkung der sozialdemokratischen Führungsfähigkeit für das Deutsche Reich wird ebenso im folgenden Zitat deutlich:

"Allerdings stellen sich dem Gedanken, die Sozialdemokratie als einen Bestandteil der führenden Majorität des Deutschen Reiches zu denken, große Schwierigkeiten entgegen. Der ganze Gedanke 'Deutsches Reich' ist in anderer Luft entstanden als in der Atmosphäre, aus der die Sozialdemokratie herausgeboren ist."[47] Naumann wollte die SPD nicht aus Menschenfreundlichkeit an die Machtzentren des Reiches lassen. Er brauchte, um eine Tendenzwende in der deutschen Politik zu ermöglichen, das politische Gewicht der Sozialdemokratie. Sie wollte er mit einer neuen, erstarkten linksliberalen Kraft addieren: "...weil wir an einen wirklichen und endgültigen Sieg des Liberalismus ohne die Masse, die Sozialdemokratie heißt, nicht glauben können".[48] Naumanns auf Machtdenken aufgebautes Konzept konnte dann realisiert werden, wenn die sozialdemokratischen Kräfte bei diesem geplanten Bündnis kein Übergewicht hätten, da ansonsten die SPD mit ihrer, von Naumann keineswegs gutgeheißenen, Politik obsiegen würde. Deshalb benötigte Naumann eine starke linksliberale Bewegung als Plattform seiner Vorstellungen für das Bündnis mit den Sozialdemokraten. Von dieser politischen Plattform waren aber die damaligen linksliberalen Parteien weit entfernt. Dauernde Spaltungen und mangelnde Organisation hatten sie nachhaltig geschwächt. Naumann forderte die Umstrukturierung der Linksliberalen in Richtung einer Massenpartei, die eine effektive Parteiorganisation haben sollte. Ferner wollte er darauf achten, daß Führungspersönlichkeiten nicht in ihrem Aufstieg durch diese Organisation behindert würden.

Die Arbeiten innerhalb des Parteiaufbaus sollten von Angestellten der Partei ausgeführt werden. Sie sollten die Partei von der örtlichen Ebene bis zur Spitze durchorganisieren und diesen Aufbau funktionsfähig halten. Besonderen Wert legte er auf die Parteifunktionäre der unteren Ebenen, von Naumann "Unterführer" betitelt. Sie sollten maßgeblich über den Erfolg der Parteiorganisation und über den der Partei insgesamt entscheiden, da diese Organisation integrativ für die Partei und deren Untergliederung bis zum einzelnen Mitglied arbeiten sollte.

Die von Naumann geforderte Abkehr vom Honoratorentum sollte auf dem Gebiet der Parteiorganisation durchgeführt werden, nicht aber bei der Elitebildung innerhalb der Partei. Hierzu sollte auch die Deutsche Hochschule für Politik beitragen.[49] Friedrich Naumann selbst sah die Realisierung seiner Vorstellungen als schwierig an: "Sachlich muß zugegeben werden, daß seit der Periode der großen politischen Professoren die Art des politischen Betriebes um vieles handwerksmäßiger geworden ist... Der Idealismus ist mit den Professoren abmarschiert."[50]

Die Richtungsänderung in der deutschen Innenpolitik sollte neben der Integration der Sozialdemokratie in den Wilhelminischen Staat die allgemeine soziale Besserstellung der unteren Schichten im Deutschen Reich verwirklichen. Dadurch erhoffte sich Naumann ein Aufblühen von Industrie, Handel und Landwirtschaft im Reich.[51]

Wiederholt man die von Friedrich Naumann gestellte Frage "Von wem werden wir regiert?" unter Berücksichtigung von Bürokratie und Lobby, so wird verständlich, daß er sich mit der Bürokratie als mögliche potentielle Gegenmacht der von Linksliberalen und Sozialdemokraten getragenen neuen Politik beschäftigte. Gemäß seinen Vorstellungen sollte die staatliche Bürokratie diese neue Politik unterstützen. Die Lobby vergaß er in diesem Kräftespiel nicht. Jedoch stand für Naumann fest, daß eine Staatsführung diese Interessenvertiefungen nur mittelbar beeinflussen kann. Die Bürokratie ist aber zumindest de jure weisungsgebunden gegenüber Regierung, Monarch oder Parlament. Ferner bestimmten die bevölkerungsstrukturellen Veränderungen Deutschlands vom Stände- zum Massenstaat Naumanns Überlegungen. Auch im staatlichen Bereich konnten Großbetriebsbildungen beobachtet werden, wodurch die Aufgaben wie Funktionen und damit die Macht der Bürokratie vermehrt wurden.[52]

Zunächst beschäftigte er sich mit der Thematik einer umfangreich gewordenen Staatsbürokratie. Naumann stellte fest, daß ihre Regierbarkeit durch ein klares Über-/Unter- Ordnungsverhältnis mit einer Persönlichkeit an der Spitze dieser Hierarchie besser zu realisieren sei als durch ein kollegiales Führungssystem. Dabei müsse die Persönlichkeit sowohl in der Bürokratie als auch im Volk über soviel Gewicht verfügen, daß hierdurch der "Großbetrieb Staatsbürokratie" regierbar bleibt. Da jedoch das Deutsche Reich patriarchalisch strukturiert war, kam für Friedrich Naumann für diese Funktion nur der Patriarch aller deutschen Patriarchen, der Kaiser, in Frage. Wäre diese sozialpsychologische Voraussetzung für die Monarchie nicht mehr gegeben gewesen, hätte sich Naumann für die Abschaffung der Monarchie ausgesprochen. Ebenso hielt er eine rein republikanische Verfassungsform nur dort für richtig und durchführbar, "wo ein Volk sich in seinen privaten Angelegenheiten republikanisiert hat und diesen Zustand treu bewahrt."[53] Naumann hielt aber aufgrund des Umfangs der Bürokratie den Monarchen nicht mehr in der Lage, diese Führungs- und Kontrollfunktion voll auszufüllen. Daher spricht der Monarch nicht mehr Recht, sondern die Rechtsprechung tut dies "im Namen des Königs".[54] Ebenfalls regiert der Monarch nicht mehr, sondern es wird in seinem Namen regiert. Der Monarch sucht sich einen "Geschäftsführer des Staates", den Reichskanzler.

Theoretisch wäre es nach Naumann möglich, daß der Monarch immer eine "glückliche Hand" in der Auswahl der Person für das Kanzleramt hat.[55] Am Beispiel Wilhelms II. erkannte er hingegen, daß eine "unglückliche Hand" des Monarchen dessen Stellung untergraben könnte, was er im Falle Deutschlands mit seiner patriarchalischen Struktur vermeiden wollte.[56] Aus diesem Grunde trat er dafür ein, dem Monarchen die politische Verantwortung zu nehmen. Naumann forderte, daß der Monarch dem Parlament, wie in Großbritannien, das Vorschlagsrecht einräumt.[57] Durch diese Vorgehensweise wird der patriarchalischen Struktur des deutschen Volkes Rechnung getragen. Ein oberster Führer kann unangefochten entscheiden. Damit er aber nicht die Legitimität seiner Handlungen verliert und seine Führerrolle gefährdet, trägt das vom Volk gewählte Parlament die politische Verantwortung mit.

Friedrich Naumann sah im Kaiser "weniger eine reale Macht als eine mystische, außerordentliche, letztgültige Größe; er war das historische, traditional-charismatische Element des Staates... Das Charismatische in der Monarchie lag...mehr auf dem Amt als auf der Person des Monarchen".[58] Was die Berufung zum Monarchen angeht, so sprach sich Naumann für ein Wahlmonarchentum aus, obwohl er es in absehbarer Zeit nicht für realisierbar hielt und deshalb als politischer Praktiker vom Erbmonarchentum ausging. Er war für "ein freies, traditionsloses Volksoberhaupt"[59], einen Präsidenten mit Krone und Zepter. Gegen Ende des Weltkrieges schien er jedoch seine Meinung geändert zu haben. Er hob den Vorteil des Erbkaisertums heraus. Der Monarch könne aufgrund seiner Erziehung teilweise besser bei der Ernennung des Kanzlers entscheiden als ein Wahlkaiser.[60]

Dies setzt natürlich ein politisch reifes Volk voraus, das fähige Führungskräfte besitzt. An diesem Punkt setzt die Aufgabe der Demokratie ein, integrativ zu wirken und eine parlamentarische Tradition aufzubauen.

Durch das Zusammenwirken von Demokratie und Kaisertum wollte Naumann den modernen Industriestaat aufbauen. Dieser Staat, von ihm "Volksstaat"[61] genannt, zeichnet sich durch eine starke Integration der Bevölkerungsteile aus.

IV.4.4.4. Friedrich Naumann zu ausgewählten politischen Themen in der Wilhelminischen Ära

Der Pragmatiker Friedrich Naumann, der in seiner national-sozialen Periode sowohl Reichstagsabgeordneter[62] wie auch politischer Publizist war, hielt es für nötig, sich in Politik und Zeitgeschehen zu engagieren.

Aufgabe dieses Abschnittes soll es sein, exemplarisch soziologisch-politologische Teilbetrachtungen Friedrich Naumanns herauszugreifen.

Was die Wirtschaftspolitik angeht, ist eine starke Veränderung der Zielformulierungen wie auch der Lösungsvorschläge, verglichen zu seiner christlich-sozialen Periode, festzustellen. Während er mit der Wirtschaftspolitik in seiner christlich-sozialen Zeit die Armen und Unterdrückten im Sinne der Bergpredigt Christi unterstützen wollte, diente sie ihm in seiner national-sozialen Phase als Oberbegriff des politischen Wirkens, der machtvollen Außenpolitik, eines nach Weltmacht strebenden Deutschlands.

Friedrich Naumann sah die Nationen in einem immerwährenden Kampf, der zwischen den Volkswirtschaften der verschiedenen Völker mit dem Produktionsfaktor Arbeit ausgetragen wird. Er gab diesem Produktionsfaktor die entscheidende Rolle, da er ihn als den einzig vermehrbaren ansah - eine Feststellung, die heutigem volkswirtschaftlichen Denken entgegenläuft. Dementsprechend hielt er eine Nation mit großen Bevölkerungszuwachsraten für den Machtkampf der Völker besonders geeignet.

Das totale Vernachlässigen des Produktionsfaktors Kapital erklärt sich aus der geringen Rolle, die die Geld- und Kreditpolitik des Staates, die Notenbank, der Geschäfts- wie der Nichtbankensektor in Naumanns Überlegungen spielten.

Er wollte aber keine wachstumstheoretische wie -politische Diskussion führen, sondern mit dem 1906 veröffentlichten Aufsatz "Neudeutsche Wirtschaftspolitik" "ein Lesebuch für deutsche Menschen"[63] schreiben. In dieser Abhandlung ging Naumann, als er das Material für diese Arbeit sammelte, von der Tatsache aus, das Deutsche Reich habe zu jener Zeit einen Geburtenüberschuß von jährlich 800 000 Menschen. Er extrapolierte diese Zunahme der Deutschen auf das Jahr 1925 und versuchte diesen Bevölkerungszuwachs in einen wirtschaftspolitischen Maßnahmenkatalog einzubauen. Dies hielt er für notwendig, da er die Vermehrung des deutschen Volkes zwar befürwortete, aber auch immense Versorgungsprobleme auf die deutsche Volkswirtschaft zukommen sah.

Die starke Bevölkerungszunahme der Deutschen endete schon ein Jahr nach der Veröffentlichung der "Neudeutschen Wirtschaftspolitik". Naumann registrierte dies auch und war über diese Entwicklung unglücklich, weil er dadurch die von ihm gewünschte zukünftige Rolle des deutschen Volkes gefährdet sah. Trotzdem sind seine Lösungsvorschläge näher zu beleuchten aufschlußreich.

Da das Bevölkerungswachstum für ihn den Quell der volkswirtschaftlichen Prosperität darstellte, ferner aber auch weibliche Arbeitskräfte von der Volkswirtschaft nachgefragt wurden, forderte er frauenspezifische Arbeitsplätze.

Seine Thesen vom Bevölkerungswachstum mußten die Sozialdemokraten auf den Plan rufen, die sich den Lehren von Thomas Robert Malthus (1760-1834) und dem darauf aufgebauten "ehernen Lohngesetz" von Ferdinand Lassalle verschrieben hatten. Sie verneinten die Möglichkeit, die neuen Bevölkerungsmassen ernähren zu können.

Friedrich Naumann indes glaubte mit einer Politik des offenen Welthandels dieses Problem lösen zu können. Er ging bei seinen Überlegungen davon aus, daß Deutschland seine große Bevölkerung nicht selbständig mit Nahrungsmitteln versorgen könne. Um die Nahrungsmittelimporte finanzieren zu können, müßten die notwendigen Devisen mit Exporten verdient werden. Deutschland könne aber keine Rohstoffe exportieren, da es über keine ausreichenden Vorkommen verfügte. Deshalb müsse es Rohstoffe importieren, um sie nach ihrer Ver- oder Bearbeitung zu Fertigfabrikaten wieder exportieren. Andere Völker würden diese Produkte aber nur dann abkaufen, wenn diese besser sind als diejenigen, welche sie bisher gekauft hatten. Naumann forderte daher die Produktion von qualitativ hochstehenden deutschen Gütern und Dienstleistungen.

Die Forderung nach Qualitätsarbeit begründete er aber nicht nur außenwirtschaftlich, sondern auch wirtschaftsstrukturpolitisch. Er ging davon aus, daß die neuen Bevölkerungsmassen nur in der Industrie beschäftigt werden könnten, da die Landwirtschaft keine große Wachstumsmöglichkeit aufwies.

Die stärkere Industrialisierung bewirkte eine weitere Vermassung der Gesellschaft, eine Begründung auch dafür, daß Friedrich Naumann einen Wandel in der deutschen Innenpolitik vom Konservativ-agrarischen weg und hin zum Linksliberal-sozialdemokrati-

schen befürwortete. Deshalb trat er für eine Produktionsweise ein, die das Individuum berücksichtigt und denkende Persönlichkeiten statt menschlichen Roboter benötigt.[64]
Daneben beschäftigte er sich mit dem Problem, die notwendigen Lebensbedürfnisse der wachsenden Bevölkerung zu befriedigen. Besonders nahm er sich der Thematik der Wohnraumbeschaffung an. Es war eines der großen Problemkomplexe der deutschen Massengesellschaft, da die Industriealisierung eine Landflucht bewirkte. Die Ballungsgebiete verfügten jedoch nicht über genügend Wohnraum. Ferner befürchtete er durch eine zu starke Massierung der Ballungsgebiete eine Vereinsamung des Individuums und daraus folgend ein Sinken der Produktivität der Industriearbeiterschaft. Friedrich Naumann schrieb hierzu exemplarisch: "Wie klein ist insbesondere die Erlebniswelt eines Großstadtkindes, das ohne Zusammenhang mit der Natur...aufwächst!"[65]

Er forderte die Dezentralisation der deutschen Industrie und trat für eine aktive Regionalstrukturpolitik ein. Naumann schlug, Überlegungen des Vorsitzenden des Bundes für Bodenreform, Adolf Damaschke, aufgreifend vor, über Bodenreformen den Industrien Baugrund zuzuteilen, um auch die Arbeitnehmer auf dem flachen Land seßhaft zu machen. Dadurch wäre nicht nur für Wohnraum gesorgt. Die Identität der Arbeitnehmer wäre erreichbar und die Landflucht wie in Ostelbien, unterstützt durch den "Fideikommiß", gebremst.

Friedrich Naumann kehrte hiermit den Prinzipien der liberalen Wirtschaftspolitik des "laissez-faire" den Rücken und bekannte, daß dort, wo der Mensch aus soziologischen wie psychologischen Gründen beschützt werden müsse, andere Wege des Wirtschaftens in der Volkswirtschaft begangen werden müßte.[66] Durch diese Änderung liberaler Positionen sollte jedoch letztlich die Stärkung der Volkswirtschaft erreicht werden.

Was die allgemeine Rolle des Staates im Rahmen der Volkswirtschaftspolitik angeht, so wandte sich Naumann von der individualistischen Sicht des Liberalen Adam Smith ab.[67]

Naumann ging von diesem "liberalen Ideal einer weitgehend staatsfreien Wirtschaft"[68] ab. Er glaubte, durch die neuen Aufgaben wie beispielsweise eine aktive Siedlungspolitik habe der Staat eine Führungsposition für das Volk übernommen, um letztlich eine machtvolle Außenpolitik der Regierung zu ermöglichen. Diese Funktion wird jedoch nicht im "luftleeren Raum" ausgeübt. Die Wirtschaftssubjekte organisieren sich in der Massengesellschaft in wirtschaftlichen Interessenverbänden und versuchen im Wettstreit mit anderen Verbänden Macht zu gewinnen. Die einzelnen Mitglieder bemühen sich durch ihre Verbände, ihre Vorstellungen von der Politik des Staates gegenüber den anderen Wirtschaftssubjekten der Volkswirtschaft durchzusetzen. Letztendlich glaubte Naumann daran, daß die in den Verbänden Organisierten den Staat funktionsfähig zu erhalten haben. Dafür habe aber der Staat wiederum die Aufgabe, durch seine Politik diejenigen, die ihn tragen, in ihrer Erwerbsmöglichkeit zu unterstützen.[69]

Im sozialpolitischen Bereich forderte Naumann, daß der Staat sich nur auf die Hilfe zur Selbsthilfe der Bürger beschränken sollte. Nur die untersten Arbeitnehmerschichten wollte er von der Begrenzung staatlicher Hilfe ausnehmen. Die in Not Geratenen sollten dadurch in die Lage versetzt werden, die Sozialunterstützung nicht mehr zu benötigen. Das entlastet den Staat und stärkt im Menschen die Selbstverantwortlichkeit des eigenen Tuns. Der Staat übernimmt nicht die Verantwortung von der Geburt bis zum Tode des Staatsbürgers, sondern soll nur der Helfer in der Not sein. Hierdurch wird der mündige wie staatsmittragende Bürger gefördert und gefordert, Eigenverantwortung statt Anspruchsdenken gegenüber dem Gemeinschaftswesen zu empfinden. Diese integrative Wirkung wird durch Naumanns Vorschlag verstärkt, die von Bismarck geschaffenen Sozialversicherungen der Selbstverwaltung der Arbeitnehmer zu unterstellen.[70]

Die Harmonisierung der Arbeitnehmer, und hier speziell die Industriearbeiterschaft und deren ökonomische Besserstellung zum Zwecke der Stärkung des Deutschen Reiches, fand ebenfalls Eingang in Naumanns Überlegungen zum Verhältnis Arbeitgeber-Arbeitnehmer. Zunächst trat er dafür ein, die Bedingungen des Arbeitsverhältnisses aufgrund der bevölkerungsstrukturellen Gegebenheit der Massengesellschaft nicht mehr zwischen dem Arbeitgeber und Arbeitnehmer einzelvertraglich zu regeln, sondern über die jeweiligen Verbände als Tarifvertragsparteien. Hierdurch erscheint der Arbeitnehmer nicht mehr als Bittsteller gegenüber dem in der Massengesellschaft allmächtig erscheinenden Betrieb. Besonders traf dies für die Industrie zu. Der Arbeitnehmer, vor allem der Industriearbeiter, wird zum gleichberechtigten Partner und damit Mitträger der Volkswirtschaft.[71]

Ebenso plädierte Friedrich Naumann für den Gedanken der Partnerschaft auf der Einzelbetriebsebene. Er sah den vom selbständigen, patriarchalisch regierenden Chef geführten Betrieb der Vergangenheit zugehörig. Begründet sah er dies in der immer stärkeren Mechanisierung der betrieblichen Produktionsprozesse. Er begrüßte diese Entwicklung. Jedoch vergrößerte sich der Kapitalbedarf dadurch explosionsartig. Deshalb prophezeite er eine immer stärkere Beeinflussung der Industriebetriebe durch die Kreditinstitute, die auch vor der Geschäftspolitik der Betriebe nicht Halt macht.

Als Folge dieser Entwicklung sah er die Würde des Arbeitnehmers, den innerbetrieblichen Interessenausgleich, personifiziert durch das persönliche Verhältnis Arbeitgeber - Arbeitnehmer in den Handwerkszünften der ständisch strukturierten Gesellschaft, dargestellt durch "Meister - Geselle", nicht mehr gewährleistet. Friedrich Naumann verlangte einen sogenannten "Betriebsparlamentarismus".[72] Er forderte ein von den Arbeitnehmern gewähltes Gremium mit besonderer Gewichtung des Industriearbeiters. Das Betriebsparlament sollte über die Menschenwürdigkeit der Arbeitsbedingungen der Arbeitnehmer wachen. Damit versuchte er die Frage zu beantworten: "Wie werden Industrieuntertanen zu Industriebürgern?"[73]

Sozialistischen wie marxistischen Tendenzen zur Verstaatlichung der Produktionsmittel wie auch der Beendigung der Entscheidungskompetenz für die Anteilseigner widersprach Naumann dagegen klar. Die Freiheit über die Gestaltung des Betriebsablaufs wollte er beim Betriebsinhaber beziehungsweise seinem Beauftragten belassen und keine Demokratisierung der Entscheidungsprozesse zulassen. Er glaubte hierdurch zu vermeiden, daß bestimmte Arbeitnehmergruppen in den Betrieben durch die Gewerkschaften bevorzugt werden könnten. Was Naumann hingegen anstrebte, war die Bildung eines "Betriebspatriotismus".[74] Damit hoffte er, die Integration der Arbeiterschaft zur Bildung eines speziellen Betriebszugehörigkeitsgefühls zu erreichen.

Aus dieser Blickrichtung heraus wird deutlich, welche Aufgabe Friedrich Naumann der Industriearbeiterschaft zumaß. Zunächst sollte sie sich innerhalb des marktwirtschaftlichen Systems ihre ökonomische Existenz erarbeiten, wobei sie besonders auf die "technische, geistige und moralische Leistungsfähigkeit ihrer einzelnen Mitglieder"[75] zu achten habe. Ferner müsse sie ihre Gewerkschaftsbewegung ausbauen, um ein Gleichgewicht zur Arbeitgeberseite bei Lohnverhandlungen bilden zu können. Schließlich soll die Arbeiterschaft durch größere Konsumausgaben die gesamtwirtschaftliche Nachfrage erhöhen und die Staatsbürgerrechte im Rahmen des Parlamentarismus voll ausschöpfen können.

IV.4.5. Friedrich Naumanns Verteidigung der Politik des Deutschen Reiches am Ende des Ersten Weltkriegs

Friedrich Naumann schrieb 1917 den Aufsatz "Die Freiheit in Deutschland". Um den Inhalt richtig interpretieren zu können, muß berücksichtigt werden, in welcher Lage das Deutsche Reich im dritten Kriegsjahr war.

Das Frühjahr 1917 war vom Kriegsgeschehen her zwiespältig für das Reich verlaufen. Der Zar im damaligen Petrograd dankte im März 1917 ab. Die Provisorische Regierung übernahm die Macht.[76] Dies ließ eine Schwächung des Gegners an der Ostfront erwarten. Jedoch erklärte die USA den Krieg an Deutschland im

April 1917 und wurde dadurch offiziell Kriegsgegner der Deutschen an der Seite Frankreichs und Großbritanniens.[77] Naumann befürchtete einen noch stärkeren militärischen Druck auf die Westfront. Da dieser Frontabschnitt immer größere Entbehrungen von der Bevölkerung forderte, waren die Lasten nur durch ein in den Kriegszielen geeintes Volk zu tragen.

Die SPD, eine der entscheidenden Größen bei den Reichstagsabstimmungen, ließ aber den Willen zum Frieden erkennen, wobei sie diesen "ohne Annexionen und Entschädigungen"[78] zu erreichen suchte. Getragen von einem zunehmenden Druck der Parteibasis wurde sie deshalb in der Frage der für die Fortführung des Krieges notwendigen Kreditbewilligungen zum unsicheren Faktor.

Parallel zu diesen Vorgängen führten die USA, Großbritannien und Frankreich eine Propagandaoffensive gegen das deutsche Verfassungssystem und ihre Repräsentanten. Sie beschrieben die deutsche Regierungsform als undemokratisch und warfen ihr die Mißachtung von Grund- und Bürgerrechten vor.

Friedrich Naumann sah sein Vaterland in Gefahr und begann dieses Verfassungssystem, dem er bisher skeptisch bis ablehnend gegenüberstand, in Anbetracht der Gefahr von außen, zu verteidigen. Er erinnerte an Traditionen der deutschen Geschichte, um zu beweisen, daß Deutschland letztlich sogar freiheitlicher und demokratischer gesinnt war als die Feinde im Westen. Naumann sah im Gegensatz zu Großbritannien im Deutschen Reich die "untersten Schichten der Bevölkerung in die Wählerlisten"[79] aufgenommen und damit integriert. Er beurteilte die britische Verfassungsrealität als undemokratischer als die des Deutschen Reiches.[80]

Das britische Regierungssystem charakterisierte er als "halbverborgenes"[81], was aufgrund der Wortwahl die Ähnlichkeit zum halbkonstitutionellen Regierungssystem des Deutschen Reichs aufzeigen sollte. Friedrich Naumann verteidigte dementsprechend auch die Stellung des Deutschen Kaisers in der Verfassung und war bereit, ihn in seiner Funktion im Gewaltenteilungsaufbau zu verteidigen, damit Deutschland seine Freiheit behält.[82] Friedrich Naumann glaubte, mit seiner Verteidigung der verfassungspolitischen Realitäten in Deutschland der ausländischen Presseoffensive an Wirkung nehmen zu können, um dadurch die Siegeszuversicht der deutschen Nation als eine Voraussetzung zur Bewältigung dieser für ihn entscheidenden Phase zu stabilisieren.

Gleichwohl bedeutete dies nicht die Unterstützung der Person Wilhelms II. Er kritisierte indirekt, daß Wilhelm II. weiterhin keine Persönlichkeit zum Kanzler ernennt, die das Vertrauen des Volkes genießt, wie es in Großbritannien üblich war.[83] Naumann unternahm eine eher vordergründige Kehrtwendung. Tatsächlich jedoch blieb er seinen früheren Thesen treu, nämlich der Schaffung der germanischen Demokratie und dem Primat der Außenpolitik.

IV.4.6. Friedrich Naumanns Vorstellungen über das Ziel des deutschen Staates und seiner Politik in der Nachwilhelminischen Ära

Werden Naumanns Vorstellungen über das Ziel des deutschen Staates und seiner Politik in der Nachwilhelminischen Ära - als die Nachwilhelminische Ära wird die kurze Zeitperiode von der Abdankung Kaiser Wilhelms II. im November 1918 bis zur verfassungsmäßigen Grundsteinlegung der Weimarer Republik und der Beginn ihrer politischen Realisation 1919/20 verstanden - analysiert, sind Naumanns persönliche Lebensdaten zu berücksichtigen. Er starb nur ein Jahr nach Kriegsende, am 24. August 1919. Er blieb jedoch seinen soziologisch-politologischen Vorstellungen auch nach der Abdankung Wilhelms II. treu, auch wenn er diese den politischen Änderungen anpaßte.

Nach wie vor zergliederte er die Deutschen als ein patriarchalisch strukturiertes Volk. Gegenüber dem Zustand vor dem Weltkrieg hatte sich jedoch eine wichtige Veränderung im Volk vollzogen. Der Krieg verpflichtete jeden Deutschen, alles in seinen Kräften stehende zu tun, um für den Sieg seiner Nation zu arbeiten. Friedrich Naumann betrachtete den Krieg als Katalysator, der den Prozeß der Integration Deutschland zum Volksstaat beschleunigte. "Aus Untertanen werden Staatsbürger, im Frieden langsam, im Krieg schnell."[84]

Die Frage der gewünschten Staatsform stellte sich für Naumann nicht mehr. Der Grund lag in einer überaus schnellen und für viele Deutsche nicht im voraus abschätzbaren Niederlage der deutschen Truppen wie auch der Verbündeten, verknüpft mit der politischen Konsequenz der Abdankung Wilhelms II. Die Abwendung von der Monarchie war eine der von den Gegnern an der Westfront diktierten Voraussetzungen für einen Waffenstillstand.

Wie sehr die militärische Niederlage Friedrich Naumann überraschte, zeigt, daß er noch am 22. Juli 1918 einen Kriegserfolg Deutschlands erwartete.[85] Am 28. September 1918, also drei Monate später, erfuhr er, General Erich Ludendorff (1865-1937) verlange die Abdankung des Kaisers, ohne die keine Waffenstillstandsverhandlungen mit den Kriegsgegnern an der Westfront beginnen könnten. Diese Forderung der Westmächte, die vom Militär nun akzeptiert worden war, machte die Überraschung zu einem Schock.[86] Daher sah der pragmatisch denkende Naumann die Demokratie ohne den Kaiser an der Spitze des Staates als gegeben an und akzeptierte sie. Er glaubte als verantwortungsvoller Politiker seinem Volke diese Einsicht schuldig sein zu müssen. Gleichwohl beharrte er auf seiner soziologischen Analyse des deutschen Volkes mit seiner patriarchalischen Struktur und seiner mangelnden demokratischen Tradition. Er schrieb: "Das, was jetzt bei uns geschieht an Verfassungsänderungen, ist etwas, was nach menschlicher Wahrscheinlichkeit irgendeinmal sowieso gekommen wäre."[87] Das entspricht seiner früheren Argumentation, in der er das Ende der Monarchie dann erwartete, wenn sie nicht mehr "lebensfähig und notwendig"[88] ist. Entscheidend fügte er, bezogen auf die Demokratie, an: "Ob sie die beste Form aller menschlichen Möglichkeiten ist, das werden...Götter beurteilen können."[89] Aus diesem Blickwinkel ist seine emotionell motivierte Einstellung gegenüber der glücklosen und kurzlebigen Regierung Max von Badens (1867-1929) anzusehen. Mit ihr glaubte er seinen alten Traum verwirklicht zu sehen. So waren seine Forderungen nach allgemeinem, gleichem Wahlrecht in Preußen, ebenso wie das Besetzen der Regierungsspitze durch einen Vertreter der Monarchie und seine Zusammenarbeit mit Sozialdemokraten, Zentrum und Gewerkschaften erfüllt. Naumann folgerte: "Der eine als Deputierter Seiner Majestät, die anderen als Deputierte der Massen, und sie gaben sich die Hände: Demokratie und Kaisertum."[90]

Friedrich Naumann, der eine machtvolle Außenpolitik für Deutschland bejahte und den Krieg als Mittel zum Zweck ansah, stellte sich die Frage, wie es möglich war, daß sein Vaterland, sein Volk, dem er eine wichtige Rolle in der Weltpolitik prophezeite, den Krieg verlieren und damit seine große Zukunft verspielen konnte.

Dem deutschen Militär konzedierte er einen technisch gut geführten Krieg. Die Niederlage begründete er mit einem mangelhaft integrierten Volk, das nicht genügend auf den Sinn und Zweck des Krieges und seine Führung eingeschworen werden konnte.[91] Grund dieses Mangels stellte für ihn die Bismarcksche Verfassung dar: "Ich will nicht sagen, daß das Gesamtresultat schlecht war, aber es war psychologisch nicht befriedigend für das Volk...im Volk blieb ein Etwas übrig, was nun im Kriege erst ganz zum Bewußtsein kam: Wer regiert uns denn eigentlich?"[92]

Als integrierendes Element erkannte er die nicht parlamentarisch kontrollierte Staatsbürokratie. Sie konnte sich als ernsthafter Konkurrent zum Parlament etablieren und durch diese starke Rolle den Parteienstreit verstärken. Hierdurch sank das politische Gewicht des Parlaments. Die Bürokratie nutzte dieses dadurch entstandene Machtvakuum.

Eine weitere desintegrierende Kraft maß er dem - heute noch in Frankreich gültigen - Wahlsystem zu. Erreicht beim ersten Wahlgang kein Kandidat die absolute Mehrheit, sprechen sich die beim zweiten Wahlgang nicht mehr vertretenen Parteien wie Kandidaten meist für einen der beiden Kandidaten aus, der die meisten Stimmen auf sich vereinigen konnte. Es folgt eine generelle Spaltung des Volkes in zwei Lager. Friedrich Naumann forderte daher ein Mehrheitswahlrecht nach englischem Muster, bei dem der Kandidat, der im ersten und einzigen Wahlgang die meisten Stimmen auf sich vereinigt, ins Parlament einziehen kann.[93] Aber auch die desintegrierende Kraft der nichtvorhandenen Minister- und Kanzlerverantwortlichkeit gegenüber der Volksvertretung zählte Naumann als Grund des kriegerischen Mißerfolgs Deutschlands auf, da dadurch die Parteien im Parlament nicht gezwungen waren, eine konsenshafte, staatstragende Politik mehrheitlich zu tragen.[94]

Subsumierend beurteilte Friedrich Naumann die Monarchie als eine Regierungsform, die, wie sie im Deutschen Reich praktiziert wurde, nicht integrierend gewirkt hatte. Er warf ihr vor, innerhalb der vom Monarchen berufenen Regierung im Krieg, der Zeit der Bewährung, Streitigkeiten innerhalb der Führung des Reiches nicht geschlichtet und ausgeräumt zu haben, was er an der Auseinandersetzung zwischen dem Kanzler Theobald von Bethmann-Hollweg (1856-1921) und dem Staatssekretär des Reichsmarineamts, Admiral Alfred von Tirpitz (1849-1930) über die U-Boot-Kriegsführung belegte. Dem Volk wurde eine zerstrittene Führung präsentiert. Eine einige und starke Führung wäre notwendig gewesen.[95] Aus diesen Gründen wünschte Naumann einen republikanisch geprägten Volksstaat, da er aus der ehemaligen deutschen Monarchie keinen kraftvollen Impuls für das Nachwilhelminische Deutschland erwartete.[96]

Die Republik sah er, vergleichbar seinen Überlegungen zur Demokratie, lediglich als einen verfassungsrechtlichen Rahmen, als ein formales Element. Das materielle, inhaltliche Element dagegen müsse wachsen, um den Volksstaat als integrierendes Ganzes zu erhalten. Er definierte die Republik als "die lebendige Aneinandergewöhnung von Volk und Volkssitte, auf eine bestimmte Art die Geschäfte der Öffentlichkeit zu führen, die Gesetze zu geben und die Verwaltung zum Ausdruck zu bringen".[97] Dieses Aneinandergewöhnen mit Integrationseffekten war für das Nachwilhelminische Deutschland lebensnotwendig unter Berücksichtigung der Situation nach dem Ersten Weltkrieg.

174

Die Niederlage zwang die bisherige Machtelite, von Friedrich Naumann als agrarisch-konservativ bezeichnet, von der politischen Bühne abzutreten. Sie fühlte sich aber immer noch als Herrscher. Es bestand von Beginn an die Gefahr, sie nicht in die Weimarer Republik integrieren zu können.

Die Volkswirtschaft war nach den hohen Kriegsaufwendungen stark in Mitleidenschaft gezogen. Ihre schwierige Lage drohte sich noch zu verschlimmern, da von den Ergebnissen der Waffenstillstands- und Friedensverhandlungen zusätzliche Belastungen zu erwarten waren.

Die Sozialdemokratie ging im Falle einer Machtergreifung jedoch immer davon aus, daß sie Feudalismus und Liberalismus wie selbstverständlich ohne Integrationsprobleme und ohne eine auch durch das Ausland bedrohte Volkswirtschaft beerben könnte. Nun jedoch schickte sie sich an, in einem Staat, der von vielen Seiten gefährdet war, die Regierungsgeschäfte zu übernehmen.[98]

Trotzdem erblickte Friedrich Naumann in einer Mitte-Links-Koalition unter Beteiligung der SPD die einzige Überlebenschance des neuen Nachkriegsdeutschlands, um den integrierenden Volksstaat zu bauen. Als Partner der SPD in dieser Koalition sah er das liberale Bürgertum wie auch das Zentrum. Dadurch glaubte er die weitere Parlamentarisierung im Staat durchführen zu können. Bei einem Versuch, die Monarchie wieder einzuführen, befürchtete er hingegen einen stark desintegrierenden Prozeß, nämlich den Bürgerkrieg.[99]

Der Prozeß der Integration beschäftigte ihn ebenfalls im Zusammenhang mit dem Geschichtsverständnis und Selbstverständnis der jungen Republik. Er trat Meinungen des Auslands entgegen, der Deutsche sei Kriegstreiber und müsse deshalb als unnützes und gefährliches Glied der Völkergemeinschaft vernichtet oder so klein gehalten werden, daß er sich nie mehr wehren könne. Naumann sah die Deutschen als ein Volk, das in nationalem Denken und der Wehrkraft einen Nachholbedarf hatte.[100] Er bezweckte damit, daß die junge Republik keinen überzogenen, lauthalsen Nationalismus der Machart Wilhelms II. pflege, sondern eine gesunde

Selbstdarstellung ohne Übertreibung, damit das ganze Volk ohne großen Umweg auf den Volksstaat zusteuern könne.

Was das Wahlrecht anbetraf, so sprach sich Friedrich Naumann nicht für das Verhältnis-, sondern für das Mehrheitswahlrecht aus, da er eine Zersplitterung der Parteien im Parlament befürchtete, statt stabile Mehrheiten zu erhalten. So beurteilte er das Verhältniswahlrecht als desintegrierenden Faktor: es "ist...politisch unwirksam, feste Herrschaften zu gestalten. Nämlich auf Grund eines solchen Wahlrechts kommen immer neue Differenzierungen, immer neue Berufsstände und Parteien melden sich. Ich weiß nicht, ob wir es wieder los werden."[101]

Da aber Naumann das Verhältniswahlrecht als das kommende für die deutsche Republik beurteilte, wollte er die Integration zumindest für einen plebiszitär getragenen, vom Volk gewählten Führer gerettet sehen. Naumann sprach dem durch die Parteien beherrschten Parlament ab, charismatische Persönlichkeiten, die frei und unabhängig von der jeweiligen Parteibürokratie handeln, auswählen zu können.

Als untauglich mit den Problemen Deutschlands in der Nachwilhelminischen Ära fertig zu werden, betrachtete er die Revolution. Naumann beschäftigte sich mit ihr unter dem Eindruck der 1918 stattgefundenen Novemberrevolutionen, in deren Folge sogenannte Arbeiter- und Soldatenräte, besonders in deutschen Küsten- und Industriestädten, entstanden. Er stellt die Frage nach dem sittlichen Recht auf die Revolution an sich und antwortete: "Unrecht ist kleine Revolutionsspielerei, wobei mit unzureichenden Kräften Unfertiges versucht wird, unrecht ist persönliche Wühlerei aus gekränkter Eitelkeit oder sonst einem eigennützigen Grunde...Großgedachte Staatserneuerungen aber sind an sich berechtigt, doch ist es hundertmal besser, den Weg friedlicher Verständigungen bis aufs äußerste zu versuchen, denn nie verwächst die Stelle ganz, an der ein Bruch des geschichtlichen Werdens erfolgte."[102]

Neben diesen grundsätzlichen Vorbehalten gegenüber der Revolution wandte sich Naumann aber auch gegen ihren bolschewisti-

176

schen Charakter. Er hoffte, daß die Mehrheitssozialisten wie
Friedrich Ebert und Carl Legien, die selber gegen diese Umsturz-
bewegung eingestellt waren, diese erfolgreich bekämpfen könnten.[103]

IV.5. Max Webers Einfluß auf Friedrich Naumanns na-
tional-sozial geprägtes Bild der liberalen Gesellschaft

IV.5.1. Die Einstellung Max Webers und die Politik – ei-
ne allgemeine soziologisch-politologische Betrachtung

In den Sozialwissenschaften existieren verschiedene Vorstellungen
zur modellhaften Erklärung vom Ziel und Zweck der Politik.[1] Max
Webers Politikverständnis war von dem Willen geprägt, durch die
Berufung von Führungspersönlichkeiten einer Nation zu einer
"dynamischen Gesellschaftsordnung"[2] auf der Basis parlamenta-
risch-demokratischer Auswahlkriterien und dadurch zu einer
machtvollen Außenpolitik zu verhelfen.
Die von ihm vertretenen Machtvorstellungen bildeten eine Basis
der Soziologie wie der neuen Politikwissenschaft und beruhen auf
der im 16. Jahrhundert durch den Philosophen Niccolo Machiavelli
(1469-1527) vorgenommenen Auffassung von Politik als die "Ausübung von Macht als...Hauptzweck jeglicher Staatstätigkeit".[3]
Max Weber verstand im Rahmen seines Soziologie- wie Politolo-
gieverständnisses unter Macht "jede Chance, innerhalb einer sozialen Beziehung den eigenen Willen auch gegen Widerstreben
durchzusetzen, gleichviel worauf diese Chance beruht".[4]
Wenngleich diese heutzutage oft gebrauchte Begriffsdefinition als

Ausgangspunkt politischen Handelns nicht gänzlich ausreicht[5], dient sie doch als Möglichkeit der Überleitung von der Theorie zur Praxis. So schrieb der Soziologe Lothar Bossle (geb. 1929): "Machtverzicht schlechthin auf politisches Handeln bezogen; das mag sodann Philosophie sein, aber es kommt einem Abschied von der Politik gleich... Macht und Autorität sind aus der Politik nicht wegzudenken:...es sind Strukturnotwendigkeiten der Politik."[6] Max Weber ging in seinen Betrachtungen von einem immerwährenden Kampf der Kulturen, personifiziert in den Nationen, um die Macht aus. Untersucht man eine Nation nach ihrem Rüstzeug für diese Auseinandersetzung, stellt sich die Frage, wie ihre Macht zu erhöhen ist. Diese Steigerung der Macht ist neben anderen Möglichkeiten durch die erhöhte "Überzeugungskraft"[7] der Herrschenden gegenüber den Beherrschten herbeizuführen. Die dadurch erreichte Legitimität der Herrschenden verursacht, daß "der Führende und die Geführten zur Erreichung...gemeinsamer Ziele miteinander verbunden sind."[8]

Die Legitimität des Machtanspruches des Herrschers oder der Herrscher findet im Begriff der Autorität ihren Niederschlag. Sie ist im Gegensatz zur Macht, die faktisch präsent ist, mehr "mit der Spiritualität einer Person oder eines Amtes verbunden".[9] Die Folgen dieser engen Verbindung Macht - Autorität werden klar erkennbar, wenn Autoritätsformen in Staat, Gesellschaft und im Individuum abgebaut werden. Dadurch schwindet die Überzeugungskraft der Herrscher und damit ihre Macht, wie der 1903 geborene Philosoph und Politologe Bertrand de Jouvenel feststellte.[10] Der Wunsch, Ziele gemeinsam anzugehen, setzt voraus, daß die einzelnen Geführten sich in der Gesellschaft integriert fühlen. Sieht man diese Integration vor dem Hintergrund der Industriegesellschaft, so ist diese nur bei "Existenz von pluralistischen politischen Systemen"[11] erreichbar, wenn "annähernde Homogenität in der wirtschaftlichen, politischen und sozialen Struktur..., eine gewisse Interessenidentität in der Einschätzung politisch erstrebenswerter Ziele..., nationale Identität und Loyalität...nicht nationalistisch geprägt"[12] gegeben sind und neben anderem der "politische Wille zur Integration aller Bürger"[13] besteht.

Das Erreichen der Integration tangiert das Selbstverständnis der Soziologie wie auch der Philosophie. Die Soziologie hat hierbei nach Max Weber die "Aufgabe...als Handlungswissenschaft".[14] Sie muß unter der Prämisse der Werturteilsfreiheit Analysen über das Ist erstellen, womit dem "Vorrang des Denkens"[15] die primäre Rolle zuzubilligen ist. Die Philosophie hat dagegen die Aufgabenstellung, die "erkenntnistheoretische Grundorientierung"[16] zu entwickeln. Dementsprechend ist die Soziologie als "Wirklichkeitswissenschaft"[17], die Philosophie als "Wahrheitswissenschaft"[18] zu betrachten.

IV.5.2. Max Webers Verhältnis zur Macht und die Integration der Arbeiterschaft im Werk Friedrich Naumanns

Bei der Betrachtung des Naumannschen Gesamtwerkes ist festzustellen, daß er während seiner christlich-sozialen Zeit vor allem die Industriearbeiterschaft zum Zentrum seiner Betrachtungen machte. Er schrieb 1889 das Buch "Arbeiterkatechismus oder der wahre Sozialismus", das der allgemeinen Grundtendenz des gesellschaftspolitischen Wirkens Naumanns entsprach: Hilfe für die menschenunwürdig lebende Arbeiterschaft aus christlicher Nächstenliebe und Verantwortung. So sehr diese der Gedankenwelt Johann Hinrich Wicherns entstammenden Überlegungen Friedrich Naumanns menschliche Achtung verdienen - von Macht- oder Integrationüberlegungen waren diese nicht geprägt.

Sie wurden erst geweckt, als Naumann Max Webers Antrittsvorlesung im Rahmen der Besetzung des volkswirtschaftlichen Lehrstuhls in Freiburg/Br. hörte. Weber sprach zum Thema "Nationalstaat und Volkswirtschaftspolitik". Welchen tiefen Eindruck diese

Vorlesung auf Friedrich Naumann machte, ist an seinem in der Zeitschrift "Die Hilfe" vom 14. Juli 1895 erschienenen Artikel zu erkennen, in dem er die wichtigsten Stellen des Weberschen Vortrags herausgriff und zu unterstreichen versuchte. Naumann schrieb auf die Volkswirtschaft bezogen: "Will sie nur Menschenglück im allgemeinen fördern oder will sie der deutschen Rasse und der deutschen Macht dienen? Hier trennen sich die Wege... Deutsches Volk, deutscher Geist, deutsche Arbeit sollen erhalten bleiben... Es erhebt sich die Frage: Wer soll diese nationale Wirtschaftspolitik leiten?"

Da Weber das preußische Junkertum und das städtische Bürgertum unfähig für diese Rolle hielt, kam er auf die Arbeiterschaft zu sprechen: "Ökonomisch sind die höchsten Schichten der deutschen Arbeiterklasse weit reifer als der Egoismus der besitzenden Klassen zugeben möchte, und mit Recht fordert sie ihre Freiheit, auch in der Form des offenen organisierten Machtkampfes ihre Interessen zu vertreten. Politisch ist sie unendlich unreifer als ihre Führer und Journalisten sie glauben machen wollen."

Wie stark Max Weber den Aspekt der Macht in seinem Vortrag unterstrich, geht aus dem von Friedrich Naumann zitierten Schluß der Weber'schen Ausführungen hervor: "Das drohende unserer Lage ist, daß die bürgerlichen Klassen als Träger der Machtinteressen der Nation zu verwelken scheinen, und daß noch keine Anzeichen dafür vorhanden sind, daß die Arbeiterschaft reif zu werden beginnt, an ihre Stelle zu treten." Im gleichen Aufsatz schrieb der von Max Webers Vorlesung tief beeindruckte Friedrich Naumann: "Hat er nicht Recht? Was nützt uns die beste Sozialpolitik, wenn die Kosaken kommen? Wer innere Politik treiben will, der muß erst Volk, Vaterland und Grenzen sichern, er muß für nationale Macht sorgen. Hier ist der schwächste Punkt der Sozialdemokratie. Wir brauchen einen Sozialismus, der regierungsfähig ist. Regierungsfähig heißt: fähig, bessere Gesamtpolitik zu betreiben als bisher. Ein solcher regierungsfähiger Sozialismus ist bis jetzt nicht vorhanden. Ein solcher Sozialismus muß deutsch-national sein."

Wenngleich diese Rede zu einem Schlüsselerlebnis für Friedrich

Naumann wurde, darf jedoch nicht vergessen werden, daß Max Weber nicht der einzige war, der eine Änderung im Denken Friedrich Naumanns bewirkte. Rudolf Sohm, der zwei Jahre vor Naumann 76jährig verstarb, war Professor für Kirchenrecht an der Universität Leipzig. Er war es, der bei Naumann, nach seinem eigenen Bekunden, eine "Krisis und Zersetzung"[19] der Naumann'schen christlich-sozialen Vorstellungen erreichte. Die Zielrichtung des Sohm'schen Werkes ist jedoch anders zu deuten. Theodor Heuss faßte zusammen: "Weber will den Staat, die Raison der Politik, um der Nation willen von einer religiös-christlichen Betrachtungsweise getrennt wissen, Sohm aber die Religion um ihres Eigenwertes willen vor der Vermengung mit dem Staatlich-Politischen schützen."[20] .

Der Unterschied zwischen beiden wird noch deutlicher, betrachtet man die von Sohm gewünschte politische Richtung Friedrich Naumanns. Sohm hoffte, Naumann würde sich statt der Arbeiterklasse der jungen Bildungsbürgerschicht annehmen, da Sohm in ihr und "nicht bei den Massen...die deutsche Zukunft in Staatsführung und geistiger Kultur"[21] sah. Aber auch Max Webers Rede weckte nicht erst Naumanns Bewußtsein für den nationalen Machtstaat. Friedrich Naumann hatte schon vor jener Rede solche Überlegungen, wenngleich er sich über diese Art Staat wenig Gedanken machte und ihn für gegeben hielt.[22]

Der Einfluß Max Webers bewirkte, daß Friedrich Naumann den machtvollen Staat in das Zentrum seiner Überlegungen stellte und diesen Staat durch eine mangelhaft integrierte Gesellschaft gefährdet sah. Naumann erkannte, daß das Deutsche Reich im Begriff war, den Sprung von der Stände- zur Industriegesellschaft auf dem ökonomischen Gebiet zu meistern. Jedoch vermißte er diesen Schritt in der Innenpolitik, was einer gesellschaftspolitischen Aussperrung der Klasse, die als Ergebnis der industriellen Revolution entstanden war - der Industriearbeiterklasse -, gleichkam.

Ebenfalls berücksichtigte Friedrich Naumann in seinen gesellschaftspolitischen Überlegungen die Webersche Erkenntnis, daß die industrielle Massengesellschaft die Individualität einengt und die Angleichung des Handelns der Menschen an das rationale Handeln im "Geist des Kapitalismus" das ganze Volk erfaßt. Die vereinheitlichenden Handlungen bewirken die Großbetriebsbildung, die auch die Staatsbürokratie nicht ausschließt. Friedrich Naumann unterstützte ebenfalls die These Max Webers, die Bürokratie könne in die Lage versetzt werden, einen "Staat im Staate" zu bilden. Sie kann eine neue Regierung neben derjenigen bedeuten, die sich gegenüber dem Volk legitimieren muß. Wie Max Weber erachtete Friedrich Naumann die verfassungsmäßige Verankerung charismatischer Züge bei den Herrschenden für notwendig. Letztendlich versuchten beide die Gegebenheiten der Massengesellschaft mit den Konsequenzen auf die Menschen vorbehaltlos zu analysieren. Ebenso wollten sie die Fremdbestimmung zugunsten der Eigenbestimmung der Individuen bekämpfen. Konflikte sollten in der Gesellschaft ausgetragen werden, damit sich solche nicht aufstauen können. Auf diese Weise glaubten sie eine Nation mit einer sozial homogenen Gesellschaft formen zu können. Das Volk sollte die Macht besitzen, im Kampf mit anderen Nationen zu bestehen.

IV.5.3. Die Machtvorstellungen Max Webers im Vergleich zu den Überlegungen Friedrich Naumanns über die Integration der Arbeiterschaft in innenpolitischen Teilbereichen

Nachdem gezeigt wurde, welche Vorstellungen jeweils Max Weber und der national-sozial gesinnte Friedrich Naumann zu Teilen der Innenpolitik der industriekapitalistischen Gesellschaft hatten, soll sich dieser Abschnitt mit einer vergleichenden Analyse der Teilbereiche in der Innenpolitik beschäftigen.

Was die zukünftige Politik der Linksliberalen im Deutschen Reichstag betraf, so fällt eine starke Einflußnahme Webers auf Friedrich Naumann auf, eine auf Koalitionsabsprachen begründete Basis politischen Handelns anzustreben. Weber forderte in einem persönlichen Brief an Naumann im Jahre 1906 eine Zusammenarbeit der Linksliberalen mit den Teilen der Nationalliberalen und denen der Sozialdemokraten, um das plebiszitäre, demokratische Gewicht des Reichstags gegenüber der Person Wilhelms II. und seinem Handeln wie auch gegenüber der Staatsbürokratie in der deutschen Politik besser zur Geltung zu bringen.[23] Diese Anregung Webers wurde von Naumann in der griffigen Formulierung aufgenommen: Von Bassermann bis Bebel[24] - eine Forderung, die Naumanns Grundintention, einen sozialen Liberalismus zu schaffen, personifiziert ausdrückte.

Im Bereich der Verfassungspolitik unterstützten Naumann wie Weber die Notwendigkeit, die Integration der Arbeiterschaft durch die regierungsmäßige Einbindung der Sozialdemokratie zu realisieren. Hierdurch sollten die Sozialdemokraten als Abgeordnete wie als Wähler gezwungen werden, Verantwortung tragen zu lernen, um sich diesem Staat zugehörig zu fühlen. Die Methode, diese Integration zu realisieren, waren bei Weber wie Naumann gleich. Sie wählten das allgemeine und gleiche Wahlrecht, um den Stimmenverhältnissen in der industriellen Massengesellschaft Rechnung zu tragen.

Daß ein demokratisch gewähltes Parlament keine Ansammlung individualistisch gesinnter Abgeordneter darstellt, erkannten sie gemeinsam. Sie akzeptierten Parteien als Träger der Politik der Massengesellschaft und beschäftigten sich deshalb auch mit den organisatorischen Notwendigkeiten einer erfolgreich agierenden Partei. Beide hielten ein klares Über-/Unterordnungsverhältnis innerhalb der Parteihierarchie für notwendig, wobei sie den verantwortlichen Parteiführern auf der unteren Ebene eine überaus wichtige Rolle zumaßen. Gleichfalls waren sich Max Weber und Friedrich Naumann einig, die Eigengesetzlichkeit von Parteien der industriellen Massengesellschaft seien für die Auswahl ihrer führenden Persönlichkeiten durch die Untergliederungen sehr ernst zu nehmen.

Weber wie Naumann stellten fest, daß die Parteien tendenziell eher Personen ohne charismatische Persönlichkeitsstrukturen für das höchste Amt im Staat wählen. Diese Tendenz ist darin begründet, daß Unterführer solche Führer auswählen, die in ihren Reaktionen und Aktionen von vorneherein abschätzbar sind, also nach relativ festen Regeln entscheiden.

Sowohl Max Weber als auch Friedrich Naumann sahen es deshalb für notwendig an, die Auswahl charismatischer Persönlichkeiten trotz der wichtigen Rolle der Parteien zu unterstützen. Beide hielten die Auswahl des Charismatikers bei einer Monarchie durch den Monarchen für gewährleistet, wobei der charismatische Zug systembedingt mehr im Amt als in der jeweiligen Person des Monarchen zu finden war. Bei der Republik plädierten sie für einen vom Volk direkt zu wählenden Führer, der mit recht weitreichenden Vollmachten seine charismatischen Fähigkeiten ohne enge Anbindung an die Parteiapparate in die politischen Maßnahmen einfließen lassen kann.

Max Weber und Friedrich Naumann wollten aber nicht auch nur ansatzweise einer Diktatur das Wort reden. Sie gingen von einem starken Parlament als Kontrollorgan aus, gegen das die den Staat führende Person nicht regieren kann. Dementsprechend akzeptierten beide die Demokratie nicht aufgrund naturrechtlicher Argumentationen. Für sie war diese Regierungsform nur Mittel zur Integration der Arbeiterschaft und der Einbeziehung der Sozialdemokratie als staatsmittragende Kraft.

Was die Wirtschafts- und Sozialpolitik der Industriegesellschaft betraf, so sprachen sich Naumann und Weber prinzipiell für das freie Unternehmertum ohne Beeinträchtigung der unternehmerischen Entscheidungsmöglichkeiten durch die Arbeitnehmerschaft aus. Sie akzeptierten den freien Unternehmer als den Kopf dessen, was in der Betriebswirtschaftslehre der dispositive Faktor genannt wird.

Der Betriebsrat hat die Aufgabe, die Rechte der Arbeitnehmer gegenüber der Geschäftsleitung des Unternehmers zu vertreten, wobei es sich um die soziale Verpflichtung des Arbeitgebers handelt, wie beispielsweise die Bedingungen am Arbeitsplatz gestaltet werden. Der Arbeitnehmer, und hier besonders der Industriearbeiter, soll als Partner und Mensch vom Arbeitgeber akzeptiert werden, um sich als vollwertig in diesem kapitalistischen Wirtschaftssystem fühlen zu können - als Bürger des Staates.

Das partnerschaftliche Verhältnis soll von der gesamt- und branchenwirtschaftlichen Sphäre der Volkswirtschaft gefördert und gefestigt werden.

Die beiden Liberalen reagierten hier auf die bevölkerungsstrukturellen Folgen der Industriegesellschaft, in der sich die Individuen neuen Ordnungsstrukturen wie Verbänden zuwenden. Daher hielten sie den Abschluß von Arbeitsverträgen zwischen dem einzelnen Arbeitgeber und Arbeitnehmer für einen Anachronismus.

Beide befürworteten eine im Kaiserreich umstrittene und von den Regierungen und dem Kaiser abgelehnte Forderung, vor allem von der Industriearbeiterschaft: das Koalitionsrecht. Sie plädierten für zwischen Arbeitgeber- und Arbeitnehmerverbänden auszuhandelnde Tarifverträge, um ein Gleichgewicht zwischen den Produktionsfaktoren Arbeit und Kapital zu gewährleisten. Von dieser Art Wirtschafts- und Sozialpolitik versprachen sich beide eine wachstumsorientierte Volkswirtschaft. Sozialistischen oder kommunistischen Wirtschaftsauffassungen widersprachen sie klar, da sie von diesen weder die dynamischen Wachstumsprozesse der Volkswirtschaft noch die Integrierung, insbesondere der Industriearbeiterschaft - als Voraussetzung für das erfolgreiche Bestehen des Kampfes der Nationen untereinander - erwarteten.

Dieser Bezug zur Macht als entscheidendes Strukturmerkmal der Politik bestimmte auch die Siedlungspolitik in den Gebieten östlich der Elbe, besonders in der Weichselniederung, Posen, Hinterpommern und Ostpreußen, wie sie Max Weber und Friedrich Naumann befürworteten.

Sie sahen eine Gefahr darin, daß diese Landstriche als Folge der industriellen Revolution in Deutschland sich zu sogenannten "Entleerungsgebieten"[25] entwickeln werden. Die restliche deutschstämmige Bevölkerung könnte die "Kornkammer des Reiches" nicht mehr bearbeiten und wäre auf vor allem Polnischstämmige angewiesen, deren Anteil sich nach Webers wie Naumanns Ansicht in diesen Gebieten in ungewünschtem Umfang vergrößerte.[26] Max Weber wie Friedrich Naumann befürchteten eine kulturelle Verfremdung und einen stärkeren Druck der slawischen Völker, besonders der Russen, auf die deutsche Ostgrenze. Sie forderten eine auch vom deutschen Staat unterstützte Siedlungspolitik, um Deutsche in diesen Gebieten neu anzusiedeln.[27]

IV.6. Die veränderte Persönlichkeitsstruktur Friedrich Naumanns durch den Einfluß Max Webers und das Bindeglied dieser Freundschaft

Die bisher vorgenommene Untersuchung des Weberschen Einflusses auf die Vorstellungen Friedrich Naumanns konnten die folgenden Fragen noch nicht beantworten: Welchen Einfluß hatte Max Weber auf die Person Friedrich Naumanns im Typus? Im Kapitel 2. wurde darauf hingewiesen, daß beide Männer sich durch Elternhaus, berufliche Ausbildung aber auch vom Typus stark unterschieden. Schließt man sich der Theorie des Philosophen, Psychologen und Pädagogen Eduard Sprangers (1882-1963) an, in der er sechs ideale "Grundtypen der Individualität"[1], eine Max Webers vergleichbare idealtypische Betrachtungsweise herausfand, so kann man Max Weber, besonders in seinem wissenschaftlichen Arbeitsbereich als den "theoretische(n)"[2] Menschen ansehen. Weber bemühte sich, die "allgemeine gegenständliche Gesetzlichkeit"[3] der Problemstellungen, mit denen er sich beschäftigte, zu erkennen und zu erklären. An der Typusbeschreibung für Weber ändert seine auch auf die Tagespolitik bezogene Aufgeschlossenheit nichts, wenn bei dieser idealtypischen Betrachtungsweise der Schwerpunkt seines Schaffens auf das wissenschaftliche Interesse gelegt wird.

Diese Typisierung wird noch deutlicher, prüft man Webers Verhältnis zur eigenen Gesundheit, die er schonungslos opferte, um seine Gedanken und Überlegungen seiner Umwelt darzustellen.[4] Nach der Sprangerschen Typologie stellte Friedrich Naumann während seiner christlich-sozialen Periode den "soziale(n)"[5] Menschen dar. Er wollte die Not um ihrer selbst willen bekämpfen, um dem betroffenen Menschen zu helfen. Spranger definierte: "In ihrer höchsten Entfaltung ist die soziale Geisteshaltung Liebe"[6], eine Grundeinstellung, die den jungen Naumann bewog, in Wicherns "Rauhem Haus" zu arbeiten. Naumanns Nächstenhilfe hatte aber keine ursächlich politischen oder ökonomischen Gründe.[7] Spranger schrieb, eine "solche allumfassende Liebe ist religiös".[8] Dadurch darf aber nicht der Eindruck entstehen, Naumann sei als "religiöse(r) Mensch"[9] zu beurteilen, da dieser "die Erzeugung des höchsten, restlos befriedigenden Werterlebnisses"[10] anstrebt und grundsätzlich auf den Menschen selbst und nicht auf die Gemeinschaft ausgerichtet ist.

Wie stark sich die beiden Liberalen unterscheiden, zeigt die Beurteilung von Webers Ehefrau Marianne: "Naumann wirkt nicht polemisch, sondern nur positiv, und er ist…von jener 'heiligen Nüchternheit', die das Konkrete nach seinen eigenen Möglichkeiten zu erfassen und gestalten sucht, Denker, von rastlosem Streben nach unvoreingenommener Erkenntnis der Wirklichkeit erfüllt, immer bereit umzulernen, immer Rat und Belehrung suchend bei den wissenschaftlich geschulten Köpfen."[11]

Die Einstellung Naumanns stellte die Voraussetzung für seine Abkehr vom christlichen Sozialismus dar. Durch Max Weber wurde Friedrich Naumann ein Anhänger der Idee des eine machtvolle Außenpolitik verfolgenden Staates. Friedrich Naumann erkannte dieses politische Ziel als Leitlinie seines Handelns an und kann somit nicht mehr als "sozialer Mensch" angesprochen werden.

Naumann wurde zum politischen Menschen, wollte aber nicht selbst herrschen. Hätte er dieses Ziel verfolgt, so hätte er den Verlust seines Reichstagsmandates 1912 als persönliche Niederlage und Verlust seiner Identität gewertet.

Marianne Weber schilderte ihre Eindrücke bei Naumanns erstem Besuch im Hause Weber nach der Wahlniederlage: "Wir haben selten seine schlichte Größe, Kraft und Fülle so empfunden, wie nach dieser Niederlage... Wir erwarteten ihn müde und traurig zu finden, aber er stand ganz über sich selbst in großartiger Vornehmheit. Er ist ein heroischer Charakter..."[12]

Da aber Spranger den politischen Menschen mit dem Machtmenschen gleichsetzte[13], ist seine Typenlehre zur Erklärung des national-sozial geprägten Naumanns unzureichend. Entsprechend ist der Typisierung des politischen Menschen von dem Politikwissenschaftler Otto Heinrich von der Gablentz (1898-1972) der Vorzug zu geben. Er unterteilte den politischen Menschen in den Machttyp des Rechtsgefühls wie in den des Gestaltungstyps.

Wäre Friedrich Naumann ein Typ des Rechtsgefühls gewesen, so hätte er entsprechend des politischen Wirkens Mohandas Karamchand Gandhis (1869-1948), der sich für die Rechte der "Unterdrückten"[14] einsetzte, auch für die Abschaffung des Drei-Klassen-Wahlrechts in Preußen aus rechtlichen Gründen arbeiten müssen. Er tat es aber nicht aus diesen Gründen, sondern aus machtpolitischen.[15]

Friedrich Naumann war ein "Gestaltertyp".[16] Zwei Faktoren prägten sein Handeln. Er unterstützte die Wünsche des Vierten Standes. Gleichwohl trat er für den machtvollen Staat ein und versuchte die Industriearbeiterschaft für "Demokratie und Kaisertum" zu gewinnen. Er setzte sich als Journalist für seine Ziele ein, man denke an seine Arbeiten für die "Hilfe". Theodor Heuss charakterisierte seinen Lehrer: "Geistesgeschichtlich wird Naumann neben Friedrich List stehen. Er ist ihm verwandt in der Hingabe an seinen erzieherischen Beruf, die über alles Persönliche hinwegging, verwandt in der sittlichen Auffassung eines großen agitatorischen Amtes, in der Bildhaftigkeit der Sprache, die auch beim Ungelehrten Erkenntnis und Willen wecken möchte."[17]

Das Verhältnis Max Webers zu Friedrich Naumann war aber nicht nur für Naumann wichtig. Max Weber war Naumann "in inniger Wärme zugetan".[18] Was Weber empfand, als Naumann 1919 starb, wird aus seinen Abschiedsworten deutlich: "Wie ungeheuer viel größer sein Sinn war als sein Wirken und sein Wirken wiederum als sein äußerlicher Erfolg."[19]

Max Weber schätzte an seinem Freund die Menschlichkeit im Fühlen und Tun, das ruhige Angehen praktischer Aufgaben mit der Fähigkeit zum Kompromiß - Charakterzüge, auf die Weber selbst nicht verweisen konnte.

Anmerkungen

I. Einführung

1 Vgl. Weber an Naumann, April 1907, Blatt Nr. 21 Nachlaß Naumann: "Ich würde sonst herzlich gern mit weit mehr einspringen, als ich- ...kann. Nutzen Ihnen 500 Mark? Diese zeichne ich sofort, weitere 100 Mark zeichnet Dr. Jaffeé. Läßt sich die Summe gar nicht anders zusammenbringen, dann ist es auch eine Gewissenspflicht, mehr zu tun und ich muß meinen Sommerurlaub opfern." Theodor Heuss sprach hingegen in seiner Naumann-Biographie nur von einer finanziellen Bürgschaft Max Webers. - Vgl. Theodor Heuss, *Friedrich Naumann. Der Mann, das Werk, die Zeit*, 3. Auflage, Leck/Schleswig 1968, S. 114.

2 Vgl. Max Weber, Brief vom 14.12.1906, Blatt Nr. 92, Nachlaß Friedrich Naumann

3 Friedrich Naumann, *Die Leidensgeschichte des deutschen Liberalismus*, in: Friedrich Naumann, *Werke, Band 4*, Köln-Opladen 1964, S. 299.

4 Raymon Aron, *Deutsche Soziologie*, Stuttgart 1953, S. 24.

II.1. Kindheit und Jugend von Max Weber und Friedrich Naumann

1 Der klassische Liberalismus war aufgrund des Ziels, die Freiräume des Individuums gegenüber dem Obrigkeitsstaat zu bewahren und auszubauen, gegen eine staatliche Einflußnahmne als sozialpolitisches Korrektiv. Er sah die einzelnen Individuen entsprechend ihrer Stellung in der Gesellschaft den wirtschaftlich determinierten Gruppen (Unternehmer, Arbeiter etc.) zugehörig, aber nur um eine Klassifizierung vornehmen zu können. Diese Gruppen ringen miteinander und die einzelnen Individuen in den Gruppen untereinander (Vgl. Goetz Briefs, *Sozialform und Sozialgeist der Gegenwart*, in: Alfred Vierkandt (Hrsg.), *Handwörterbuch der Soziologie*, Stuttgart 1959, S. 165 f.) Der soziale Liberalismus nahm die soziologischen Veränderungen, welche aus der industriellen Revolution Deutschlands während der zweiten Hälfte des 19. Jahrhunderts und der folgenden Jahrhundertwende resultierten, zum Anlaß und versuchte, die neu entstandene In-

dustriearbeiterschaft in das bestehende Staatsgefüge zu integrieren. Der soziale Liberalismus war im Gegensatz zum klassischen Liberalismus bereit, staatliche Einflußnahme einzusetzen, um seine Ziele zu erreichen.

2 Vgl. Theodor Heuss, *Friedrich Naumann. Der Mann, das Werk, die Zeit,* 3. Auflage, a.a.O., S. 35

3 Ebenda, S. 35

4 Vgl. ebenda, S. 35

5 Vgl. ebenda, S. 36

6 Vgl. ebenda, S. 35

7 Ebenda, S. 38

8 Sein Vater, der zeitweise Berliner Stadtrat und Mitglied des Preußischen Landtags war, gehörte von 1872 - 1877 und von 1879 - 1884 dem Deutschen Reichstag an. - Vgl. Max Schwarz, *MdR-Biographisches Handbuch der Reichstage,* Hannover 1965, S. 492 und Donald Mac Rae, *Max Weber,* München 1975, S. 29.

9 Ebenda, S. 37

10 Ebenda, S. 37

11 Ebenda, S. 38

12 Vgl. hierzu ebenda, S. 38

13 Vgl. Theodor Heuss, *Friedrich Naumann. Der Mann, das Werk, die Zeit,* a.a.O., S. 45 f.

14 Vgl. ebenda, S. 48

15 Ebenda, S. 48

16 Vgl. ebenda, S. 55

17 Vgl. ebenda, S. 49

18 Vgl. Wolfgang Mommsen, *Max Weber. Gesellschaft, Politik und Geschichte,* Frankfurt/M. 1974, S. 23

19 Weber beurteilte sich "religiös unmusikalisch" (Donald Mac Rae, a.a.0., S. 27), obwohl er an Fragen des Glaubens wie der christlichen Nächstenliebe stark interessiert war.

20 Vgl. Eduard Baumgarten, *Max Weber, Werk und Person,* Tübingen 1964, S. 688

21 Vgl. ebenda, S. 682

22 Repräsentant der Wilhelminischen Ära,die durch eine innenpolitische Ungeeintheit und expansive Außenpolitik geprägt war, war der 1888 gekrönte Kaiser Wilhelm II., der 1918 abdankte. (Vgl. N. N., *Brockhaus Enzyklopädie, 17. Auflage, Band 20,* Wiesbaden 1974, S. 341)

23 Diese Forderung traf den inneren Aufbau des Staates, da die adeligen ostelbischen Großgrundbesitzer besonders stark in der preußischen Militär- und Verwaltungshierarchie entscheidend vertreten waren.

(Vgl. Max Weber, *Die Verhältnisse der Landarbeiter im ostelbischen Deutschland*, in: Eduard Baumgarten, a.a.O., S. 92 f.)
Weber erklärte: "...der kapitalistisch organisierte Großbetrieb...besteht heute auf Kosten des Nahrungsstands, der Nationalität und der Wehrkraft des deutschen Ostens." (Ebenda, S. 91) "Die Dynastie der Könige von Preußen ist nicht berufen zu herrschen über ein vaterlandsloses Landproletariat und über slawisches Wandervolk neben polnischen Parzellenbauern und entvölkerten Latifundien, wie sie die jetzige Entwicklung im Osten bei weiterem Gehenlassen zu zeitigen vermag, sondern über deutsche Bauern neben einem Großbesitzerstand, dessen Arbeiter das Bewußtsein in sich tragen, in der Heimat ihre Zukunft im Aufsteigen zu selbständiger Existenz finden zu können." (Ebenda, S. 101). Max Weber sprach die "beginnende Zerbröckelung des Großbesitzes" (Ebenda, S. 96) an und folgerte, daß die dann neu zur Verfügung stehenden landwirtschaftlichen Nutzflächen wie auch Infrastruktur als Basis neu begründbarer selbständiger Existenzen in der Landwirtschaft dienen könnten.

24 Vgl. Wolfgang Mommsen, *Max Weber. Gesellschaft, Politik und Geschichte*, a.a.O., S. 24
25 Theodor Heuss, *Friedrich Naumann*, a.a.O., S. 126

II.2. Historische Betrachtung der Wirkungszeit von Max Weber und Friedrich Naumann

1 Johannes Wichern führte das Werk seines Vaters Johann Hinrich Wichern fort, der in der Kirche arbeitete, um Kirche und Bevölkerung einander näher zu bringen. Er wollte aber auch den Menschen helfen, die durch die industrielle Revolution und der daraus resultierenden sozialen Veränderungen in Not gerieten.
2 Theodor Heuss, *Friedrich Naumann...*, a.a.O., S. 55
3 Adolf Stoecker, Begründer der Berliner Stadtmission, formulierte in seiner "Eiskellerversammlung" am 3.1.1878 ein christlich-soziales Programm und gründete noch im gleichen Jahr die "Christlich-soziale Arbeiterpartei", die 1880 in "Christlich-soziale Partei" umbenannt wurde. Ihr Programm wurde stark vom Kathedersozialisten und Nationalökonomen Adolf Wagner (1835-1917) beeinflußt. (Theodor Schober, Martin Honecker, Horst Dahlhaus (Hrsg.), *Evangelisches Soziallexikon*, 4. Auflage, Stuttgart 1980, Sp. 1284 f.). Stoecker war eine Kämpfernatur. Zur Verwirklichung seiner sozialpolitischen Ziele war er bereit, in Wirtshäusern zu Arbeitern zu sprechen, um "gegen den groß-

städtischen Liberalismus und gegen die kirchen-feindliche Sozialdemokratie" (Theodor Heuss, *Friedrich Naumann...*, a.a.0., S. 30) zu
kämpfen. Hierbei setzte er den intensiven Dialog zwischen Kirche und
Industriearbeiterschaft auf protestantischer Seite fort, den auf katholischer der Mainzer Bischof Wilhelm Freiherr v. Ketteler (1811-1877)
begonnen hatte. (Vgl. ebenda, S. 65).
Nach seiner erfolglosen Reichstagskandidatur 1878 beschäftigte sich
Stöcker unter dem Eindruck der Sozialistengesetzgebung mit mittel-
standspolitischen Themen und wurde aufgrund seiner antisemitischen
Haltung ein umstrittener Politiker. 1881 wurde er als Reichstagsabgeordneter Mitglied der Konservativen Fraktion, aus der er später wieder
austrat. (Vgl. . Theodor Schober u. a., a.a.O., Sp. 1284 f.)

4 Theodor Heuss, *Friedrich Naumann...*, a.a.O., S. 67 ff.

5 Vgl. ebenda, S. 73 f.

6 Vgl. ebenda, S. 89 ff. und Eduard Baumgarten, *Max Weber...*, a.a.O.,
   S. 688

7 Vgl. Eduard Baumgarten, *Max Weber...*, a.a.O., S. 690
   Der genaue Beginn der Arbeiten an der Habilitationsschrift konnte
   nicht festgestellt werden.

8 Vgl. ebenda, S. 691

9 Theodor Heuss, *Friedrich Naumann...*, a.a.O., S. 113

10 Vgl. ebenda, S. 113 f.

11 Vgl. ebenda, S. 121 f.

12 Ebenda, S. 130

13 Ebenda, S. 130

14 Ebenda, S. 130

15 Ebenda, S. 131

16 Vgl. ebenda, S. 132

17 Vgl. Eduard Baumgarten, *Max Weber...*, a.a.O., S. 693

18 Vgl. Theodor Heuss, *Friedrich Naumann...*, a.a.O., S. 142 f.

19 Vgl. ebenda, S. 158

20 Eduard Baumgarten, *Max Weber...*, a.a.O., S. 707

21 Vgl. ebenda, S. 709 und Theodor Heuss, *Friedrich Naumann...*,
   a.a.O., S. 374

22 Vgl. Eduard Baumgarten, *Max Weber...*, a.a.O., S. 715 ff.

II.3. Analyse der Persönlichkeitsstrukturen von Max Weber und Friedrich Naumann

1 Als Beispiel ist seine Haltung zur Monarchie anzuführen, welche er stets befürwortete. Er sah als ideale Staats- bzw. Regierungsform das englische System mit dem Monarchen als Repräsentanten eines Volkes und der vom Volk aufgrund allgemeinen Wahlrechts gewählten Regierung an. (Vgl. Friedrich Naumann, *Das Königtum,* in: Friedrich Naumann, *Werke, Band 2,* a.a.O., S. 408)
Daß er diese Frage vor dem soziomorphen Hintergrund (patriarchalisch strukturierte Gesellschaft) im Deutschen Reich sah und deshalb eine erfolgreiche Einführung des englischen Systems nur in Einklang mit diesen Tatsachen sah, spricht für seine Realitätsnähe. Sie ist ebenfalls zu spüren, als Naumann den Deutschen Kaiser und das deutsche Verfassungssystem gegen die Angriffe der Alliierten während des 1. Weltkrieges im Jahre 1917 in Schutz nahm. Ferner tat er dies 1918, als er angesichts einer Monarchie, die von großen Teilen des deutschen Volkes für den verlorenen Krieg verantwortlich gemacht wurde, seine Meinung wechselte und einen reinen Parlamentarismus mit einem Reichspräsidenten als Quasi-Monarchen befürwortete. (Vgl. Friedrich Naumann, *Demokratie als Staatsgrundlage,* in: Friedrich Naumann, *Werke, Band 2,* a.a.O., S. 569 und 571)
2 Theodor Heuss, *Friedrich Naumann...,* a.a.O., S. 440
3 Ebenda, S. 439
4 Vgl. ebenda, S. 440
Durch ständigen Wechsel der Lehrenden sollten sowohl eine Verschulung als auch parteipolitische Einseitigkeit vermieden werden. Finanziell wurde der Plan vom Industriellen Robert Bosch (1861-1942) gestützt. Nach Naumann leitete der politische Publizist Ernst Jäckh (1875-1959) die "Deutsche Hochschule für Politik". (Ebenda, S. 441)
5 Theodor Mommsen zu Max Weber: "Wenn ich einmal in die Grube fahren muß, so würde ich keinem lieber sagen: 'Sohn, das ist mein Speer, meinem Arm wird er zu schwer." (Donald Mac Rae, *Max Weber,* a.a.O., S. 27) Donald Mac Rae führt zwar wichtige Punkte an um Webers Werk zu relativieren (Vgl. ebenda, S. 9 ff.), aber dadurch wird sein Werk kaum geschmälert.
6 Friedrich Naumann, *Die Hilfe, Nr. 28,* 1. Jahrgang, Frankfurt am Main 1895, S. 1
7 Naumann schrieb: "Wer innere Politik treiben will,...muß für nationale Macht sorgen.", ebenda, S. 2
8 Vgl. Friedrich Naumann, *Mitteleuropa,* Berlin 1915, S. 263

9 Weber wie Naumann glaubte nicht an die Kriegsgefahr (Vgl. Hermann Sinsheimer, *Gelebt im Paradies*, München 1953, S. 102 und Friedrich Naumann, *Die Hilfe, Nr. 30*, 20. Jahrgang, Frankfurt am Main 1914, S. 1 ff.)

10 Rathenau strebte auch schon während des Wilhelminischen Kaiserreichs statt einer allgemeiner Gleichmacherei die Überwindung der Klassenunterschiede an. Anstelle der Unterscheidung eines Volkes in Produktionsmitteleigentümer und diejenigen, die keine solchen besitzen, wollte er eine Gesellschaft, die nach Bildung und geistigen Fähigkeiten strukturiert ist. Er lehnte die Gesellschafts- und Wirtschaftsordnung sozialdemokratischer Prägung ab, da er den Wegfall der individuellen Freiheit und Eigenart befürchtete. Er wurde bei der 1918 gegründeten Deutschen Demokratischen Partei im gleichen Jahr Mitglied, trat später jedoch aus und fiel 1922 einem Attentat zum Opfer. - Vgl. Harry Graf Kessler, *Walther Rathenau, sein Leben und sein Werk*, Berlin 1928, S. 112 ff.

11 Peter Berglar, *Walther Rathenau*, Bremen 1970, S. 37

12 Ebenda, S. 37 f.

13 Vgl. Uwe-K. Ketelsen, *Völkisch-nationale und national-sozialistische Literatur in Deutschland 1890-1945*, Stuttgart 1976, S. 51

14 Thomas Mann, *Betrachtungen eines Unpolitischen*, Frankfurt am Main 1956, S. 22
   Dieses Buch erschien erstmals 1918, in einer Zeit, als das deutsche, zu Beginn des Krieges formulierte Kriegsziel schon in unerreichbare Ferne gerückt war. Thomas Mann wollte hingegen damit gerade die Zeit vor dem 1. Weltkrieg und die deutsche Politik jener Periode ansprechen und gutheißen.

15 Ebenda, S. 23

16 Uwe-K. Ketelsen, a.a.O., S. 51

17 Rainer Maria Rilke, *Ausgewählte Werke, Band I*, Leipzig 1948, S. 336

18 Heinz Kindermann, *Deutsche Dichtung im Weltkriege 1914-1918*, in: *Deutsche Literatur -Sammlung...Kulturdenkmäler in Entwicklungsreihen*, Leipzig 1934, S. 64

19 Ebenda, S. 126

20 Ebenda, S. 126 - Interessanterweise lehnte Stefan George, der mit Weber Kontakt hatte (Vgl. Donald Mac Rae, a.a.O., S. 32), den Krieg ab. -Vgl. Stefan George, *Da dein Gewitter o Donner die Wolken zerreißt, Werke, Band I*, München-Düsseldorf 1968, S. 361

II.4. Die Wirksamkeit Max Webers auf der wissenschaftlichen- und Friedrich Naumanns auf der politischen Ebene

1 Vgl. Helmut Fogt, *Max Weber - Wirkung und Bedeutung. 1890-1933* (unveröffentlichte Magisterarbeit, Universität München, Referent: P. Ch. Ludz), zitiert in: Dirk Käsler, *Einführung in das Studium Max Webers*, München 1979, S. 207

2 Vgl. ebenda, S. 197 ff.

3 Der Agrarhistoriker Georg Friedrich Knapp (1882-1926) beurteilte die Enquete als eine neue Betrachtungsmöglichkeiten aufweisende Arbeit. - Vgl. Ständiger Ausschuß des Vereins für Socialpolitik, LVIII, Verhandlungen von 1893, Leipzig 1893, S. 7

4 Vgl. ebenda, S. 200

5 Der Historiker Felix Rachfahl (1867-1925) kritisierte den Weber-'schen Begriff vom "kapitalistischen Geist" als wirtschaftliche Triebfeder des Kapitalismus und glaubte an sein Vorhandensein ohne Existenz dieses Geistes. - Vgl. Felix Rachfahl, *Kalvinismus und Kapitalismus*, in: Paul Hinneberg (Hrsg.), *Internationale Wochenschrift für Wissenschaft, Kunst und Technik*, 3. Jahrgang, Berlin 1909, Sp. 1217 ff., 1249 ff., 1287 ff., 1319 ff., 1347 ff.
Der Nationalökonom Lujo Brentano kritisierte die Vernachlässigung anderer für den Kapitalismus bedeutenden Bestimmungsfaktoren, wenngleich er die Weber'sche Arbeit begrüßte. - Vgl. Lujo Brentano, *Der wirtschaftende Mensch in der Geschichte*, Hildesheim 1967, S. 374 ff.
Werner Sombart kritisierte ihn aus ähnlichen Gründen - Vgl. Werner Sombart, *Der moderne Kapitalismus. Historisch-systematische Darstellungen des gesamteuropäischen Wirtschaftslebens von seinen Anfängen bis zur Gegenwart*, 3. Band, 1. Halbband, 4. Auflage, Berlin 1955, S. 6
Vgl. Dirk Käsler, a.a.O., S. 200 ff.

6 Vgl. ebenda, S. 202

7 Vgl. ebenda, S. 203

8 Max Weber, *The Protestant Ethic and the Spirit of Capitalism*. Translated by Talcott Parsons. With the forword by R. H. Tawney, London 1930

9 Vgl. Joachim Wach, *Religionssoziologie,* in: Alfred Vierkandt (Hrsg.), *Handwörterbuch der Soziologie*, Stuttgart 1931, S. 494
Vgl. Dirk Käsler, a.a.O., S. 203

10 Vgl. Alois Dempf, *Religionssoziologie,* in: Karl Muth (Hrsg.), *Hochland, 18. Jahrgang, Band 1, Heft 6*, Kempten 1920/21, S. 747 f.

Vgl. Ernst Troeltsch, *Der Historismus und seine Probleme, 1. Buch: Das logische Problem der Geschichtsphilosophie* (= Gesammelte Schriften, Band 3), Tübingen 1922, S. 368

Vgl. Dirk Käsler, a.a.O., S. 203

11 Vgl. Gerhart von Schulze-Gävernitz, *Max Weber als Nationalökonom und Politiker,* in: Melchior Palyi (Hrsg.), a.a.O., Band 1, S. XVII

Vgl. Hans Meinhold, *Max Weber, Das Antike Judentum,* in: Paul Hinneberg (Hrsg.), *Deutsche Literaturzeitung, Nr. 33 vom 19.8.1922,* Sp. 720 ff.

Vgl. Dirk Käsler, a.a.O., S. 203 f.

12 Vgl. Erich Rothacker, *Max Weber,* Gesammelte Aufsätze zur Religionssoziologie, 3 Bände, Wirtschaft und Gesellschaft, 1. und 2. Lieferung 1921, in: Stephan Bauer u. a. (Hrsg.), *Vierteljahresschrift für Sozial- und Wirtschaftsgeschichte, 16. Band, 3./4. Heft,* Berlin u.a. 1922, S. 426

Hans Freyer, *Typen und Stufen der Kultur,* in: Alfred Vierkandt (Hrsg.), *Handwörterbuch der Soziologie,* Stuttgart 1931, S. 307

Eduard Spranger, *Die Soziologie in der Erinnerungsgabe für Max Weber,* in: Gustav Schmoller (Hrsg.), *Schmollers Jahrbuch für Gesetzgebung, Verwaltung und Volkswirtschaft im Deutschen Reich,* 49. Jahrgang, 6. Heft, München-Leipzig 1925, S. 161

Vgl. Dirk Käsler, ebenda, S. 205

13 Karl Mannheim, Artikel in der Prager Presse vom 28.3. 1937, abgedruckt bei Wolff, Kurt, Karl Mannheim, in: Dirk Käsler, *Klassiker des soziologischen Denkens, 2. Band,* München 1978, S. 343 f.

14 Otto Hintze, *Gesammelte Abhandlungen, 2. Band,* in: Gerhard Oestreich, *Soziologie und Geschichte. Zur Soziologie, Politik und Theorie der Geschichte,* Göttingen 1964, S. 144 f.

15 Vgl. Eduard Spranger, a.a.O., S. 161

Vgl. Othmar Spann, *Klasse und Stand,* in: Ludwig Elster, Adolf Weber, Friedrich Wieser (Hrsg.), *Handwörterbuch der Staatswissenschaften,* Band 5, 4. Auflage, Jena 1923, S. 701 ff.

Vgl. Hans Freyer, *Einleitung in die Soziologie,* Leipzig 1931, S. 24 f., 117 ff.

Vgl. Andreas Walther, *Max Weber als Soziologe,* in: Gottfried Salomon, *Jahrbuch der Soziologie. Eine internationale Sammlung, Band 2,* Karlsruhe 1926, S. 3 f., 14, 19 f., 23 ff., 34, 37, 41 f., 55, 62

Vgl. Max Scheler, *Wesen und Begriff der Kultursoziologie,* in: Max Scheler, *Die Wissensformen und die Gesellschaft* (= Gesammelte Werke), Band 8, Bern-München 1960, S. 17 ff.

Vgl. Franz Oppenheimer, *System der Soziologie,* Band 1 und 2, Jena

1922-27, Band 1: S. 80 f., 93, 197 ff., 338 f., 365, 369 ff., 377 f., 383 f., 406 ff., 637 f., 924, Band 2: 234 ff., 660
Vgl. Dirk Käsler, *Einführung in das Studium Max Webers*, a.a.O., S. 206

16 Vgl. ebenda, S. 207
17 Vgl. ebenda, S. 207
18 Vgl. ebenda, S. 207
19 Vgl. Alfred Weber, *Einführung in die Soziologie,* München 1955, S. 169
20 Vgl. Dirk Käsler, *Einführung in das Studium Max Webers,* a.a.O., S. 206
21 Vgl. N. N., *Redaktionelle Notiz des Archivs für Sozialwissenschaft und Sozialpolitik, Band 48,* Tübingen 1920/21, abgedruckt in: René König und Johannes Winckelmann (Hrsg.), *Max Weber zum Gedächtnis,* Kölner Zeitschrift für Soziologie und Sozialpsychologie, Sonderheft 7, Köln 1963, S. 75
22 Vgl. Dirk Käsler, *Einführung in das Studium Max Webers,* a.a.O., S. 224
23 Vgl. ebenda, S. 225
24 Vgl. Helmut Fogt, a.a.O., zit. nach Dirk Kasler, *Einführung in das Studium Max Webers,* a.a.O., S. 210
25 Vgl. ebenda, S. 211 f.
Dieter Lindenlaub, *Richtungskämpfe im Verein für Sozialpolitik. Wissenschaft und Sozialpolitik im Kaiserreich vornehmlich vom Beginn des "Neuen Kurses" bis zum Ausbruch des ersten Weltkrieges (1890-1914),* in: Hermann Aubin u. a. (Hrsg.), *Vierteljahresschrift für Sozial- und Wirtschaftsgeschichte, Beiheft 52/53,* Wiesbaden 1967, S. 418
26 N. N., *Verhandlungen des Vereins für Socialpolitik 1920,* in: Vorstand des Vereins für Socialpolitik, *Schriften des Vereins für Socialpolitik, Band 161,* II. Teil, Leipzig 1921, S. 4
27 Ebenda, S. 4
28 Vgl. Dieter Lindenlaub, a.a.O., S. 411
29 Schmoller war Vereinsvorsitzender 1890 - 1917
Vgl. Dirk Käsler, *Einführung in das Studium Max Webers,* a.a.O., S. 212 f.
30 *Vgl. ebenda, S. 213 und 216*
31 *Vgl. ebenda, S. 217 ff.*
32 *Vgl. ebenda, S. 221*
33 *Vgl. ebenda, S. 221*
34 *Vgl. Helmut Fogt, a.a.O., zit. nach Dirk Käsler, Einführung in das Studium Max Webers, a.a.O., S. 221*

35 Vgl. Dirk Käsler, *Einführung in das Studium Max Webers*, a.a.O., S. 223

36 Vgl. Donald Mac Rae, a.a.O., S. 9

37 Constans Seyfarth und Gert Schmidt, *Max Weber, Bibliographie*, Stuttgart 1967, S. X

38 Vgl. ebenda, S. 6 ff.

39 Eberhard Demm, *Alfred Weber und sein Bruder Max*, in: René König, Friedhelm Neidhardt und M. Rainer Lepsins (Hrsg.), *Kölner Zeitschrift für Soziologie und Sozialpsychologie*, 35. Jahrgang, Köln 1983, S. 8

40 Vgl. Dirk Käsler, *Einführung in das Studium Max Webers*, a.a.O., S. 226

41 Vgl. Donald Mac Rae, a.a.O., S. 113

42 Vgl. Dirk Käsler, *Einführung in das Studium Max Webers*, , a.a.O., S. 226

43 Vgl. ebenda, S. 227

44 Innerhalb der Christlich-sozialen Partei wie auch dem dieser Gruppierung nahestehenden Evangelisch-sozialen Kreise wuchs gegen Ende der 80er Jahre des 19. Jahrhunderts der Widerstand gegen Stoeckers Grundkonzept, die aktive Sozialpolitik unmittelbar an den monarchisch konservativ geprägten Staat zu binden. - Vgl. Dieter Düding, *Der Nationalsoziale Verein 1896-1903*, Diss., München 1972, S. 23
Daß Naumann ein wichtiger Repräsentant dieser jüngeren Christlich-sozialen war, wird auch durch seine Stellung als Herausgeber der "Hilfe" deutlich.

45 Naumann formulierte in der *"Hilfe"* vom 19. Mai 1895 unter dem Titel "Was wir Stoecker verdanken" den Wunsch nach einer gemeinsamen christlich-sozialen Bewegung und beurteilte die geschichtlichen Erfolge Stoeckers positiv. Jedoch glaubte er selbst nicht, diese Einigungsformel verwirklichen zu können. - Vgl. ebenda, S. 28

46 In der Ausgabe vom 20. April 1895 sprach die Kreuzzeitung "die Vertreter der Naumannschen Richtung" als Widersacher an. - Vgl. ebenda, S. 26

47 Bei den Arbeiten zu diesem Programm erkannte Naumann zwei sich unterscheidende Bereiche von Werten: den religiösen und den politischen. In diesem Zusammenhang sind Hinweise gegeben, daß Naumann dies selbst zunächst nicht in diesem Ausmaß empfand. - Vgl. ebenda, S. 33

48 Vgl. ebenda, S. 39 f.
Daß beim Naumannschen Umdenkungsprozeß sowohl Leipziger Kirchenrechtler Adolf Sohm (1841-1917) als auch Max Weber eine wichti-

ge Rolle spielten, wird im Abschnitt 4.5.2 dieser Arbeit deutlich gemacht.

49 Vgl. ebenda, S. 47 ff.

50 Vgl. ebenda, S. 104
Der Verein glaubte an eine Wandlung der Sozialdemokratie weg von den auf Internationalität und Marx'schen Konzentrationstheorie basierenden Parteigrundsätzen. Er personifizierte seine Hoffnung in dem sozialdemokratischen Theoretiker Eduard Bernstein (1850-1932). Die Nationalsozialen glaubten, daß der Führer der bayerischen Sozialdemokratie Georg von Vollmar (1855-1922), vergleichbar der Bernstein-'schen Richtung, seine Politik ausrichten würde, wenngleich sie die Gegnerschaft der beiden Sozialdemokraten nicht übersahen. Der Verein beauftragte Naumann mit v. Vollmar Kontakt aufzunehmen. - Vgl. ebenda, S. 104 ff.

51 Vgl. Friedrich Sponsel, *Friedrich Naumann und die deutsche Sozialdemokratie (Diss.)*, Erlangen 1952, S. 206.

52 Vgl. ebenda, S. 107

53 Die Hamburger Nachrichten mahnten in ihrer Ausgabe vom 22. Januar 1897, daß man die Namen der Unterzeichner des Spendenaufrufs, zu denen Naumann gehörte, nicht vergessen solle. Wörtlich wurde gefordert, "daß die zuständigen Behörden in allen Bundesstaaten die Sammlungen, zu denen Naumann und 'Genossen' einladen, verbieten und die Urheber zur Verantwortung ziehen (sollen)". - Carl Liegen, *Der Streik der Hafenarbeiter und Seeleute in Hamburg-Altona*, 3. Auflage, Hamburg 1897, S. 71

54 Vgl. ebenda, S. 120

55 Vgl. ebenda, S. 123

56 Vgl. ebenda, S. 135

57 Vgl. ebenda, S. 179 - vgl. hierzu auch *"Hilfe"* vom 28. Juni 1903, 19. Jahrgang, Nr. 26, S. 2

58 Vgl. ebenda, S. 192 S. 204

59 Vgl. Theodor Heuss, *Friedrich Naumann...*, a.a.O., S. 204

60 Vgl. Thomas Nipperday, *Die Organisation der deutschen Parteien vor 1918*, Düsseldorf 1961, S. 227 und Ludwig Elm, *Zwischen Fortschritt und Reaktion*, in: *Deutsche Akademie der Wissenschaften zu Berlin (Hrsg.), Schriften des Instituts für Geschichte, Reihe 1, Band 32*, Berlin 1968, S. 213

61 Ernst Bassermann (1854-1917) war nationalliberaler Parteiführer und Reichstagsabgeordneter, August Bebel (1840-1913) sozialdemokratischer Parteivorsitzender und Abgeordneter im Reichstag.
Naumann formulierte diese Forderung später als die Gründung der Fraktionsgemeinschaft (März 1909), jedoch forderte er schon 1901 eine

politische Allianz zwischen Liberalismus und Sozialdemokratie. - Vgl.
Dieter Düding, a.a.O., S. 154

62 Vgl. Ludwig Elm, a.a.O., S. 152

63 Vgl. Theodor Heuss, *Friedrich Naumann...*, a.a.O., S. 315

64 Vgl. ebenda, S. 318

65 Die Nation, Jahrgang 22, Nr. 2 vom 12.11.1904, abgedruckt in: Ludwig
Elm, a.a.O., S. 159

66 Vgl. Theodor Heuss, *Friedrich Naumann...*, a.a.O., S. 37

67 Vgl. ebenda, S. 506

68 Vgl. ebenda, S. 530 f.

69 Vgl. ebenda, S. 531 f.

70 Während die Sozialdemokraten sich gegen die von Naumann gewünschte Rolle der Gewerkschaften wandten, war Schmoller nicht mit
der Rolle des Staates einverstanden, die Naumann ihm zudachte. - Vgl.
ebenda, S. 210 und 221 ff.

71 Im März wurde das 86. bis 100-tausendste Exemplar aufgelegt und bis
zum Oktober 1917 nochmals 27.000 Exemplare der "Volksausgabe". -
Vgl. ebenda, S. 363. In seinem Buch *"Mitteleuropa"* plädierte
Friedrich Naumann für ein gemeinsames Handeln der Deutschen, der
Österreicher, aber auch westslawischer Nationen wie der Polen, Tschechen und Ungarn in ökonomischer als auch militärischer Hinsicht. Er
vertrat die Auffassung, aufgrund des gemeinsam erlittenen Krieges habe sich zwischen den mitteleuropäischen Staaten ein Einigkeitsgefühl
entwickelt, wodurch dieses gemeinsame Handeln möglich sei.

72 Vgl. ebenda, S. 367 ff.

73 Vgl. ebenda, S. 408

74 Vgl. ebenda, S. 363

75 Vgl. ebenda, S. 407 f.

76 Vgl. ebenda, S. 404 ff.

77 Vgl. ebenda, S. 408 f.

78 Vgl. ebenda, S. 389 f.

79 Folgende Personen zeigten sich zur Mitarbeit bereit: der nationalliberale Parteiführer Ernst Bassermann, sein Parteifreund Gustav Stresemann (1878-1929), die Sozialdemokraten Eduard David (1863-1930),
Ludwig Frank (1874-1914) und Albert Südekum (1871-1944), der Gewerkschaftler Carl Legien (1861-1920), der Verfassungsrechtler Gerhard Anschütz (1867-1948), der Kirchenhistoriker Adolf von Harnack
(1851-1930), der Theologe Adolf Deißmann (1866-1937), der Historiker Walter Goetz (1867-1958), Heinrich Herkner, Max Weber und der
Nationalökonom Waldemar Zimmermann (1864-1940). - Vgl. ebenda,
S. 323

80 Vgl. ebenda, S. 350

81 Vgl. ebenda, S. 244 und S. 296 f.

82 Ebenda, S. 308

83 Vgl. ebenda, S. 274

84 Vgl. ebenda, S. 358

85 Die Mehrheitssozialdemokraten hatten damit den des Petrograder Sowjets bejaht.
    Vgl. Friedhelm Boll, *Frieden ohne Revolution?* in: Kurt Klotzbach, *Politik und Gesellschaftsgeschichte*, Band 8, Bonn 1980, S. 210 f.

86 Vgl. ebenda, S. 410 f. und 422

87 Vgl. ebenda, S. 443, 447, 451 ff.

88 Friedrich Naumann lehnte das Ansinnen der Heeresleitung ab, da er selbst als Befürworter des Kaisertums die Vermittlertätigkeit als Angriff auf die Monarchie angesehen hatte. - Vgl. ebenda, S. 466 ff.

89 Groener entschloß sich später direkt mit Ebert telefonisch Kontakt aufzunehmen. - Vgl. ebenda, S. 471 f.

90 Vgl. hierzu ebenda, S. 473

91 Vgl. Kurt Oppel, *Friedrich Naumann, Zeugnis seines Lebens*, Stuttgart 1961, S. 75. - Vgl. hierzu auch Theodor Heuss, *Friedrich Naumann...*, a.a.O., S. 487

92 Der Staatsrechtler Rudolf Smend (1882-1975) beurteilte Naumanns fundamentale These der "Lehre von den einen Staat integrierenden Kräften" als ein "unglückliche(s), halb liturgische(s) Alterswerk", bescheinigte aber Naumann eine "ungleich tiefere Einsicht" verglichen zu der "wesentlich technischen Verfassungstheorie von M. Weber und H. Preuß". -Rudolf Smend, *Verfassung und Verfassungsrecht*, in: Rudolf Smend, Staatsrechtliche Abhandlungen und andere Aufsätze, 2. erw. Auflage, Berlin 1968, S. 267. -Siehe auch Theodor Heuss, *Friedrich Naumann...*, a.a.O., S. 501.
    Hugo Preuß (1860-1925) war Staatsrechtler und 1918/19 Staatssekretär des Innern.
    Erich Koch-Weser vermerkte zur Naumann'schen Grundhaltung: "Hat Naumann nicht vielleicht recht gehabt, in den Grundrechten nur ethische Werte festzulegen?" - Ebenda, S. 501

93 Vgl. ebenda, S. 501 f.

94 Zusammen mit den Sozialdemokraten Johannes Meerfeld (1871-1956) und Max Quark (1860-1930) brachte er einen Antrag im Ausschuß ein, in welchem die Sozialdemokraten - Johannes Meerfeld war sozialdemokratischer Sprecher im Ausschuß - diese Rolle der Kirchen anerkannten. - Vgl. ebenda, S. 507

95 Vgl. ebenda, S. 507 ff.

96 Vgl. ebenda, S. 514

97 Vgl. Karl-Hermann Flach, *Noch eine Chance für die Liberalen*, Frank-

furt a. M. 1976, S. 19

98 Theodor Heuss, *Antrittsrede im Deutschen Bundestag* - Bonn, 12. August 1949, in: Dolf Sternberg (Hrsg.), *Reden der deutschen Bundespräsidenten Heuss/Lübke/Heinemann/Scheel,* München-Wien 1979, S. 5

99 In einem Beitrag für die Wochenzeitschrift *"Die Zeit"* vom 7.2.1973 suchte Scheel den Vorwurf gegen die F.D.P. zu entkräften, ihr Mitbestimmungskonzept, das den leitenden Angestellten als dritte Seite zur Arbeitgeber- und Arbeitnehmerseite kombinierte, hätte Züge eines Klassenwahlrechts. Scheel entgegnete: "Diesen Vorwurf gerade der Partei Friedrich Naumanns zu machen, die schon früh gegen das Klassenwahlrecht gekämpft hat, ist historisch falsch und objektiv gesehen eher polemisch." - abgedruckt in: Presse- und Informationsamt der Bundesregierung (Hrsg.), *Walter Scheel - Reden und Interviews (II),* Bonn 1974, S. 207

100 Vgl. Erhard Eppler, *Liberale und Soziale Demokratie - Zum politischen Erbe Friedrich Naumanns,* Villingen 1961, S. 6 und S. 23

101 Vgl. Willy Brandt, Rede anläßlich einer Gedenkfeier für Kurt Schumacher am 20. August 1972 in Bonn, abgedruckt in: Presse- und Informationsamt der Bundesregierung (Hrsg.), *Bundeskanzler Brandt, Reden und Interviews (II),* Bonn 1973, S. 334

102 Vgl. Helmut Schmidt, *Pflicht zur Menschlichkeit,* Düsseldorf-Wien 1981, S. 246

103 Vgl. Rainer Barzel, *Gesichtspunkte eines Deutschen,* Düsseldorf-Wien 1968, S. 38 f.

104 Theodor Heuss, *Friedrich Naumann...,* a.a.O., S. 534

III. Begriff und geistige Wurzeln des Liberalismus und seine Beziehungen zur Demokratie vor der Wirkungszeit Friedrich Naumanns

1 Vgl. Wolfgang Mommsen, *Liberalismus und liberale Idee in Geschichte und Gegenwart,* in: Kurt Sontheimer (Hrsg.), *Möglichkeiten und Grenzen liberaler Politik,* Düsseldorf 1975, S. 13

2 Vgl. Eric Voegelin, *Der Liberalismus und seine Geschichte,* in: Karl Forster (Hrsg.), *Studien und Berichte der Katholischen Akademie in Bayern, Heft 13: Christentum und Liberalismus,* S. 18 - Voegelin nannte als exemplarische Fälle den durch die Zeitschrift "Le Conservateur" des Politikers und Dichters René de Chateaubriand (1768-1848) veränderten Konservatismus oder das Werk "Restauration der Staatswissenschaft" des Staatstheoretikers und Politikers Ludwig Karl v. Haller

(1768-1854); der Liberalismus mußte sich daraufhin neu formieren, was seine Begriffsdefintion tangierte.

3 Ebenda, S. 14
4 Vgl. Friedrich C. Sell, *Die Tragödie des deutschen Liberalismus*, Stuttgart 1953, S. 11
5 Vgl. Eric Voegelin, a.a.O., S. 17
6 Untersucht man die Gründe des Kampfes gegen den Absolutismus, wäre es nicht richtig, den Luxus des Adels und die Steuerfreiheit des Klerus als entscheidende Verursacher der starken Kontrastellung der Naturrechtler anzusehen. Diese Fakten werden erst zum Politikum, wenn breite Schichten der Bevölkerung ihre lebensnotwendigen Bedürfnisse wie Nahrung und Kleidung nicht mehr befriedigen können. In Frankreich, vor 1789, dem Jahr der Revolution, waren neben zerrütteten Staatsfinanzen die Ernährungsprobleme weiter Bevölkerungskreise ungelöst und der aristokratisch geführte Staat erwies sich als nicht fähig, den Ausweg aus den wirtschaftlichen Schwierigkeiten zu weisen. - Friedrich C. Sell, a.a.O., S. 14
7 Ebenda, S. 12
8 Ebenda, S. 12
9 Ebenda, S. 12
10 Vgl. ebenda, S. 12
Sell charakterisierte Rousseaus Werk: "Rousseau war der Vater aller romantischen Bewegungen, des Anti-Intellektualismus und der Vater pseudo-demokratischer Dikaturen. Als Mensch wie als Denker schillerte er in allen Farben, aber über seine Deutung als historischer Einfluß kann kein Zweifel bestehen. Natürlich gehört er zu den Wegbereitern der Französischen Revolution." - Ebenda, S. 12 f.
11 Vgl. ebenda. S. 12
12 Vgl. ebenda, S. 15 f.
13 Die Erklärung enthielt Rechte des Individualismus, die nicht veränderbar sind. Hierzu gehörten das Recht auf Leben, Freiheit, Streben und Glück. Die Regierung, die diese Rechte verteidigen muß, leitet ihre Berechtigung der Herrschaft allein von der Zustimmung der Bevölkerung ab.
Die Unabhängigkeitserklärung enthielt einen Grundrechtskatalog, später die Bill of Rights genannt. Hierin befanden sich die Forderungen nach "Freiheit der Religion, der Rede, der Presse, der Versammlung und der Rechtssicherheit der Person...Ideen..., mit denen der Liberalismus sich heute noch auseinanderzusetzen hat." - Ebenda, S. 13
14 Vgl. ebenda, S. 39
15 Vgl. ebenda, S. 136 ff.
16 Vgl. Wolfgang Mommsen, a.a.O., S. 13

17 Vgl. ebenda, S. 16
18 Friedrich C. Sell, a.a.O., S. 32
19 Vgl. ebenda, S. 33 f. - Fichte kann aufgrund seiner Haltung gegenüber dem Judentum nicht als typisch liberale Persönlichkeit gesehen werden. Gleichwohl sind seine Gedanken in weiten Bereichen als liberal zu nennen. - Vgl. ebenda, S. 34
20 Für Lessing waren persönliche Gründe maßgebend, wenngleich sein "Nathan der Weise" Voltairesche Gedanken vertrat. Friedrich Schiller lehnte Voltaire aus moralischer Sicht ab und Klopstocks Vorbehalte lagen im religiösen Bereich. Goethe lobte Voltaires Engagement gegen die Justizmorde an Jean Calas und La Barre.
    - Vgl. ebenda, S. 15
21 Vgl. ebenda, S. 15
22 Vgl. Wolfgang Mommsen, a.a.O., S. 18 f.
23 Vgl. ebenda, S. 12 f.
24 Vgl. Friedrich C. Sell, a.a.O., S. 37
25 Vgl. ebenda, S. 38
26 Ebenda, S. 41
27 Vgl. ebenda, S. 40 f.
28 Vgl. ebenda, S. 42 f.
29 Vgl. ebenda, S. 39 f. - Ursprung des Humboldtschen Verständnisses im Verhältnis Staat - Religion war auch die amerikanische Bill of Rights. Sie kam kurz vor Beginn der Arbeiten Humboldts im Dezember 1791 heraus.
    - Vgl. ebenda, S. 40
30 Ebenda, S. 43
31 Vgl. ebenda, S. 41 f. - Vgl. auch Gliederungspunkt vier dieses Kapitels
32 Vgl. ebenda, S. 43
33 Vgl. ebenda, S. 36
34 Vgl. ebenda, S. 38
35 Vgl. ebenda, S. 37
36 Der Nationalismus wurde in Deutschland zunächst durch den konservativen Publizisten Friedrich von Gentz (1764-1832) breiten Leserkreisen nähergebracht, da er die Gedanken des englischen Politikers Edmund Burke (1729-1797) zur Grundlage seiner Ausführungen machte. Burke bestritt dem Volk das Recht, seine Regierung zu wählen und formulierte unter anderem das Recht auf Gerechtigkeit, das Recht, das Ergebnis seines Fleißes selbst zu nutzen sowie das der Familienerbschaft. Gleichheitsgedanken als Basis der Demokratie lehnte er ab, da er kommunistische Formen der Allokation der Ressourcen befürchtete. Ferner spielte der Historiker und Staatsmann Justus Möser (1720-1794) in der neuen Bewegung des Nationalismus eine entscheidende

Rolle. Wie Burke sprach sich auch Möser gegen den Gleichheitsgedanken aus und lehnte das Naturrecht ab. Er band das Wahlrecht an die Mitgliedschaft alteingesessener Familien wie auch die Finanzkraft und fixierte den Freiheitsbegriff am Gesichtspunkt überlieferter Traditionen. - Vgl. ebenda, S. 49 f.

37 Vgl. ebenda, S. 60 f.

38 Vgl. ebenda, S. 61 f.

39 Der Radikalismus entwickelte sich in Deutschland nach 1815, nach den Befreiungskriegen gegen Napoleon I. Besonders die Burschenschaften prägten das Bild nationaler Schwärmereien. Auch antisemitische Tendenzen wurden erkennbar, die nicht als liberal angesehen werden können. - Vgl. ebenda, S. 88

40 Vgl. ebenda, S. 100 f.

41 Vgl. ebenda, S. 104 ff.

42 Vgl. ebenda, S. 107

43 Vgl. ebenda, S. 106 f.

44 Vgl. ebenda, S. 113

45 Vgl. ebenda, S. 119

46 Ebenda, S. 121 - Hierbei sei erwähnt, daß seine Arbeit von verschiedenen Personen wie beispielsweise vom Historiker Heinrich von Treitschke (1834-1896) stark kritisiert wurde - Vgl. ebenda, S. 121

47 Vgl. ebenda, S. 121

48 Vgl. ebenda, S. 124

49 Durch die Befreiung der Bauern wurden viele Existenzen ernsthaft bedroht, da der befreite Landwirt seine Freiheit mit der Abtretung eines Teils seines Hofes zu begleichen hatte. Durch weitere Belastungen wie Steuern und Auszahlung an Miterben schwanden kleine bäuerliche Betriebe, wodurch gerade in Ostelbien die Großgrundbesitze noch bedeutender wurden. Die Einführung der Gewerbefreiheit erhöhte die Konkurrenz unter den Gewerbetreibenden und Handwerkern. Der Preis- und Leistungswettbewerb machte sich besonders in Zeiten wirtschaftlicher Depressionen und Rezessionen stark bemerkbar. - Vgl. ebenda, S. 140 f.

50 Humboldts Lehrer, der preußische und liberal gesinnte Staatsrat Gottlob Johann Christian Kunth (1757-1829) sprach sich für die Abschaffung der innerstaatlichen Zollschranken aus. Diese Forderung wurde hingegen erst von der nachhardenbergschen Regierung Preußens aus realpolitischen Gründen durchgesetzt, die im allgemein-politischen Bereich als konservativ einzuschätzen ist. - Vgl. ebenda, S. 141

51 Vgl. ebenda, S. 142 f.

52 Vgl. Johann Baptist Müller, *Liberalismus und Demokratie,* in: Martin Greiffenhagen, Eberhard Jäckel und August Nitschke, *Stuttgarter Beiträge zur Geschichte und Politik, Band 11,* Stuttgart 1978, S. 17

53 Vgl. ebenda, S. 16

54 Vgl. ebenda, S. 21

55 Ebenda, S. 24

56 Vgl. ebenda, S. 25 ff.

57 Vgl. ebenda, S. 27 f.

58 Vgl. ebenda, S. 26 f.

59 Vgl. Berthold Falk, *Montesquieu,* in: Heinz Rausch, *Politische Denker,* 5. Auflage, Band 2, München 1977, S. 43 .

60 Nicole Breuer, *Montesquieu und Durkheim* (Diss.), Bonn 1969, S. 13

61 Hans Maier, *Jean-Jacques Rousseau,* in: Hans Rausch, (Hrsg.), *Politische Denker,* 5. Auflage, Band 2, München 1977, S. 62

62 Vgl. ebenda, S. 62 f

63 Vgl. Hermann Schmidt, *Seinserkenntnis und Staatsdenken,* Tübingen 1965, S. 303 und 317

64 Vgl. Johann Baptist Müller, a.a.O., S. 43

65 Vgl. ebenda, S. 45

66 Vgl. ebenda, S. 43

67 Ebenda, S. 40

68 Vgl. ebenda, S. 49

69 Vgl. ebenda, S. 36

70 Vgl. Friedrich C. Sell, a.a.O., S. I05

71 Vgl. Giorgio Tonelli, *Heinrich Heines politische Philosophie (1830-1845),* Hildesheim 1975, S. 58 f.

72 Vgl. ebenda, S. 54 f.

73 Karl von Rotteck, *Lehrbuch des Vernunftsrechts und der Staatswissenschaften, Band 2,* Stuttgart 1830, S. 193, zitiert nach Ursula Herdt, *Die Verfassungstheorie Karl Rottecks* (Diss.), Heidelberg 1967, S. 103

74 Vgl. ebenda, S. 102 ff. und 258

IV.1. Soziologische Bestandsaufnahme des Wandels der Stände zur Industriegesellschaft im Deutschen Kaiserreich unter besonderer Berücksichtigung der liberalen und sozialdemokratischen Parteienentwicklung

1 Im Gegensatz zum preußischen Landtag erfolgte die Wahl zum Reichstag gemäß dem Prinzip des allgemeinen und gleichen Wahlrechts
2 Vgl. Reinhard Bendix, *Max Weber - Das Werk*, München 1964, S. 32
3 Paul Grebe u. a. (Hrsg.), *Der große Duden*, Band 5, 2. Auflage, Mannheim 1966, S. 618
4 Vgl. Heinrich Potthoff, *Die Sozialdemokratie von den Anfängen bis 1945*, Bonn-Bad Godesberg 1974, S. 48
5 Vgl. ebenda, S. 48
6 Joachim H. Knoll, *Führungsauslese in Liberalismus und Demokratie*, Stuttgart 1957, S. 128
7 Reinhard Bendix, a.a.O., S. 33
8 Vgl. Klaus Schönhoven, *Arbeiterschaft, Gewerkschaften und Sozialdemokratie in Würzburg 1848 - 1914*, in: Hans Werner Loew und Klaus Schönhoven (Hrsg.), *Würzburgs Sozialdemokraten*, Würzburg 1978, S. 1
9 Die täglichen Arbeitszeiten stiegen teilweise bis 17 Stunden. Bei äußerst harten Arbeitsbedingungen sanken die Reallöhne, so daß die Frauen und Kinder mit ihren geringen Verdiensten zur Befriedigung der lebensnotwendigen Bedürfnisse der Familie beitragen mußten. Die Wohnverhältnisse waren unzumutbar und eine Absicherung für Alter, Gebrechlichkeit und Krankheit, außer durch die wenigen Möglichkeiten der Angehörigen, waren unbekannt - vgl. Heinrich Potthoff, a.a.O., S. 16
10 "Hermann Schulze-Delitzsch lehnte im Sinne des Frühliberalismus Staatshilfe als einen unzulässigen Eingriff ab und propagierte Staatshilfemaßnahmen in Form von Konsumgenossenschaften, Kranken- und Invaliden-, Spar- und Hilfskassen. Sie aber könnten, argumentierte Lassalle, unter den ökonomischen Bedingungen des Kapitalismus die Lage der Arbeiter nicht dauerhaft bessern." Ebenda, S. 28
11 Vgl. ebenda, S. 28
12 Der sozialdemokratische Politiker und Publizist Ferdinand Lassalle (1825-1864) verfaßte das Eherne Lohngesetz, mit welchem er beweisen wollte, daß die Entlohnung der Industriearbeiter notwendigerweise nur so hoch ist, um gerade noch das Überleben zu ermöglichen.
13 Heinrich Potthoff, a.a.O., S. 27
14 Vgl. ebenda, S. 34

3 Der Marxismus-Leninismus lehnt die Abstinenz weltanschaulicher Begriffsfixierung ab. Er definiert: "Die Gesellschaft ist keine einfache Summe von Menschen, sondern bildet ein System, ein einheitliches Ganzes...von sozialen Beziehungen und sich nach spezifischen objektiven Gesetzen durch die praktische Tätigkeit der Menschen in der materiellen Produktion und im Klassenkampf verändert und entwickelt." - Manfred Buhr und Alfred Kosing, *Kleines Wörterbuch der marxistisch-leninistischen Philosophie*, Berlin 1982, S. 132. Der Klassenkampf bestimmt neben der materiellen Produktion die Gesellschaft und die Beziehungen der einzelnen Gesellschaftsmitglieder.

4 Vgl. Wilhelm Happ, *Das Staatsdenken Friedrich Naumanns*, in: Ernst von Hippel (Hrsg.), *Schriften zur Rechtslehre und Politik*, Band 57, Bonn 1968, S. 56 f.

5 Vgl. Eduard Baumgarten, *Max Weber, Werk und Person*, a.a.O., S. 690 und 692

6 Friedrich Naumann, *Christlich-Sozial*, in: Friedrich Naumann, *Werke, Band 1*, a.a.O., S. 353

7 Friedrich Naumann, *Der Christ im Zeitalter der Maschine*, in: Friedrich Naumann, Werke, Band 1, a.a.O., S. 315

8 Ebenda, S. 315

9 Ebenda, S. 315

10 Vgl. ebenda, S. 313

11 Vgl. ebenda, S. 318

12 Vgl. ebenda, S. 315

13 Ebenda, S. 311

14 Vgl. ebenda, S. 360 f.

15 Ebenda, S. 360

16 Vgl. ebenda, S. 360 f.

17 Vgl. Friedrich Naumann, *Jesus als Volksmann*, in: Friedrich Naumann, *Werke, Band 1*, a.a.O., S. 383

18 Vgl. Friedrich Naumann, *Die Evangelisch-sozialen Kongresse*, in: Friedrich Naumann, *Werke, Band 1*, a.a.O., S. 395

19 Vgl. Friedrich Naumann, *Christlich-Sozial*, a.a.O., S. 360

20 Vgl. ebenda, S. 343

21 Vgl. ebenda, S. 360

22 Friedrich Naumann, *Die Evangelisch-sozialen Kongresse*, a.a.O., S. 419

23 Ebenda, S. 419

24 Ebenda, S. 409

25 Ebenda, S. 409

26 Vgl. Friedrich Naumann, *Christlich-Sozial*, a.a.O., S. 347

27 Ebenda, S. 348

28 Vgl. ebenda, S. 348 f.
29 Friedrich Naumann, *Jesus als Volksmann*, a.a.O., S. 373
30 Vgl. ebenda, S. 374
31 Vgl. ebenda, S. 379
32 Ebenda, S. 380
33 Ebenda, S. 380
34 Ebenda, S. 380
35 Vgl. ebenda, S. 313 f.
36 Ebenda, S. 385
37 Vgl. Friedrich Naumann, *Christentum und Wirtschaftsordnung*, in: Friedrich Naumann, *Werke, Band 1*, a.a.O., S. 338
38 Ebenda, S. 338 - Innerweltlicher Chiliasmus bedeutet die Lehre von der Erwartung des Tausendjährigen Reiches Christi - Vgl. Günter Drosdowski, Paul Grebe, Rudolf Köster u. a. (Hrsg.), *Duden Rechtschreibung*, Mannheim 1973, S. 195
39 Ebenda, S. 338
40 Vgl. ebenda, S. 337
41 Friedrich Naumann, *Christlich-Sozial*, a.a.O., S. 350
42 Friedrich Naumann, Jesus als Volksmann, a.a.O., S. 377
43 Ebenda, S. 387
44 Ebenda, S. 377
45 Friedrich Naumann, *Christlich-Sozial*, a.a.O., S. 349
46 Friedrich Naumann, *Jesus als Volksmann*, a.a.O., S. 376
47 Ebenda, S. 375 - "Matth. 6,19: Ihr sollt Euch nicht Schätze sammeln auf Erden! Matth. 6,24: Ihr könnt nicht Gott dienen und dem Mammon."
48 Ebenda, S. 375
49 Ebenda, S. 375 - Matthäus 19,21
50 Ebenda, S. 377
51 Friedrich Naumann, *Christlich-sozialer Geist*, in: Friedrich Naumann, *Werke, Band 1*, a.a.O., S. 325
52 Vgl. Friedrich Naumann, *Beim heiligen Franziskus*, in: Friedrich Naumann, *Werke, Band 1*, a.a.O., S. 695
53 Ebenda, S. 695
54 Friedrich Naumann, *Der heilige Franziskus*, in: Friedrich Naumann, *Werke, Band 1*, a.a.O., S. 455
55 Friedrich Naumann, *Die Evangelisch-sozialen Kongresse*, a.a.O., S. 389
56 Ebenda, S. 389
57 Der "Verein für Socialpolitik" verstand sich nicht nur als wissenschaftliche Gesellschaft, sondern wollte auch Richtlinien für die menschliche Gemeinschaft erarbeiten. Er strebte in der Wilhelminischen Ära Reformen unter Berücksichtigung der gegebenen Wirtschaftsverfassung

Adolf Stoecker umriß seine ablehnende Haltung gegenüber der Sozialdemokratie; Pastor von Bodelschwingh referierte über die Situation bei Arbeiterwohnungen und ihre Bedeutung für die Lösung der sozialen Frage. Über die Evangelischen Arbeitervereine sprach Pastor Ludwig Weber aus Mönchengladbach. Professor Dr. Adolf Wagner, Mitbegründer des Vereins für Socialpolitik, Kathedersozialist und Präsident des Kongresses, rief die protestantischen Geistlichen auf, es den katholischen nachzutun und volkswirtschaftliche Studien zu treiben. Es war überhaupt der Gedanke des Miteinanders mit der katholischen Kirche, der den Kongreß wie einen roten Faden durchzog.

Friedrich Naumann selbst, der ursprünglich zum Thema "Die Verbreitung guter sozialer und sozialpolitischer Volksschriften" sprechen sollte, hatte wegen eines Asthmaleidens abgesagt, was gerade die jüngeren Kongreßteilnehmer bedauerten. Naumann hatte durch sein Wirken im Wichern'schen "Rauhen Haus" in Horn/Hamburg wie auch durch die "Fliegenden Blätter" auf sich aufmerksam gemacht. Teilnehmer dieses Kongresses war auch der 26jährige Max Weber, seit einem Jahr promoviert und Referendar. Er fiel jedoch nicht besonders auf diesem Kongreß auf.

Der zweite Evangelisch-soziale Kongreß fand im Mai 1891 statt.

Auf dem dritten Evangelisch-sozialen Kongreß, der im April 1892 tagte, begegneten sich Friedrich Naumann und Max Weber. Naumann sprach über das Thema "Christentum und Familie", wobei er diesen Vortrag unter sozial- und volkswirtschaftlichen Aspekten hielt, zu jener Zeit ein Novum.

Der vierte Evangelisch-soziale Kongreß wurde im Juni 1893 abgehalten.

Auf dem fünften Evangelisch-sozialen Kongreß trugen Paul Göhre, Pastor und späterer Mitarbeiter Naumanns und Max Weber im Mai 1894 in Frankfurt ihre Ergebnisse zu den Untersuchungen der deutschen Landarbeiter vor.

96 Vgl. Friedrich Naumann, *Christlich-Sozial,* a.a.O., S. 343
97 Ebenda, S. 342
98 Ebenda, S. 342
99 Ebenda, S. 342
100 Ebenda, S. 342 f.
101 Vgl. ebenda, S. 341
102 Das Tivoliprogramm, das am 8. Dezember 1892 von der Konservativen Partei verabschiedet wurde, hatte neben mittelständischen und agrarisch ausgerichteten Punkten eine besonders antisemitische Komponente. - Vgl. Hans- Jürgen Puhle, *Radikalisierung und Wandel des*

deutschen Konservatismus vor dem Ersten Weltkrieg, in: Gerhard A. Ritter, *Deutsche Parteien vor 1918,* a.a.O., S. 174

103 Vgl. Friedrich Naumann, *Christlich-Sozial,* a.a.O., S. 341 f. - Vergleiche hierzu Naumanns Auseinandersetzung mit denjenigen Menschen, die ihre christliche Armenhilfe auf "unpolitische Liebesarbeit im kleinen..." (Gliederungspunkt 4.2.4.3.3 beschränken.

104 Ebenda, S. 341 f.

105 Vgl. ebenda, S. 343

106 Ebenda, S. 346

107 Ebenda, S. 346

108 Ebenda, S. 346

109 Das Erfurter Programm der SPD aus dem Jahre 1891 zeichnete für Arbeiter, Kleinbürger und Bauern den gleichen Weg der zukünftigen Entwicklung auf. Die SPD prognostizierte die "wachsende Zunahme der Unsicherheit ihrer Existenz, des Elends, des Druckes, der Knechtung, der Erniedrigung, der Ausbeutung... Das Privateigentum an Produktionsmitteln, welches ehedem das Mittel war, dem Produzenten das Eigentum an seinen Produkten zu sichern, ist heute zum Mittel geworden, Bauern, Handwerker und Kleinhändler zu expropriieren und die Nichtarbeiter - Kapitalisten, Großgrundbesitzer - in den Besitz des Produkts der Arbeit zu setzen. Nur die Verwandlung des kapitalistischen Privateigentums an Produktionsmitteln - Grund und Boden, Gruben und Bergwerke, Rohstoffe, Werkzeuge, Maschinen, Verkehrsmittel - in gesellschaftliches Eigentum und die Umwandlung der Warenproduktion in sozialistische...Produktion kann es bewirken, daß der Großbetrieb und die stets wachsende Ertragsfähigkeit der gesellschaftlichen Arbeit für die bisher ausgebeuteten Klassen aus einer Quelle der höchsten Wohlfahrt und allseitiger, harmonischer Vervollkommnung werden" - Vgl. Heinrich Potthoff, a.a.O., S. 178

110 Friedrich Naumann, *Das Recht eines christlichen Sozialismus,* a.a.O., S. 403. Naumann weiter: "Erst in der Mischung liegt die Kraft. Was ist zum Beispiel die Religion, wenn sie sich nicht mit Pädagogik zur christlichen Erziehung verbindet, was ist Religion, wenn sie nicht Stellung nimmt zu den philosophischen Versuchen der Welterklärung?"

111 Ebenda, S. 403

112 Vgl. ebenda, S. 404 - Naumann: "Immer wird der christliche Geist nach zeitgemäßen Formen ringen müssen, und immer wird er dabei sich selbst aus alter Gestaltung herausschälen und in neue Gestaltung hineinbetten müssen." Ebenda, S. 404

113 Vgl. Friedrich Naumann, *Christlich-Sozial,* a.a.O., S. 346: "...die neue Weltanschauung" muß "religiöse und wirtschaftliche Momente haben".

strukturen von Vereinsgründern lagen. Er sprach von "Schöpfer-drang...um jeden Preis etwas in die Welt" (Ebenda, S. 427) zu "stellen" (Ebenda, S. 427) und vom "Nachahmungstrieb" (Ebenda, S. 427), da auch im nächsten Ort ein Verein existiert.

144 Ebenda, S. 428
145 Ebenda, S. 429
146 Vgl. ebenda, S. 429 f.
147 Ebenda, S. 431
148 Ebenda, S. 431.
149 Ebenda, S. 432 - homogen soll natürlich nicht bedeuten, daß es keinen Streit in der Bauernfamilie gab. Vielmehr bezieht sich homogen auf die Zielgestaltung und deshalb auch auf die Mittelwahl zur Zielerreichung.
150 Vgl. ebenda, S. 432 f.
151 Ebenda, S. 434
152 Vgl. ebenda, S. 435 f.
153 Ebenda, S. 437
154 Ebenda, S. 438
155 Ebenda, S. 439
156 Ebenda, S. 441 - Hier sind Parallelen zu Max Weber zu erkennen, der seinerseits davon ausging, daß die wirtschaftlichen Interessen die politisch-ideologisch motivierten besiegen werden und deshalb Parteien zu ökonomisch motivierten Wahlvereinen werden, die nicht auf Ideologien, sondern auf charismatische Führerpersönlichkeiten ausgerichtet sind.
157 Vgl. ebenda, S. 441 f.
158 Ebenda, S. 445
159 Ebenda, S. 445
160 Vgl. ebenda, S. 445 f.
161 Vgl. ebenda, S. 440
162 Vgl. Friedrich Naumann, *Christlich-Sozial,* a.a.O., S. 368
163 Ebenda, S. 368
164 Ebenda, S. 368
165 Vgl. ebenda, S. 368
166 Ebenda, S. 368
167 Auf die beiden Hauptziele hob Naumann ab, wenn er schrieb: "In den beiden Worten: Volksorganisation und Antikapitalismus liegt unendlicher Arbeitsstoff." (Friedrich Naumann, *Christlich-Sozial,* a.a.O., S. 363)
168 Vgl. ebenda, S. 364
169 Ebenda, S. 365
170 Ebenda, S. 365

171 Ebenda, S. 365 - In dieser Beurteilung befand sich Naumann im krassen Gegensatz zu Max Weber, der in seiner "Landarbeiterenquete" sich für ein stärkeres Engagement im ostelbischen, flachen Land aussprach.
172 Vgl. ebenda, S. 365
173 Ebenda, S. 365 f.
174 Ebenda, S. 366
175 Ebenda, S. 366
176 Ebenda, S. 364
177 Ebenda, S. 364
178 Vgl. ebenda, S. 364
179 Vgl. ebenda, S. 364 - "Dann werden wohl erst einzelne Überläufer herüber- und hinüberlaufen, bis die Verhältnisse sich klären..." - Vgl. ebenda, S. 343: "Wie die Sozialdemokratie den Liberalismus beerbte, so wird die Christlich-Soziale die Sozialdemokratie beerben."
180 Ebenda, S. 365
181 Vgl. ebenda, S. 365
182 Vgl. Theodor Heuss, *Friedrich Naumann*, a.a.O., S. 83
183 Vgl. ebenda, S. 83
184 Vgl. ebenda, S. 87

IV.3. Das soziologisch-politologische Werk Max Webers

1 Max Weber, *Wirtschaft und Gesellschaft, Grundriß der verstehenden Soziologie*, 5. Auflage, Tübingen 1976, S. 1
2 Vgl. Max Weber, *Gesammelte Aufsätze zur Religionssoziologie, Band 1*, 5. Auflage, Tübingen 1963, S. 267
3 Ebenda, S. 564
4 Vgl. Raymond Aron, *Die deutsche Soziologie der Gegenwart*, Stuttgart 1969, S. 94 f.
5 Vgl. ebenda, S. 98 ff.
6 Vgl. Max Weber, *Gesammelte Aufsätze zur Wissenschaftslehre*, 3. Auflage, Tübingen 1968, S. 166
7 Raimond Aron, a.a.O., S. 133
8 Vgl. Wolfgang Mommsen, *Max Weber. Gesellschaft, Politik und Geschichte*, a.a.O., S. 102 f.
9 Vgl. Max Weber, *Gesammelte Aufsätze zur Wissenschaftslehre*, a.a.O., S. 38
10 Wolfgang Mommsen, *Max Weber. Gesellschaft, Politik und Geschichte*, a.a.O., S. 107

36. Reinhard Bendix, a.a.O., S. 223
37. Ebenda, S. 223
38. Vgl. ebenda, S. 224
39. Max Weber, Wirtschaft und Gesellschaft, a.a.O., S. 426 f.
40. Vgl. ebenda, S. 426
41. Reinhard Bendix, a.a.O., S. 223
42. Ebenda, S. 224
43. Ebenda, S. 224
44. Vgl. ebenda, S. 231 f.
45. Ebenda, S. 226
46. Vgl. Wolfgang Mommsen, Max Weber. Gesellschaft, Politik und Geschichte, a.a.O., S. 329
47. Ebenda, S. 255
48. Anzumerken ist, daß sich Weber bei der Quellenanalyse des Protestantismus an erster Stelle auf die calvinistische Lehre des 16. und 17. Jahrhunderts bezog. Als Quelle diente ihm die streng formulierte Westminster Confession aus dem Jahre 1647. Vgl. Reinhard s Bendix, a.a.O., S. 52
49. Vgl. ebenda, S. 191
50. Vgl. ebenda, S. 491
51. Vgl. Max Weber, Wirtschaft und Gesellschaft, a.a.O., S. 391
52. Vgl. Raymond Aron, a.a.O., S. 497
53. Ebenda, S. 53
54. Vgl. Reinhard Bendix, a.a.O., S. 60 f.
55. Ebenda, S. 49
56. Max Weber, Gesammelte Aufsätze zur Religionssoziologie, a.a.O., S. 37
57. Vgl. Reinhard Bendix, a.a.O., S. 49 ff. Nicht zu vergessen ist bei der Betrachtung des Rationalisierungsprozesses, daß Weber den Begriff "Rationalisierung" nicht immer gleich sah. Nachdem zu Beginn seiner Forschungen der Begriff lediglich ein Teil seines allgemeinen Sprachschatzes ohne transzendentalem Hintergrund darstellte, verstand er später den Begriff als Erklärung für den Industriekapitalismus, was an seinem Werk "Die protestantische Ethik und der Geist des Kapitalismus" deutlich wird. In diesem Sinne sah er in der Entwicklungsreihe des religiösen Entäußerungsprozesses, wobei sein Endpunkt die calvinistische Ethik darstellte. Friedrich H. Tenbruck, Das Werk Max Webers, in: Kölner Zeitschrift für Soziologie, Band 27, Köln 1975, S. 670
58. Vgl. Max Weber, Gesammelte Aufsätze zur Religionssoziologie, a.a.O., S. 44

59 Vgl. Reinhard Bendix, a.a.O., S. 46

60 Raymond Aron, a.a.O., S. 131 f.

61 Vergleiche die Beschreibung zur Bürokratie der legalen Herrschafts-form. An dieser Stelle soll nicht unerwähnt bleiben, daß dieser rechts-soziologische Prozeß der Rationalisierung des Rechts als Antwort auf den Absolutismus und seine teilweise auf Willkür aufgebauten Ent-scheidungen zu verstehen ist. - Vgl. Reinhard Bendix, a.a.O., S. 320 f. Ferner ist der religionssoziologische Hintergrund legaler Herrschaft in Westeuropa zu berücksichtigen. Hierbei bewirkten die christlichen Ge-meinden einen Abbau der Sippenbeziehungen, da jeder getaufte Christ die gleichen religiösen Rechte besaß. Dies stellte die Voraussetzung für ein selbständiges Bürgertum dar. - Vgl. ebenda, S. 317

62 Vgl. Wolfgang Mommsen, a.a.O., S. 35

63 Karl Loewenstein, *Max Webers staatspolitische Auffassungen in der Sicht unserer Zeit,* Frankfurt am Main . 1965, S. 37

64 Max Weber, *Wirtschaft und Gesellschaft,* a.a.O., S. 507

65 Vgl. ebenda, S. 559 f.

66 Vgl. Reinhard Bendix, a.a.O., 326

67 Ebenda, S. 343

68 Weber sah dies im Deutschen Reich exemplarisch, als Bismarck mit der Bürokratie gegen das Parlament regierte. Das Parlament reagierte nur noch mit Mittelsperrungen für die Verwaltung und blockierte Geset-zesvorschläge der Bürokratie - Vgl. ebenda, . S. 343

69 Vgl. Max Weber, *Gesammelte Aufsätze zur Sozial- und Wirtschaftsge-schichte,* Tübingen 1924, S. 278

70 Max Weber, *Gesammelte Aufsätze zur Religionssoziologie,* a.a.O., S. 204

71 Zitiert nach Wolfgang Mommsen, a.a.O., S. 132, vgl. . Reinhard Ben-dix, a.a.O., S. 317

72 Vgl. Wolfgang Mommsen, *Max Weber. Gesellschaft, Politik und Ge-schichte,* a.a.O., S. 52 - Diese stellte Weber allerdings erst 1918/19 fest.

73 Vgl. Reinhard Bendix, a.a.O., S. 248

74 Vgl. ebenda, S. 278 f.

75 Vgl. Max Weber, *Wirtschaft und Gesellschaft,* a.a.O., S. 549.

76 Vgl. Max Weber, *Gesammelte Politische Schriften,* 3. Auflage, Tübin-gen 1971, S. 335

77 Vgl. Reinhard Bendix, a.a.O., S. 335

78 Vgl. Max Weber, *Gesammelte Politische Schriften,* a.a.O., S. 391 f.

79 Vgl. ebenda, S. 404 f.

80 Ebenda, S. 262

81 Ebenda, S. 262

82 Vgl. ebenda, S. 507 f.

83 Reinhard Bendix, a.a.O., S. 337
84 Vgl. ebenda, S. 337
85 Wolfgang Mommsen, *Max Weber. Gesellschaft, Politik und Geschichte*, a.a.O., S. 60
86 Vgl. Max Weber, *Gesammelte Politische Schriften*, a.a.O., S. 401 f.
87 Vgl. ebenda, S. 364 f.
88 Vgl. Reinhard Bendix, a.a.O., S. 339
89 Ebenda, S. 340
90 Max Weber, *Gesammelte Politische Schriften*, a.a.O., S. 394
91 Vgl. Reinhard Bendix, a.a.O., S. 340
92 Vgl. ebenda, S. 345
93 Ebenda, S. 347
94 Vgl. ebenda, S. 346 f.
95 Vgl. Max Weber, *Gesammelte Politische Schriften*, a.a.O., S. 14
96 Raymond Aron, a.a.O., S. 122
97 Wolfgang Mommsen, *Max Weber. Gesellschaft, Politik und Geschichte*, a.a.O., S. 140
98 Vgl. ebenda, S. 140
99 Vgl. ebenda, S. 173
100 Vgl. ebenda, S. 140 f.
101 Vgl. ebenda, S. 168
102 Vgl. Wolfgang Mommsen, *Max Weber. Gesellschaft, Politik und Geschichte*, a.a.O., S. 135
103 Vgl. ebenda, S. 142
104 Vgl. ebenda, S. 27
105 Vgl. Max Weber, *Gesammelte Politische Schriften*, S. 337
106 Vgl. Karl Loewenstein, a.a.O., S. 21 f.
107 Max Weber, *Wirtschaft und Gesellschaft*, a.a.O., S. 144, zitiert aus Joachim H. Knoll, a.a.O., S. 161
108 Vgl. Lind, Andreas, *Friedrich Naumann und Max Weber, Theologie und Soziologie im Wilhelminischen Deutschland*, in: Trutz, Rendtorff und Karl Gerhard Steck (Hrsg.), *Theologische Existenz heute*, Band 174, München 1973, S. 22
109 Vgl. Marianne Weber, a.a.O., S. 624
110 Wolfgang Mommsen, *Max Weber und die deutsche Politik*, a.a.O., S. 80
111 Vgl. Wolfgang Mommsen, *Max Weber. Gesellschaft, Politik und Geschichte*, a.a.O., S. 26
112 Max Weber, *Gesammelte Politische Schriften*, a.a.O., S. 404
113 Vgl. ebenda, S. 404
114 Reinhard Bendix, a.a.O., 341
115 Vgl. Max Weber, *Gesammelte Politische Schriften*, a.a.O., S. 314

116 Max Weber, Brief vom 18.11.1908 an Friedrich Naumann, Nachlaß
Friedrich Naumann
Im Bundesrat saßen 58 Vertreter der Regierungen der 25 Bundesstaaten (ab 1911 kam Elsaß-Lothringen mit 3 Vertretern hinzu). Der Vor-
sitz stand grundsätzlich dem preußischen König zu, der zugleich Deutscher Kaiser war. Im Gegensatz zum Reichstag, der das Etatbewilli-
gungs-, Gesetzesinitiativen- und Gesetzeszustimmungsrecht besaß,
hatte der Bundesrat das Gesetzgebungs-, Verordnungs- und Auf-
sichtsrecht über die Verwaltung. Preußen sendete 17 Vertreter in den
Bundesrat und hatte ein Vetorecht, das grundsätzlich ab 14 Stimmen
in Kraft trat. - Vgl. Kinder, Hermann und Werner Hilgemann, *dtv-Atlas zur Weltgeschichte,* Band 2, 6. Auflage, München 1971, S. 76 f.
117 Vgl. ebenda, S. 273
118 Vgl. Reinhard Bendix, a.a.O., S. 344
119 Vgl. Max Weber, *Gesammelte Politische Schriften,* a.a.O., S. 498 f.
120 Karl Loewenstein, a.a.O., S. 24
121 Vgl. ebenda, S. 24
122 Vgl. Wolfgang Mommsen, *Max Weber. Gesellschaft, Politik und Geschichte,* a.a.O., S. 54
123 Erinnerungsausgabe für Max Weber, *Hauptprobleme der Soziologie,*
Leipzig 1923, S. XX f., zitiert aus Raymond Aron, a.a.O., S. 124

IV.4. Friedrich Naumanns national-sozial geprägte Vorstellungs-
welt

1 Macht soll hier verstanden werden im Sinne Max Webers als "die
Chance, seinen Willen bei anderen durchzusetzen, wobei es gleichgül-
tig ist, worauf diese beruht." - Jakobus Wössner, a.a.O., S. 49 f.
2 Friedrich Naumann, *Die Politik der Gegenwart: Weltmarkt und Weltmacht,* in: Friedrich Naumann, Werke, Band 4, a.a.O., S. 47
3 Theodor Heuss, *Friedrich Naumann. Der Mann, das Werk, die Zeit,*
a.a.O., S. 153
4 Ebenda, S. 153
5 Neben den Sozialdemokraten standen auch Teile "der bürgerlichen
Linken" dem Gedanken der Machtpolitik distanziert gegenüber. -
Ebenda. S. 154
6 Ebenda, S. 154
7 Ebenda, S. 154
8 Friedrich Naumann, *Von wem werden wir regiert?,* in: Friedrich
Naumann, Werke, Band 2, a.a.O., S. 390

226

9 Ebenda, S. 401
10 Ebenda, S. 393
11 Ebenda, S. 393
12 Ebenda, S. 394
13 Friedrich Naumann, *Demokratie und Kaisertum,* in: Friedrich Naumann, Werke, Band 2, a.a.O., S. 442
14 Friedrich Naumann, Von wem werden wir regiert?, a.a.O., S. 397
15 Vgl. ebenda, S. 403
16 Vgl. ebenda, S. 405
17 Vgl. Friedrich Naumann, *Das Königtum,* in: Friedrich Naumann, Werke, Band 2, a.a.O., S. 408 f.
18 Vgl. ebenda, S. 409 .
19 Vgl. Friedrich Naumann, *Die Politik der Gegenwart,* a.a.O., S. 40 ff.
20 Ebenda, S. 41
21 Vgl. Friedrich Naumann, *Von wem werden wir regiert?,* a.a.O., S. 406
22 Vgl. ebenda, S. 406 - Vgl. Gliederungspunkt 4.3.3.1
23 Ebenda, S. 406
24 Friedrich Naumann, *Die Politik der Gegenwart,* a.a.O., S. 41
25 Friedrich Naumann, *Von wem werden wir regiert?,* a.a.O., S. 407
26 Friedrich Naumann, *Das Königtum,* a.a.O., S. 429
27 Ebenda, S. 429
28 Ebenda, S. 429
29 Vgl. ebenda, S. 428 - Naumann sprach von einer "fast übermenschlichen Last", die der Monarch zu tragen hätte.
30 Theodor Heuss, *Friedrich Naumann. Der Mann, das Werk, die Zeit,* a.a.O., S. 155
31 Friedrich Naumann schrieb 1900 dieses damals vielbeachtete Buch mit gleichem Titel.
32 Theodor Heuss, Friedrich Naumann. *Der Mann, das Werk, die Zeit,* a.a.O., S. 152
33 Ebenda, S. 152
34 Ebenda, S. 152 f.
35 Friedrich Naumann, *Von wem werden wir regiert?,* a.a.O., S. 407
36 Ebenda, S. 407
37 Joachim H. Knoll, a.a.O., S. 131
38 Ebenda, S. 131
39 Ebenda, S. 138
40 Vgl. ebenda, S. 141
41 Wilhelm Heile, *Nutzen und Notwendigkeit einer politischen Volkshochschule,* in: Friedrich Naumann und Wilhelm Heile, *Erziehung zur Politik,* Berlin 1918, S. 33, zitiert aus ebenda, S. 141

42 Vgl. Friedrich Naumann, *Von wem werden wir regiert?*, a.a.O., S. 406 Hierbei legte sich Naumann nicht auf nähere Einzelheiten eines von ihm gewünschten Wahlrechts fest. Somit wurde von ihm nicht die Frage geklärt, ob ein Verhältniswahlrecht besser wäre als ein Mehrheitswahlrecht.

43 Vgl. ebenda, S. 439 f.

44 Friedrich Naumann, *Demokratie und Monarchie,* in: Friedrich Naumann, *Werke, Band 2,* a.a.O., S. 439

45 Ebenda, S. 439 f.

46 Friedrich Naumann schrieb: "Das einzige, was wir vor Rumänen und Russen, vor Italienern und Indern schließlich voraus haben, ist die bessere Durchbildung, die wir unserer Arbeitermenge geben können. Und jeder, der diese Durchbildung erschwert und hemmt, der irgendein Bleigewicht an unsere Schulen hängt oder die Freiheit der Entwicklung des Charakters in der Masse hindert, hemmt zugleich die deutsche Volkswirtschaft." - *Weltmarkt und Weltmacht,* a.a.O., S. 51

47 Friedrich Naumann, *Die politische Aufgabe der Sozialdemokratie,* in: Friedrich Naumann, *Werke, Band 4,* a.a.O., S. 70

48 Ebenda, S. 70

49 Vgl. Joachim H. Knoll, a.a.O., S. 179 - Hierbei ist darauf zu verweisen, daß dieser Organisationsplan schon am Ende der christlich-sozialen Zeit Friedrich Naumanns entstand, als er zusammen mit Paul Göhre eine Reorganisation der Partei in der Massengesellschaft forderte. Diese Organisation wurde indes nicht zuerst von Naumann, sondern vom Posener Provinzialverband der Nationalliberalen Partei durchgeführt - Vgl. ebenda, S. 179 f

50 Friedrich Naumann, *Politische Professoren,* in: *Die Hilfe,* Nr. 30, 20. Jahrgang, a.a.O., S. 1 f.

51 Vgl. Friedrich Naumann, *Die Umgestaltung der deutschen Reichsverfassung,* in: Friedrich Naumann, *Werke, Band 2,* a.a.O., S. 365

52 Vgl. Friedrich Naumann, *Das Königtum,* a.a.O., S. 434 f.

53 Ebenda, S. 409

54 Ebenda, S. 435

55 Vgl. ebenda, S. 437

56 Vgl. ebenda, S. 408 f.

57 Vgl. ebenda, S. 439

58 Joachim H. Knoll, a.a.O., S. 133

59 Friedrich Naumann, *Das Königtum,* a.a.O., S. 423 .

60 Vgl. Friedrich Naumann, *Der Kaiser im Volksstaat,* in: Friedrich Naumann, *Werke, Band 2,* a.a.O., S. 493 f.

61 Vgl. ebenda, S. 483 f.

62 Friedrich Naumann war von 1907 - 1912 Mitglied des Reichstags und gehörte der "Freisinnigen Vereinigung" als Reichstagsmitglied von 1907 - 1910 an. Danach war er Parteimitglied der "Fortschrittlichen Volkspartei", in die die "Freisinnige Vereinigung" 1910 aufgegangen war. 1913 wurde Naumann wieder in den Reichstag gewählt und gehörte ihm bis zu seiner Auflösung Ende des Krieges an.

63 Theodor Heuss, *Friedrich Naumann. Der Mann, das Werk, die Zeit*, a.a.O., S. 216

64 Vgl. Louis Eisner, *Friedrich Naumann als Wirtschaftspolitiker*, (Diss.), Freiburg i. Br. 1922, S. 31 ff.

65 Ebenda, S. 42

66 Vgl. ebenda, S. 42 f.

67 Vgl. Gliederungspunkt 3.2 dieser Arbeit

68 Horst Zimmermann und Klaus-Dirk Henke, *Finanzwissenschaft*, München 1975, S. 7

69 Vgl. Louis Eisner, a.a.O., S. 59 und 62

70 Vgl. ebenda, S. 64 f.

71 Vgl. ebenda, S. 69 f.

72 Ebenda, S. 72

73 Ebenda, S. 71

74 Ebenda, S. 73

75 Ebenda, S. 78

76 In St. Petersburg, das in Petrograd umbenannt worden war, herrschte im März 1917 der sogenannte Petrograder Sowjet der Arbeiter- und Soldatendeputierten, der aus Bolschewiki bestand - Vgl. Hermann Kinder und Werner Hilgemann, a.a.O., Band 2, S. 129

77 Zwar standen die USA seit Beginn des Krieges an der Seite der Ententemächte. Völkerrechtlich waren sie aber noch neutral. - Vgl. ebenda, S. 129 und vgl. Theodor Heuss, *Friedrich Naumann. Der Mann, das Werk, die Zeit*, a.a.O., S. 409

78 Ebenda, S. 410

79 Friedrich Naumann, *Die Freiheit in Deutschland*, in: Friedrich Naumann, *Werke, Band 2*, a.a.0, S. 451 f.

80 Vgl. ebenda, S. 452

81 Ebenda, S. 453

82 Vgl. ebenda, S. 456

83 Vgl. ebenda, S. 453

84 Friedrich Naumann, *Der Weg zum Volksstaat*, in: Friedrich Naumann, *Werke, Band 2*, a.a.O., S. 524

85 Vgl. Theodor Heuss, *Friedrich Naumann. Der Mann, das Werk, die Zeit*, a.a.O., S. 455

86 Vgl. Friedrich Naumann, *Der Weg zum Volksstaat*, a.a.O., . S. 522

87 Ebenda, S. 522
88 Friedrich Naumann, *Das Königtum*, a.a.O., S. 409
89 Friedrich Naumann, *Der Weg zum Volksstaat*, a.a.O., S. 522 ,
90 Ebenda, S. 525
91 Vgl. Friedrich Naumann, *Die Demokratie in der Nationalversamm-lung*, in: Friedrich Naumann, *Werke, Band 2*, a.a.O., S. 545
92 Friedrich Naumann, *Der Weg zum Volksstaat*, a.a.O., S. 528 f.
93 Vgl. ebenda, S. 534 f.
94 Vgl. Friedrich Naumann, *Die Demokratie in der Personalversamm-lung*, a.a.O., S. 538
95 Vgl. Friedrich Naumann, *Demokratie als Staatsgrundlage*, a.a.O., S. 560
96 Vgl. Friedrich Naumann, *Die Demokratie in der Nationalversamm-lung*, a.a.O., S. 541
97 Friedrich Naumann, *Demokratie als Staatsgrundlage*, a.a.O., S. 563
98 Vgl. Friedrich Naumann, *Die Demokratie in der Nationalversamm-lung*, a.a.O., S. 544
99 Vgl. ebenda, S. 542
100 Vgl. ebenda, S. 546 f.
101 Friedrich Naumann, *Demokratie als Staatsgrundlage*, a.a.O., S. 570
102 Theodor Heuss, *Friedrich Naumann. Der Mann, das Werk, die Zeit*, a.a.O., S. 471
103 Vgl. ebenda, S. 473

IV.5. Max Webers Einfluß auf Friedrich Naumanns national-sozial geprägtes Bild der liberalen Gesellschaft

1 Vgl. Jürgen Weber, *Politik als Gegenstand der Sozialkunde*, in: Akademie für politische Bildung und Akademie für Lehrerfortbildung (Hrsg.), *Konflikt und Integration I, Orientierungsprobleme des Bürgers*, München 1975, S. 40 ff.
2 Wolfgang Mommsen, *Max Weber, Gesellschaft, Politik und Geschichte*, a.a.O., S. 135
3 Jürgen Weber, a.a.O., S. 41
4 Max Weber, *Wirtschaft und Gesellschaft*, a.a.O., S. 28
5 Für Lothar Bossle ist "die Struktur der Politik...umfassender als die Erscheinungsweisen der Macht; auch Ohnmacht und Machtverzicht gehören zur Politik". (Lothar Bossle, *Demokratie ohne Alternative*, Stuttgart-Degerloch 1972, S. 24) Lothar Bossle bezieht sich auf die Machtdefinition von Paul Tillich: "Macht ist die Fähigkeit des Men-

schen, gleich auf welcher Ebene unseres Seins, die Realität der Welt im großen wie im kleinen zu bewegen." - Ebenda, S. 24

6 Lothar Bossle, *Der Autoritäts- und Machtanspruch des Politikers und Staatsmannes,* in: Niedersächsische Landeszentrale für Politische Bildung (Hrsg.), *Schriftenreihe der Niedersächsischen Landeszentrale für Politische Bildung,* Hannover 1973, S. 9

7 Wilhelm Bernsdorf, *Wörterbuch der Soziologie,* Stuttgart 1969, S. 652

8 Ebenda, S. 650 f.

9 Lothar Bossle, *Der Autoritäts- und Machtanspruch des Politikers und Staatsmannes,* a.a.O., S. 19

10 Ebenda, S. 19 - Bossle bezog sich auf Bertrand de Jouvenel, Authority:

"The Efficient Imperative", Nomos I, o. act. Ausgabe 1958, S. 160 f.

11 Carola Stern, Thilo Vogelsang, Erhard Klöss und Albert Graff (Hrsg.), *Lexikon der Geschichte und Politik im 20. Jahrhundert, 1. Band,* Köln 1971, S. 349

12 Ebenda, S. 349

13 Ebenda, S. 349

14 Lothar Bossle, *Vorwärts in die Rückgangsgesellschaft,* Würzburg 1979, S. 110

15 Ebenda, S. 110

16 Ebenda, S. 110

17 Ebenda, S. 112

18 Ebenda, S. 112

19 Theodor Heuss, *Friedrich Naumann. Der Mann, das Werk,* die Zeit, a.a.O., S. 129

20 Ebenda, S. 125

21 Ebenda, S. 133

22 Ebenda, S. 124.

An dieser Stelle wäre eine gründliche Betrachtung der geistigen Wurzeln des Weberschen sowie des Naumannschen Denkens nützlich. Leider ist die Quellenlage in diesem Bereich sehr mangelhaft. Eine wissenschaftliche Analyse dieser Thematik würde jedoch den Rahmen der vorliegenden Arbeit sprengen, wenngleich diese Fragenkomplexe als Gegenstand selbständiger soziologischer Arbeiten lohnend wären.

23 Vgl.Max Weber, Brief vom 14.12.1906, Blatt Nr. 92, a.a.O.

24 Vgl. Theodor Heuss, *Friedrich Naumann. Der Mann, das Werk, die Zeit,* a.a.O., S. 294

25 Der Begriff "Entlerungsgebiet" entstammt der volkswirtschaftlichen Fachdisziplin "Verkehrs- und Raumordnungspolitik" und beschreibt eine Region, die durch Einflußgrößen exogener und/oder endogener

Art so stark entvölkert wurde, daß weniger Menschen in diesem Gebiet leben als eine funktionierende Wirtschafts-wie Sozialstruktur es verlangt.

26 Weber führte die Zuwanderung polnischer Landarbeiter auf deren höhere Leistungsfähigkeit und niedrigere Lohnkosten zurück. - Vgl. Eduard Mommsen, *Max Weber, Werk und Person*, a.a.O., S. 89

27 Vgl. Theodor Heuss, *Friedrich Naumann. Der Mann, das Werk, die Zeit*, a.a.O., S. 216 f.

IV.6. Die veränderte Persönlichkeitsstruktur Friedrich Naumanns durch den Einfluß Max Webers und das Bindeglied dieser Freundschaft

1 Eduard Spranger, *Lebensformen*, 8. Auflage, Tübingen . 1950, S. 119

2 Eduard Spranger, a.a.O., S. 119

3 Eduard Spranger, a.a.O., S. 124

4 "Weber hatte etwa eine Stunde gesprochen, als ihm die besorgte Gattin einen Zettel auf das Pult reichen ließ, worin sie ihn bat, im Interesse seiner Gesundheit den Vortrag abzukürzen. Er teilte dies der Versammlung mit und fügte ungefähr diese Worte hinzu: 'Liebe Marianne, ich bin jetzt in so gutem Zuge - erlaube, bitte, daß ich noch eine kurze Zeit weiter spreche.'" - Vgl. Johannes Leo, *Erinnerungen an Max Weber*, in: René König und Johannes Winckelmann (Hrsg.), *Max Weber zum Gedächtnis*, a.a.O., S. 18

5 Eduard Spranger, a.a.O., S. 193

6 Eduard Spranger, a.a.O., S. 194

7 Vgl. Punkt 4.2.4. dieser Arbeit

8 Eduard Spranger, a.a.O., S. 194

9 Ebenda, S. 236

10 Ebenda, S. 239

11 Marianne Weber, a.a.O., S. 157

12 Ebenda, S. 508

13 Vgl. auch Otto Heinrich von der Gablentz, *Einführung in die Politische Wissenschaft*, in: Ossip K. Flechthelm, Otto Heinrich von der Gablentz, Hans Reif (Hrsg.), *Die Wissenschaft von der Politik, Band 13*, Köln-Opladen 1965, S. 314

14 Vgl. ebenda, S. 316

15 Vgl. oben Gliederungspunkt 4.4.3 dieser Arbeit

16 Ebenda, S. 315

17 Theodor Heuss, *Friedrich Naumann zum Gedächtnis,* in Ralf Dahrendorf, Martin Vogt, Theodor Heuss, *Politiker und Publizist,* S. 108 f.

18 Max Weber, Gesammelte politische Schriften, a.a.O., S. VII

19 Ebenda, S. XIV

Literaturverzeichnis

Die in der Arbeit verwendete Literatur wird in folgender Reihenfolge aufgeführt:

1. Quellen
1.1. Ungedruckte Quellen Staatsarchiv Potsdam
1.2. Gedruckte Quellen

2. Monographien

3. Aufsätze
4. Lexika, Wörterbücher
4.1. Lexika
4.2. Wörterbücher

5. Bibliographie

1. Quellen

1.1. Ungedruckte Quellen

Zentrales Staatsarchiv Potsdam, *Max Weber, Brief vom 14.12.1906 an Friedrich Naumann*, Blatt Nr. 92, Nachlaß Friedrich Naumann

Zentrales Staatsarchiv Potsdam, *Max Weber, Brief vom 18.11.1908 an Friedrich Naumann*, Nachlaß Friedrich Naumann

1.2. Gedruckte Quellen

Naumann, Friedrich, *Beim heiligen Franziskus*, in: Friedrich Naumann, *Werke, Band 1*, Köln-Opladen 1964, S. 695-704

Naumann, Friedrich, *Christentum und Wirtschaftsordnung*, in: Friedrich Naumann, *Werke, Band 1*, Köln-Opladen 1964, S. 334-340

Naumann, Friedrich, *Christlich-Sozial*, in: Friedrich Naumann, *Werke, Band 1*, Köln-Opladen 1964, S. 341-370

Naumann, Friedrich, *Christlich-sozialer Geist*, in: Friedrich Naumann, *Werke, Band 1*, Köln-Opladen 1964, S. 322-333

Naumann, Friedrich, *Das Christlich-Soziale ist uns Glaubenssache*, in: Friedrich Naumann, *Werke, Band 1*, Köln-Opladen 1964, S. 307-310

Naumann, Friedrich, *Das Königtum*, in: Friedrich Naumann, *Werke, Band 2*, Köln-Opladen 1964, S. 407-438

Naumann, Friedrich, *Das Recht eines christlichen Sozialismus*, in: Friedrich Naumann, *Werke, Band 1*, Köln-Opladen 1964, S. 402-421

Naumann, Friedrich, *Demokratie als Staatsgrundlage*, in: Friedrich Naumann, *Werke, Band 2*, Köln-Opladen 1964, S. 557-572

Naumann, Friedrich, *Demokratie und Kaisertum*, in: Friedrich Naumann, *Werke, Band 2*, Köln-Opladen 1964, S. 1-352

Naumann, Friedrich, *Demokratie und Monarchie*, in: Friedrich Naumann, *Werke, Band 2*, Köln-Opladen 1964, S. 439-444

Naumann, Friedrich, *Der heilige Franziskus*, in: Friedrich Naumann, *Werke, Band 1*, Köln-Opladen 1964, S. 455-457

Naumann, Friedrich, *Der Kaiser im Volksstaat*, in: Friedrich Naumann, *Werke, Band 2*, Köln-Opladen 1964, S. 461-520

Naumann, Friedrich, *Der Weg zum Volksstaat*, in: Friedrich Naumann, *Werke, Band 2*, Köln-Opladen 1964, S.521-536

Naumann, Friedrich, *Die Demokratie in der Nationalversammlung*, in: Friedrich Naumann, *Werke, Band 2*, Köln-Opladen 1964, S. 537-556

Naumann, Friedrich, *Die Evangelisch-sozialen Kongresse*, in: Friedrich Naumann, *Werke, Band 1*, Köln-Opladen 1964, S. 389-402

Naumann, Friedrich, *Die Freiheit in Deutschland*, in: Friedrich Naumann, *Werke, Band 2*, Köln-Opladen 1964, S. 445- 460

Naumann, Friedrich, *Die Hilfe*, Nr. 28, 1. Jahrgang, Frankfurt am Main 1896

Naumann, Friedrich, *Die Hilfe*, Nr. 30, 20. Jahrgang, Frankfurt am Main 1914

Naumann, Friedrich, *Die Leidensgeschichte des deutschen Liberalismus*, in: Friedrich Naumann, *Werke, Band 4*, Köln-Opladen 1964, S. 291-315

Naumann, Friedrich, *Die Politik der Gegenwart: Weltmarkt und Weltmacht*, in: Friedrich Naumann, *Werke, Band 4*, Köln-Opladen 1964, S. 42-55

Naumann, Friedrich, *Die politische Aufgabe der Sozialdemokratie,* in: Friedrich Naumann, *Werke, Band 4,* Köln- Opladen 1964, S. 69-84

Naumann, Friedrich, *Die soziale Bedeutung des christlichen Vereinswesens,* in: Friedrich Naumann, *Werke, Band 1,* Köln-Opladen 1964, S. 424-454

Naumann, Friedrich, *Die Umgestaltung der deutschen Reichsverfassung,* in: Friedrich Naumann, *Werke, Band 2,* Köln-Opladen 1964, S. 362-389

Naumann, Friedrich, *Jesus als Volksmann,* in: Friedrich Naumann, *Werke, Band 1,* Köln-Opladen 1964, S. 371-388

Naumann, Friedrich, Mitteleuropa, Berlin 1915

Naumann, Friedrich, *Von wem werden wir regiert?,* in: Friedrich Naumann, *Werke, Band 2,* Köln-Opladen 1964, S. 390-406

Ständiger Ausschuß des Vereins für Socialpolitik, LVIII, Verhandlungen von 1893, Leipzig 1893

Weber, Max, *Gesammelte Aufsätze zur Religionssoziologie, Band 1,* 5. Auflage, Tübingen 1963

Weber, Max, *Gesammelte Aufsätze zur Sozial- und Wirtschaftsgeschichte,* Tübingen 1924

Weber, Max, *Gesammelte Aufsätze zur Wissenschaftslehre,* 3. Auflage, Tübingen 1968

Weber, Max, *Gesammelte Politische Schriften,* 3. Auflage, Tübingen 1971

Weber, Max, *Wirtschaft und Gesellschaft, Grundriß der verstehenden Soziologie,* 5. Auflage, Tübingen 1972

2. Monographien

Abramowski, Günter, *Das Geschichtsbild Max Webers,* Stuttgart 1966

Aron, Raymond, *Deutsche Soziologie,* Stuttgart 1953

Aron, Raymond, *Die deutsche Soziologie der Gegenwart,* Stuttgart 1969

Barzel, Rainer, *Gesichtspunkte eines Deutschen,* Düsseldorf-Wien 1968

Baumgarten, Eduard, *Max Weber, Werk und Person,* Tübingen 1964

Bellebaum, Alfred, *Soziologische Grundbegriffe*, Stuttgart 1972

Bendix, Reinhard, *Max Weber - Das Werk*, München 1964

Berglar, Peter, *Walther Rathenau*, Bremen 1970

Blumenthal, Georg, *Die Befreiung von der Geld- und Zinsherrschaft - Ein neuer Weg zur Überwindung des Kapitalismus*, 2. erweiterte Auflage, Berlin 1919

Boll, Friedhelm, *Frieden ohne Revolution*, in: Kurt Klotzbach, *Politik und Gesellschaftsgeschichte, Band 8*, Bonn 1980

Bossle, Lothar, *Demokratie ohne Alternative*, Stuttgart-Degerloch 1972

Bossle, Lothar, *Der Autoritäts- und Machtanspruch des Politikers und Staatsmannes,* in: Niedersächsische Landeszentrale für politische Bildung (Hrsg.), Schriftenreihe der Niedersächsischen Landeszentrale für Politische Bildung, Hannover 1973

Bossle, Lothar, *Vorwärts in der Rückgangsgesellschaft*, Würzburg 1979

Brandt, Willi, Rede anläßlich einer Gedenkfeier für Kurt Schumacher am 20. August 1972 in Bonn, in: Presse- und Informationsamt der Bundesregierung (Hrsg.), *Bundeskanzler Brandt, Reden und Interviews, Band 2*, Bonn 1973, S. 316-335

Brentano, Lujo, *Der wirtschaftende Mensch in der Geschichte*, Hildesheim 1967

Breuer, Nicole, *Montesquieu und Durkheim*, (Diss.), Bonn 1969

Düding, Dieter, *Der Nationalsoziale Verein 1896-1903*, (Diss.), München 1972

Eisner, Louis, *Friedrich Naumann als Wirtschaftspolitiker*, (Diss.), Freiburg i. Br. 1922

Elm, Ludwig, *Zwischen Fortschritt und Reaktion*, in: Deutsche Akademie der Wissenschaften zu Berlin (Hrsg.), Schriften des Instituts für Geschichte, Reihe 1, Band 32, Berlin 1968

Eppler, Erhard, *Liberale und Soziale Demokratie - Zum politischen Erbe Friedrich Naumanns*, Villingen 1961

Flach, Karl-Hermann, *Noch eine Chance für die Liberalen*, Frankfurt am Main 1976

Freyer, Hans, *Einleitung in die Soziologie*, Leipzig 1931

238

Gablentz, Otto Heinrich von der, *Einführung in die Politische Wissenschaft*, in: Ossip K. Flechtheim, Otto Heinrich von der Gablentz, Hans Reif (Hrsg.), *Die Wissenschaft von der Politik, Band 13*, Köln-Opladen 1965

George, Stefan, *Da dein Gewitter o Donner die Wolken zerreißt, Werke, Band 1*, München-Düsseldorf 1968

Herdt, Ursula, *Die Verfassungstheorie Karl Rottecks*, (Diss.), Heidelberg 1967

Heuss, Theodor, *Friedrich Naumann. Der Mann, das Werk, die Zeit*, 3. Auflage, Leck/Schleswig 1968

Käsler, Dirk, *Einführung in das Studium Max Webers*, München 1979

Kessler, Harry Graf, *Walther Rathenau, sein Leben und sein Werk*, Berlin 1928

Ketelsen, Uwe K., *Völkisch-nationale und nationalsozialistische Literatur in Deutschland 1890-1945*, Stuttgart 1976

Kindermann, Heinz, *Deutsche Dichtung im Weltkriege 1914-1918*, in: N. N., *Deutsche Literatursammlung...Kulturdenkmäler in Entwicklungsreihen*, Leipzig 1934

Kroll, Joachim H., *Führungsauslese in Liberalismus und Demokratie*, Stuttgart 1957

Liegen, Carl, *Der Streik der Hafenarbeiter und Seeleute in Hamburg-Altona*, 3. Auflage, Hamburg 1897

Loewenstein, Karl, *Max Webers staatspolitische Auffassungen in der Sicht unserer Zeit*, Frankfurt am Main 1965

Mac Rae, Donald, *Max Weber*, München 1975

Mommsen, Wolfgang, *Max Weber. Gesellschaft, Politik und Geschichte*, Frankfurt am Main 1974

Mann, Thomas, *Betrachtungen eines Unpolitischen*, Frankfurt am Main 1956

Müller, Johann Baptist, *Liberalismus und Demokratie*, in: Martin Greiffenhagen, Eberhard Jäckel und August Nitschke, *Stuttgarter Beiträge zur Geschichte und Politik*, Band 11, Stuttgart 1978

Nipperday, Thomas, *Die Organisation der deutschen Parteien vor 1918*, Düsseldorf 1961

Oppel, Kurt, *Friedrich Naumann, Zeugnis seines Lebens*, Stuttgart 1961

Oppenheimer, Franz, *System der Soziologie, 2 Bände,* Jena 1922-27

Potthoff, Heinrich, *Die Sozialdemokratie von den Anfängen bis 1945,* Bonn-Bad Godesberg 1974

Rilke, Rainer Maria, *Ausgewählte Werke, Band 1,* Leipzig 1948

Ritter, Gerhard, *Das Kommunemodell und die Begründung der Roten Armee im Jahre 1918,* Berlin 1965

Scheel, Walter, Beitrag in der Wochenzeitschrift "Die Zeit" vom 7. Februar 1973 zur Mitbestimmungsdiskussion, in: Presse- und Informationsamt der Bundesregierung, *Walter Scheel - Reden und Interviews, Band 2,* Bonn 1974, S. 206-209

Scheler, Max, *Wesen und Begriff der Kultursoziologie,* in: Max Scheler, *Die Wissensformen und die Gesellschaft, Band 8,* Bern-München 1960, S. 17-51

Schmidt, Helmut, *Pflicht zur Menschlichkeit,* Düsseldorf- Wien 1981

Schmidt, Hermann, *Seinserkenntnis und Staatsdenken,* Tübingen 1965

Sell, Friedrich C., *Die Tragödie des deutschen Liberalismus,* Stuttgart 1953

Sinsheim, Hermann, *Gelebt im Paradies,* München 1953

Smend, Rudolf, *Verfassung und Verfassungsrecht,* in: Rudolf Smend, *Staatsrechtliche Abhandlungen und andere Aufsätze,* 2. erweiterte Auflage, Berlin 1968, S. 119-276

Sombart, B. Werner, *Der moderne Kapitalismus. Historisch-systematische Darstellungen des gesamteuropäischen Wirtschaftslebens von seinen Anfängen bis zur Gegenwart,* 4. Auflage, 3. Band, 1. Halbband, Berlin 1955

Sponsel, Friedrich, *Friedrich Naumann und die deutsche Sozialdemokratie* (Diss.), Erlangen 1952

Spranger, Eduard, *Lebensformen,* 8. Auflage, Tübingen 1950

Tonelli, Giorgio, *Heinrich Heines politische Philosophie (1830-1845),* Hildesheim 1975

Troeltsch, Ernst, *Der Historismus und seine Probleme,* 1. Buch: Das logische Problem der Geschichtsphilosophie, Tübingen 1922

Weber, Alfred, *Einführung in die Soziologie,* München 1955

Weber, Jürgen, *Politik als Gegenstand der Sozialkunde,* in: Akademie für politische Bildung und Akademie für Lehrerfortbildung (Hrsg.), Konflikt und Integration I, Orientierungsprobleme des Bürgers, München 1975

Weber, Max, *The Protestantic Ethic and the Spirit of Capitalism.* Translated by Talcott Parsons, London 1930

Wössner, Jakobus, *Soziologie,* 6. Auflage, Graz 1974

Zimmermann, Horst und Klaus-Dirk Henke, *Finanzwissenschaft,* München 1975

3. Aufsätze

Demm, Eberhard, *Alfred Weber und sein Bruder Max,* in: René König, Friedhelm Neidhardt und M. Rainer Lepsins (Hrsg.), Kölner Zeitschrift für Soziologie und Sozialpsychologie, 35. Jahrgang, Köln 1983, S. 1-28

Dempf, Alois, *Religionssoziologie,* in: Karl Muth (Hrsg.), Hochland, Band 1, Heft 6, 18. Jahrgang, Kempten 1920/21, S. 846-748

Falk, Berthold, *Montesquieu,* in: Heinz Rausch, Politische Denker, 5. Auflage, Band 2, München 1977, S. 36-46

Fleischmann, Eugène, *De Weber à Nietzsche,* in: Archives Européennes de Sociologie, 5. Jahrgang, Paris 1964, S. 190-238

Happ, Wilhelm, *Das Staatsdenken Friedrich Naumanns,* in: Ernst von Hippel (Hrsg.), Schriften zur Rechtslehre und Politik, Band 57, Bonn 1968, S. 23-69

Heuss, Theodor, *Antrittsrede im Deutschen Bundestag - Bonn 12. August 1949,* in: Dolf Sternberg (Hrsg.), Reden der deutschen Bundespräsidenten Heuss/Lübke/Heinemann/ Scheel, München-Wien 1979, S. 5-10

Heuss, Theodor, *Friedrich Naumann zum Gedächtnis,* in: Ralf Dahrendorf und Martin Vogt, Theodor Heuss, Politiker und Publizist, Tübingen 1984, S. 108-123

Hintze, Otto, *Gesammelte Abhandlungen, 2. Band,* in: Gerhard Oestreich, Soziologie und Geschichte. Zur Soziologie, Politik und Theorie der Geschichte, Göttingen 1964, S. 126-134

Köllmann, Wolfgang, *Politische und soziale Entwicklung der deutschen Arbeiterschaft 1850-1914,* in: Gerhard A. Ritter, Deutsche Parteien vor 1918, Köln 1973, S. 316-330

Leo, Johannes, *Erinnerungen an Max Weber,* in René König und Johannes Winckelmann, Erinnerungen an Max Weber, Kölner Zeitschrift für Soziologie und Sozialpsychologie, Sonderheft 7, Köln 1963, S. 17-18

Lindenlaub, Dieter, *Richtungskämpfe im Verein für Sozialpolitik. Wissenschaft und Sozialpolitik im Kaiserreich vornehmlich vom Beginn des "Neuen Kurses" bis zum Ausbruch des Ersten Weltkrieges (1890-1914),* in: Hermann Aubin u. a. (Hrsg.), Vierteljahresschrift für Sozial- und Wirtschaftsgeschichte, Beiheft 52/53, Wiesbaden 1967

Maier, Hans, *Jean-Jacques Rousseau,* in: Hans Rausch (Hrsg.), Politische Denker, 5. Auflage, Band 2, München 1977, S. 47-65

Mommsen, Wolfgang, *Liberalismus und liberale Idee in Geschichte und Gegenwart,* in: Kurt Sontheimer (Hrsg.), Möglichkeiten und Grenzen liberaler Politiker, Düsseldorf 1975, S. 9-45

Mannheim, Karl, Artikel in der Prager Presse vom 28.3. 1937, abgedruckt bei Kurt Wolff, Karl Mannheim, in: Dirk Käsler, Klassiker des soziologischen Denkens, 2. Band, München 1978, S. 286-387

Meinhold, Hans, *Max Weber, Das Antike Judentum,* in: Paul Hinneberg (Hrsg.), Deutsche Literaturzeitung, Nr. 33 vom 19.8.1922, Berlin 1922, Sp. 720-726

N. N., Redaktionelle Notiz des Archivs für Sozialwissenschaft und Sozialpolitik, Band 48, Tübingen 1920/21

N. N., *Max Weber,* in: René König und Johannes Winkelmann (Hrsg.), Max Weber zum Gedächtnis, Kölner Zeitschrift für Soziologie und Sozialpsychologie, Sonderheft 7, Köln 1963, S. 75-79

Puhle, Hans-Jürgen, *Radikalisierung und Wandel des deutschen Konservatismus vor dem Ersten Weltkrieg,* in: Gerhard A. Ritter, Deutsche Parteien vor 1918, Köln 1973, S. 165-186

Rachfahl, Felix, *Kalvinismus und Kapitalismus,* in: Paul Hinneberg (Hrsg.), Internationale Wochenschrift für Wissenschaft, Kunst und Technik, 3. Jahrgang, Berlin 1909, Sp. 1217-1238, 1249-1268, 1287-1300, 1347-1366

Rothacker, Erich, *Max Weber, Gesammelte Aufsätze zur Religionssozio-logie, 3 Bände, Wirtschaft und Gesellschaft, 1. und 2. Lieferung 1921*, in: Stephan Bauer u. a. (Hrsg.), Vierteljahresschrift für Sozial- und Wirtschaftsgeschichte, 16. Band, 3./4. Heft, Berlin 1922, S. 420-434

Schmidt, Gustav, *Die Nationalliberalen - eine regierungsfähige Partei?*, in: Gerhard A. Ritter (Hrsg.), Deutsche Parteien vor 1918, Köln 1973, S. 208-223

Schönhoven, Klaus, *Arbeiterschaft, Gewerkschaften und Sozialdemokra-tie in Würzburg 1848-1914*, in: Hans Werner Loew und Klaus Schönho-ven (Hrsg.), Würzburger Sozialdemokraten, Würzburg 1978, S. 1-39

Schulze-Gävernitz, Gerhart von, *Max Weber als Nationalökonom und Po-litiker*, in: Melchior Palyi (Hrsg.), Erinnerungsgabe für Max Weber, Band 1, München-Leipzig 1923, S. XIII-XXII

Spranger, Eduard, *Die Soziologie in der Erinnerungsgabe für Max Weber*, in: Gustav Schmoller (Hrsg.), Schmollers Jahrbuch für Gesetzgebung, Verwaltung und Volkswirtschaft im Deutschen Reich, 49. Jahrgang, 6. Heft, München-Leipzig 1925, S. 137-195

Tenbruck, Friedrich H., *Das Werk Max Webers*, in: René König, Fried-helm Neidhardt und M. Rainer Lepsins (Hrsg.), Kölner Zeitschrift für Soziologie und Sozialpsychologie, Band 27, Köln 1975, S. 663-702

Voegelin, Eric, *Der Liberalismus und seine Geschichte*, in: Karl Forster (Hrsg.), Studien und Berichte der Katholischen Akademie in Bayern, Heft 13: Christentum und Liberalismus, S. 11-42

Walther, Andreas, *Max Weber als Soziologe*, in: Gottfried Salomon, Jahr-buch für Soziologie. Eine internationale Sammlung, Band 2, Karlsruhe 1926

4. Lexika, Wörterbücher

4.1. Lexika

Kinder, Hermann und Werner Hilgemann, *dtv-Atlas zur Weltgeschichte*, Band 2, 6. Auflage, München 1971

Schober, Theodor, Martin Honecker, Horst Dahlhaus (Hrsg.), *Evangeli-sches Soziallexikon*, 4. Auflage, Stuttgart 1980

Schwarz, Max, *MdR-Biographisches Handbuch der Reichstage*, Hannover 1965

Stern, Carola, Thilo Vogelsang, Erhard Klöss und Albert Graff (Hrsg.), *Lexikon der Geschichte und Politik im 20. Jahrhundert, 1. Band*, Köln 1971

4.2. Wörterbücher

Bernsdorf, Wilhelm, *Wörterbuch der Soziologie*, Stuttgart . 1969

Briefs, Goetz, *Sozialform und Sozialgeist der Gegenwart*, in: Alfred Vierkandt (Hrsg.), Handwörterbuch der Soziologie, Stuttgart 1959, S. 160-173

Buhr, Manfred und Alfred Kosing, *Kleines Wörterbuch der marxistisch-leninistischen Philosophie*, Berlin 1982

Drosdowski, Günther, Paul Grebe, Rudolf Köster u. a. (Hrsg.), *Duden Rechtschreibung*, Mannheim 1973

Freyer, Hans, *Typen und Stufen der Kultur*, in: Alfred Vierkandt (Hrsg.), Handwörterbuch der Soziologie, Stuttgart 1931, S. 294-308

Grebe, Paul u. a. (Hrsg.), *Der große Duden, Band 5*, 2. Auflage, Mannheim 1966

Spann, Othmar, *Klasse und Stand*, in: Ludwig Elster, Adolf Weber, Friedrich Wieser (Hrsg.), Handwörterbuch der Staatswissenschaften, 4. Auflage, Band 5, Jena 1923, S. 692-705

Wach, Joachim, *Religionssoziologie*, in: Alfred Vierkandt (Hrsg.), Handwörterbuch der Soziologie, Stuttgart 1931, S. 479-494

5. Bibliographie

Seyfarth, Constans und Gert Schmidt, *Max Weber, Bibliographie*, Stuttgart 1967

Weiterhin im Creator-Verlag erschienen:

Wirkung des Schöpferischen

Kurt Herberts zum 85. Geburtstag

Die Autoren:

Karl Abraham – Takis Antoniou – Abdul R. Assadi – Metropolit Augoustinos
Günter Aust – Raphael Avornyo-Quarshie – Walter Bargatzky – Egon Barocka
Johannes Baumgardt – Walter Becher – Hanno Beck – Johannes Binkowski
Eugen Biser – Ekkehard Blattmann – Wilhelm Blechmann – Ruth Blum-Hartlieb
Dieter Blumenwitz – Berthold von Bohlen und Halbach – Gerhard von dem Borne
Lothar Bossle – Rudolf Bossle – Erhard Bouillon – Horst Bretthauer – Elmar Bretz
Bernd Breunig – André E. Bucher – Arthur Burkhardt – Gerhard Deimling
Stefan Delikostopolos – Aert van Driel – Arno Eisenhofer – Gabriel Engert
Günther Essner – Hans Filbinger – Eckhart Fischer-Defoy – Ulrich Föhse
Heinrich Franke – Jürgen Frenzel – Heinz Frowein – Wilhelm Gaul – Klaus Goebel
Fritz Götte – Reinhard Günther – Gottfried Gurland – Peter Herde
Alfred Herrhausen – Gudrun Höhl – Heinrich Höhler – Hans Friedbert Jaenicke
Karl Jahnke – Horst Jordan – Hans Jürgen Kallmann – Gerd-Klaus Kaltenbrunner
Marianne Kawohl – Herbert Kessler – Heinz J. Kiefer – Martin Kiessig
Werner Kimmel – Otto Kimminich – Agnes und Reinhold Klein – Heinrich Klein
Kurt Kluxen – Franz-Ludwig Knemeyer – Alexander Koch – Otto Köhne
Jürgen Kohns – Fritz Kolke – Christoph König – Gisbert Kranz – Hans Krasensky
Rolf Krumsiek – Ilka Kügler – Heinrich Kürpick – Karl August Kutzbach
Wilhelm Langheck – Rudolf Lassahn – Bernhard Leyden – Konrad Löw
Boris Luban-Plozza – Fritz Lüttgens – Heinz Maier-Leibnitz – Gregor Manousakis
Bernhard Marquardt – Helmut Maucher – Erich Mende – Hans Mislin
Masahide Miyasaka – Ruth Moering – Klaus Motschmann – Friedrich Müller
Horst Nachtigall – Werner Nicklis – Katharina Nikolarea – Gerhardt Nissen
Hellmuth Nitsche – Elisabeth Noelle-Neumann – Wolfgang Ockenfels
Heinz-Dietrich Ortlieb – Heinz Pentzlin – Adolf Povel – Heinz-Peter Ptak
Beatrix von Ragué – Wolfgang Rathke – Karl Rinner – Gerhard Rüschen
Hans Sachsse – Arno Seeger – Peter von Siemens – Werner Smigelski – Heinz Solf
Hans Schaefer – Heinrich Schipperges – H. Dieter Schlumberger – Martin Schmiel
Hubert-Ralph Schmitt – Oscar Schneider – Kurt Schobert – Godehard Schramm
Caroline E. Schützinger – Erwin Stein – Karl H. W. Tacke – Walter Thoms
Lothar Ulsamer – Heinrich Wendel – Horst Wiethüchter – Heinz Wolff

ISBN: 3-89247-000-6   Preis: 194,– DM